中国母基金实践指引白皮书

（2017年版）

中国股权投资基金协会
北京股权投资基金协会 ◎ 编著

首都经济贸易大学出版社
Capital University of Economics and Business Press
·北 京·

图书在版编目(CIP)数据

中国母基金实践指引白皮书.2017年版/中国股权投资基金协会,北京股权投资基金协会编著. --北京:首都经济贸易大学出版社,2017.11

ISBN 978-7-5638-2730-5

Ⅰ.①中… Ⅱ.①中… ②北… Ⅲ.①基金业—研究报告—中国 Ⅳ.①F832.51

中国版本图书馆CIP数据核字(2017)第281414号

中国母基金实践指引白皮书(2017年版)

中国股权投资基金协会　北京股权投资基金协会　编著

Zhongguo Mujijin Shijianzhiyin Baipishu

责任编辑 薛晓红　彭伽佳

封面设计 砚祥志远·激光照排 TEL: 010-65976003

出版发行 首都经济贸易大学出版社

地　　址 北京市朝阳区红庙(邮编100026)

电　　话 (010)65976483　65065761　65071505(传真)

网　　址 http://www.sjmcb.com

E-mail publish@cueb.edu.cn

经　　销 全国新华书店

照　　排 北京砚祥志远激光照排技术有限公司

印　　刷 北京市泰锐印刷有限责任公司

开　　本 787毫米×1092毫米　1/16

字　　数 350千字

印　　张 18.25

版　　次 2017年11月第1版　2018年2月第1版第2次印刷

书　　号 ISBN 978-7-5638-2730-5/F·1523

定　　价 60.00元

联合发布机构

中国股权投资基金协会

北京股权投资基金协会

投中研究院

中股智库

合作机构

中华有限合伙人联合会(LPACN)

特别支持母基金(按拼音序)

北洛基金

北航长鹰母基金

北京高精尖产业发展基金

北京金融街资本运营中心

步长家族办公室

昌发展

城发应元母基金

国投创合

硅谷银行金融集团

前海母基金

盛景嘉成

盛世投资

上汽母基金

上海科创投

通盛时富

小村资本

宜信财富母基金

亦庄国投

元禾辰坤

中关村协同创新基金

中关村并购母基金

紫荆资本

特别支持机构

广州市城发投资基金管理有限公司

特别支持中介机构(按拼音序)

毕马威会计师事务所

方达律师事务所

序

从2015年以来，政府引导母基金和市场化母基金在国内迎来了井喷式增长。根据投中研究院《2016年私募股权投资基金LP研究报告》的数据，截至2017年9月，全国共设有302只市场化母基金，已披露市场化母基金总规模16 092.98亿元。截至2016年12月，新成立政府引导基金442家，目标募集资金共36 001亿元，与2015年的15 090亿元相比，增长138%。母基金在国内可以说是“遍地开花”。

母基金的蓬勃发展很大程度上是因为政府政策的引导和推动。在经济新常态的宏观战略指导下，政府推出“去产能、去库存、去杠杆”“大众创业、万众创新”“供给侧改革”等系列政策。“大众创业、万众创新”的制度红利，移动互联网技术变革的浪潮，创业成功案例的示范，激发了创业热情，大大提高了可投资项目的供给；政府的财政资金大规模进入股权投资领域，直接或者通过带动作用，大大增加了股权投资领域的资本供给。2007年以后，大量创投机构成立，包括知名投资机构里面很多人纷纷出来创业，直投基金数量直线上升，为母基金提供了丰富的可投对象。这些要素的提升为母基金的发展提供了坚实的基础。

然而，总体上来讲，国内母基金发展时间还比较短，在国内还属于新鲜事物。为了促进中国母基金的相互交流，提升中国母基金的专业管理能力，中国股权投资基金协会联合国内知名母基金（政府引导基金）以及专业研究力量，共同编写《中国母基金实践指引白皮书》，第一次大规模组织访谈了北京、上海、深圳等全国各地22家母基金的掌舵人和高管，深入实务操作，揭示了他们管理母基金的核心思路和实践经验。

本书详细梳理了市场化母基金和政府引导基金的投资实践和管理之道。在投资部分,包括构建投资组合、投资决策流程、筛选基金管理人、尽职调查、合伙协议的重要条款,还涉及跟投策略、二手份额转让等热点问题;在管理部分,包括管理体系、风险控制体系、投后管理、增值服务、退出管理等,覆盖母基金投资与管理的几乎所有重大方面。这些来自行业内一线翘楚公司的宝贵经验,必将为大家带来新的启发和借鉴。

同时,本书揭示了在市场化母基金和政府引导基金的发展中凸显出的诸多尚待解决的问题。市场化母基金存在募资难度比较高、投资者人数穿透审查限制、二级市场不健全/资本缺乏流动性等问题;而政府引导基金存在政策性与市场化的协调问题,及限制条件偏多、社会募资压力较大、激励机制不到位、退出形势不容乐观、政策的稳定性和常态化等问题。这些问题的提出,能够促进政策制定者以及行业内人员的交流和讨论,当我们直面问题的时候,也为问题的解决开启了大门。本书的一大特色,是文中推荐的一些优秀实践,为解决上述问题给予了很多好的启发。

展望我国母基金未来的发展前景,用一句话总结:成就与挑战并存。随着政府引导基金加速落地、国资背景母基金运作的逐步市场化以及民营母基金市场规模的扩大,中国母基金市场即将进入一个新的发展阶段。本书采撷众长,汇聚精华,我们相信,会有许多行业人士能从这部《中国母基金实践指引白皮书》中受益。同时希望本书能够促进行业内的关注和深度交流,共同促进行业良性发展。

邵秉仁　中国股权投资基金协会会长

衣锡群　中国股权投资基金协会常务副会长

方风雷　中国股权投资基金协会副会长

2017年10月

目　　录

第三篇 中国政府引导基金的实践

第四篇 附录

第 一 篇

全球及中国母基金发展历史和现状

第一章　绪论

第一节　母基金的定义

私募股权母基金是指以私募股权投资基金作为主要投资标的投资基金。私募股权母基金通过两级来配置资金，即通过对私募股权基金进行投资，从而对私募股权基金投资的项目公司进行间接投资的基金。国际上，母基金主要是指基金中的基金(FOFs)，但是国内实践中拓展了母基金的内涵，将政府引导基金也包括在内。本书所指母基金，采用这种广义的定义，即包括私募股权母基金和政府引导基金。

一支典型的私募股权母基金运行的基本结构如图1-1所示。

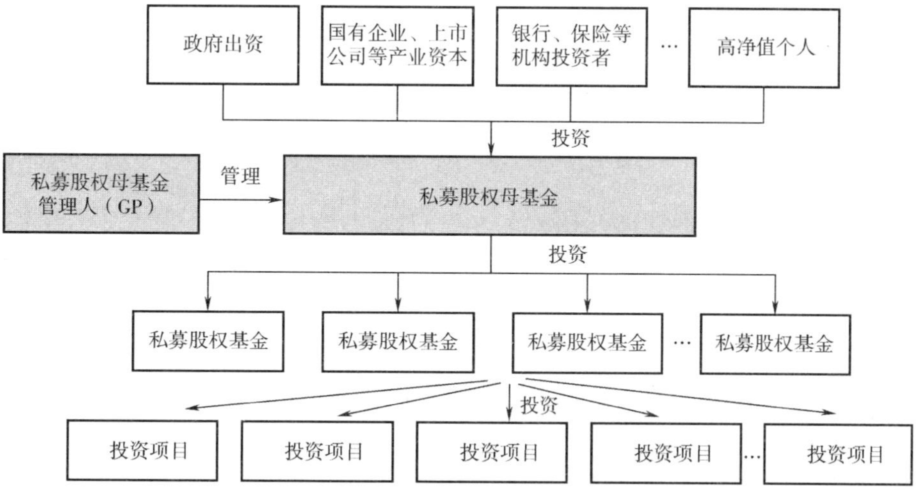

图1-1　私募股权投资母基金运行基本结构

根据投资策略的不同，FOFs既可以分为主要投资于风险投资的FOFs和并购领域的 FOFs,又可以分为一级 FOFs 和二级 FOFs。前者是购买新成立基金份额的母基金,后者是购买已成立且在二级市场转让的基金份额或后续出资份额的母基金。随着 FOFs 的多样发展,部分 FOFs 还会将一定比例的资金直接投资于企业。

在私募基金行业的产业链中,FOFs 的位置介于普通合伙人(GP)与有限合伙人(LP)之间,FOFs 和普通直投基金扮演的角色的最大不同在于,前者同时扮演了 GP 和 LP 的双重角色:一方面,FOFs 为投资者选择私募股权投资基金,充当管理人的角色;另一方面,FOFs 直接投资于私募股权投资基金,充当标的基金的 LP。

第二节　母基金如何创造价值

一、私募股权投资收益率波动大

私募股权投资(PE)是一种高收益且风险较高的资产类别,与其他资产类别相比,私募股权投资具有诱人的绝对和相对回报水平。但是,PE 基金受时间、项目、地域和基金经理能力等诸多因素影响,表现参差不齐,好的 PE 和差的 PE 回报率的差距特别大。从全球范围内的投资数据来看,私募股权投资的平均回报并不具有吸引力,只有前 25% 的私募股权基金能够长期显著地创造高于公开股票市场的收益。因此,投资者必须经过慎重、严谨地筛选,成功投资到业绩排名前 25% 的私募股权基金。

根据投中研究院的统计,全球股权投资平均回报水平在 11% 左右,前四分位是 18% 左右,这一水平也是大型的 PE 机构所期望的;而后四分位的创业投资和私募股权投资的基金平均回报在 5% 左右,差异非常大(见图 1-2)。对投资人来讲,能投到表现最好的 25% 的基金里面,这个收益实际上是比较可观的。因此,具备选择优秀基金的能力就显得非常重要的了。

二、私募股权母基金的价值

截至 2017 年 9 月,根据中国证券投资基金业协会公布的最新数据,国内股权投

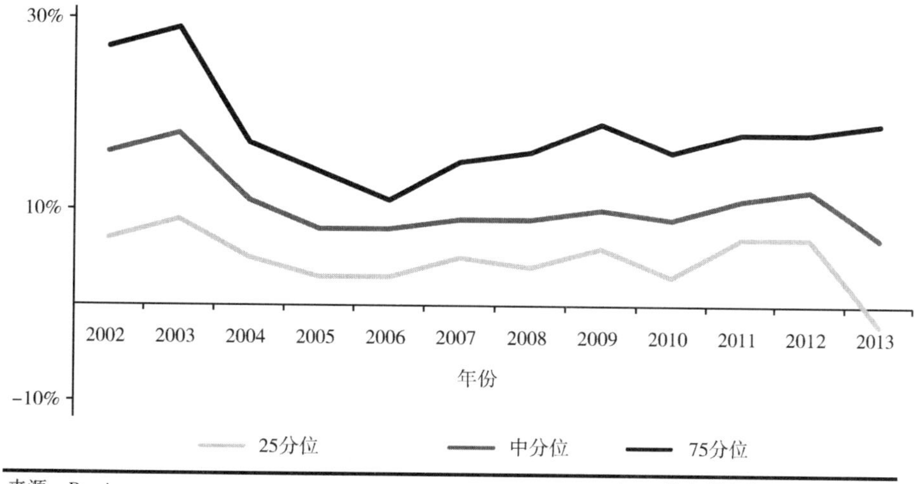

来源：Preqin　投中研究院，2014.10

图1－2　全球PE IRR区间分位业绩表现

资机构超过1.2万家，中国涌现出了一批做VC和PE股权投资的机构。因为过去基金数量少，所以投资一个基金所获收益基本差别不是很大。但现在基金数量多了，真正能创造出高额回报的项目其实很少，市场上前20%的管理人分享了80%的利润，也就是说大部分基金的收益趋于中庸。因此选择基金的难度就更大。

不仅股权投资机构的数量在增加，基金也越来越细化。比如，专做医疗的基金，在医疗领域可能有的专注于投资医疗服务，有的专注于投资药物，有的专注于投资医疗器械，这种情况越来越多地出现，投资判断需要越来越专业的能力。另外，股权投资行业透明度不高，变化又频繁，门槛比较高，因此，挑选优秀的团队需要有很强的选择能力。

私募股权母基金（PE FOFs）的核心价值在于其专业投资遴选与监控能力，组合投资带来的分散风险能力，顶级GP的进入能力和增值服务能力。

（一）专业投资遴选与监控能力

股权投资行业公开信息较少，不同基金的投资业绩差异很大，因此，选择优秀的PE基金进行投资需要较强的专业知识。例如，前期调研、尽职调查和投资管理等工作都需要专业人才来执行。FOFs 依靠广泛的关系网络、专业的投资团队和强大的谈判能力，可以获得较强的议价能力，能有效跟踪各 PE 基金的投资情况，对投资的 PE 基金进行监督。

（二）分散投资风险

FOFs 可以成为降低风险的有效投资工具。在一个高风险、高回报的行业当中，FOFs 通过对不同投资阶段、地区和策略的 PE 基金进行投资，逐渐降低新技术、新团队、新市场和经济周期等诸多因素的负面影响，使投资组合多样化，从而达到降低非系统性风险的目的，实现低风险却相对高收益的稳健回报。根据英国权威咨询机构 Preqin 对全球母基金的长期跟踪研究，与投资单只基金相比，私募股权母基金收益回报特征如图 1－3 所示。

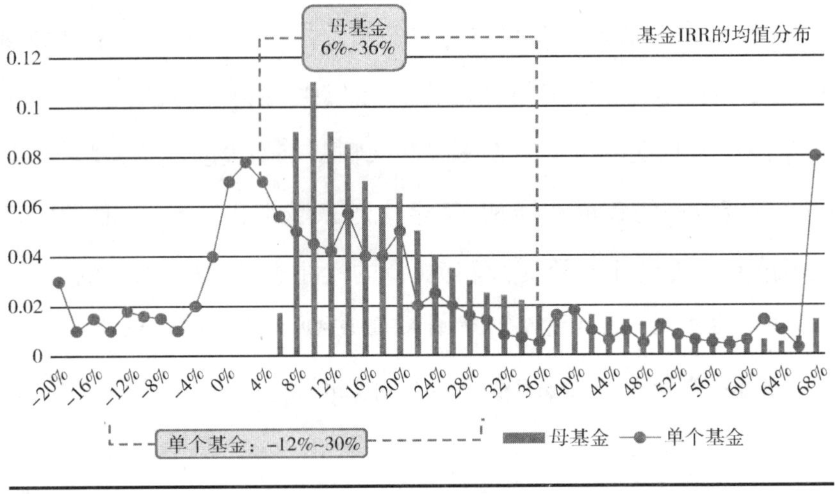

来源：Pregin

图 1－3　私募股权母基金收益回报特征

从图 1－3 中可以看到，单只基金回报概率较大的区间为－12%～30%，并且波动性很大，存在很大的亏损可能性。但是母基金回报概率较大的区间集中在8%～32%之间，并且几乎没有亏损的可能性。根据国内外的成熟经验，优秀的母基金能够长期获得中低风险之下的中高回报。

（三）顶级 GP 的进入能力

母基金作为一种金融产品，可以很好地解决投资人进入优秀基金的渠道问题。长期以来，投资机构更倾向于同周期更长、资金更稳定、更具专业度的机构投资者合作。优秀业绩的 PE 基金一般设有较高的最低投资金额限制，对中小投资者来说，这无疑阻挡了他们的投资可能。另外，PE FOFs 通常与很多业绩优秀的 PE 基金保持着良好的合作关系，一些资源有限的投资人选择通过 PE FOFs 参与到一般情况下较难进入的 PE 基金当中。

（四）增值服务能力

优秀母基金管理人不仅给 GP 带来资金，还要有为 GP 提供帮助的能力，能够给他带来价值。比如：通过你的母基金，他能够找到投资人给他投资；他可能对某个行业、某个领域十分了解，但是对国内的资本市场不熟悉；或者你有可能给他带来项目资源。

新基金数量在这两年呈爆发性增长，使母基金的价值更加凸显。

第三节　国内母基金的发展环境

2013 年 12 月 10 日，在中央经济工作会议上，习近平总书记首次提出“新常态”。新常态有几个主要特点：一是从高速增长转为中高速增长；二是经济结构不断优化升级，第三产业和消费需求逐步成为主体，城乡区域差距逐步缩小，居民收入占比上升，发展成果惠及更广大民众；三是从要素驱动、投资驱动转向创新驱动。

一、投资项目的增加

在中国经济转型升级的大背景下，国家在各个层面上陆续出台系列政策，促进经济结构调整和产业优化。国务院总理李克强 2014 年 9 月在夏季达沃斯论坛上公开发出“大众创业、万众创新”的号召，并将其前所未有地写入了 2015 年政府工作报告予以推动。2015 年 6 月 4 日，国务院常务会议决定，鼓励地方设立创业基金，对众创空间等办公用房、网络给予优惠；对小微企业、孵化机构等给予税收支持；创新投贷联动、股权众筹等融资方式；取消妨碍人才自由流动、自由组合的户籍、学历等限制，为创业创新创造条件；大力发展营销、财务等第三方服务，加强知识产权保护，打造信息、技术等共享平台。

大众创业、万众创新的制度红利，移动互联网技术变革的浪潮，创业成功案例的示范，激发了创业热情，大大提高了可投资项目的供给，为股权投资市场投资带来了历史性机遇（如图 1－4 所示）。

图 1－4　2007—2017 年 H1 中国 PE/VC 市场人民币和美元币种融资项目规模图

二、投资资本的增加

在经济下行压力不断加大的情况下，基于去杠杆、稳增长的政策性目标以及当前经济形势下供给侧改革的基调，政府转变了财政资金的使用方式，主要围绕创新创业、支持中小企业发展、产业转型升级及基础设施和公共服务领域，向股权投资方式倾斜。

2016年，国务院在《关于促进创业投资持续健康发展的若干意见》中明确提出，“在风险可控、安全流动的前提下，支持中央企业、地方国有企业、保险公司、大学基金等各类机构投资者，投资创业投资企业和创业投资母基金”。随着国家级引导基金的推出，中央鼓励政府引导基金的发展态势明确，各地方政府纷纷积极主导设立政府引导基金，设立主体也由省级单位逐渐延伸至市级甚至区县级单位，引导基金的数量和规模都呈现爆发式增长。

过去政府支持产业化项目，采用财政补贴、贴息、直投等方式，但是政府资金是有限的，申报的项目很多，对每个项目支持只能给很少的钱，存在“撒胡椒面”的现象。另外，政府投资缺乏专业的筛选和判断能力，导致直接投资效果不佳，并且缺乏有效的监督方式。通过设立政府引导基金来撬动民营资本，扩大财政资金的杠杆效应，并交由市场化的机构来进行运作，把原来低效的政府的钱高效地使用起来。通过政府引导基金，首先从资金层面有一定规模的放大，其次是委托专业的机构来管理，发挥市场的作用，通过设立不同的风险投资基金和股权投资基金来支持中小企业的直接投资。

政府的财政资金大规模进入股权投资领域，直接或者通过带动作用，大大增加了股权投资领域的资本供给。

三、投资管理人的增加

据中国证券投资基金业协会公布的最新数据，截至2017年9月，国内股权投资机构超过1.2万家，管理资本量总计超7.5万亿元，按照规模来算，中国已成为全球第二大股权投资市场。

一方面，2007年以后，大量创投机构成立，包括很多知名投资机构中很多人纷纷出来创业，直投基金数量直线上升，为母基金提供了丰富的可投对象，为母基金的发展提供了坚实的基础（见图1－5）。从项目的供应量、资金的供应量、管理队伍的供应量来讲，为国内母基金奠定了良好的基础。

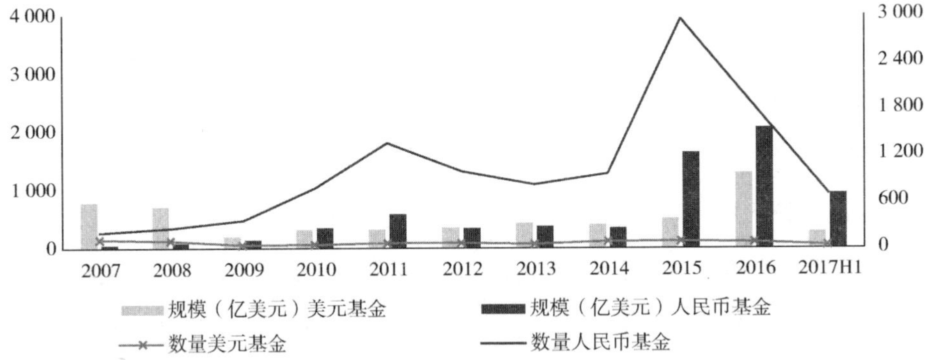

来源：投中研究院：《2017年上半年中国股权投资市场回顾与展望》

图 1－5　2007—2017 年 H1 中国 PE/VC 市场人民币和美元基金数量规模图

另一方面，私募股权投资业绩回报波动下行，更需要专业机构帮助 LP、选择 GP。国内私募股权投资的回报率在过去十年呈现波浪式下降趋势。从 2013 年开始，项目退出的平均内部收益率（IRR）与 1/4 分位数变得十分接近，一些 1/8 分位甚至 1/16 分位中的超高回报项目拉高了业绩平均值的水平（见图 1－6）。此现象说明，近年来表现优秀的项目占比在下降，表现一般的项目占比更多，因此选择优质 GP 变得尤为

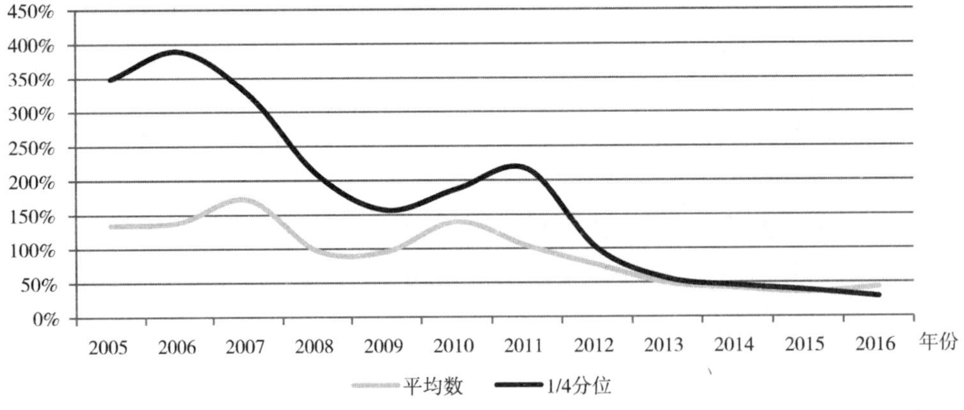

来源：诺亚研究

图 1－6　私募股权基金历年业绩回报

注：平均 IRR 扣除了 IRR 大于 10000% 的极端数据。

重要,这意味着有更大概率投到高于平均水平的项目。从时间来看,IRR 一路下行,主要是因为时间短、高回报的 pre - IPO 项目减少,资本开始关注项目的品质和成长性,平均投资期限被延长,IRR 虽然走低,但表现更加稳健。

根据私募股权市场在国内的几个发展阶段分别统计 2005—2009 年、2010—2013 年、2014—2016 年 7 月三个时间段的项目收益分布(见图 1 - 7),可以发现,项目的回报开始趋于集中,从早年的分散分布到如今集中在 IRR(见图 1 - 7)20% ~60% 之间,回报倍数 1 ~2 倍之间,超高回报的占比大幅减少,但是依旧存在。靠机会和运气赢得超高回报的时代一去不复返,在回报趋于集中的当下,选择优质 GP 才能获得超出平均水平的收益。

综上分析,我们可以发现,由于我国私募股权投资行业业绩回报波动下行,不同的私募股权投资基金管理人及其具体投资的行业的业绩和收益回报均出现较大分化,投资人在参与私募股权投资时,更需要借助 FOFs 这样的专业机构去选择私募股权投资基金管理人。

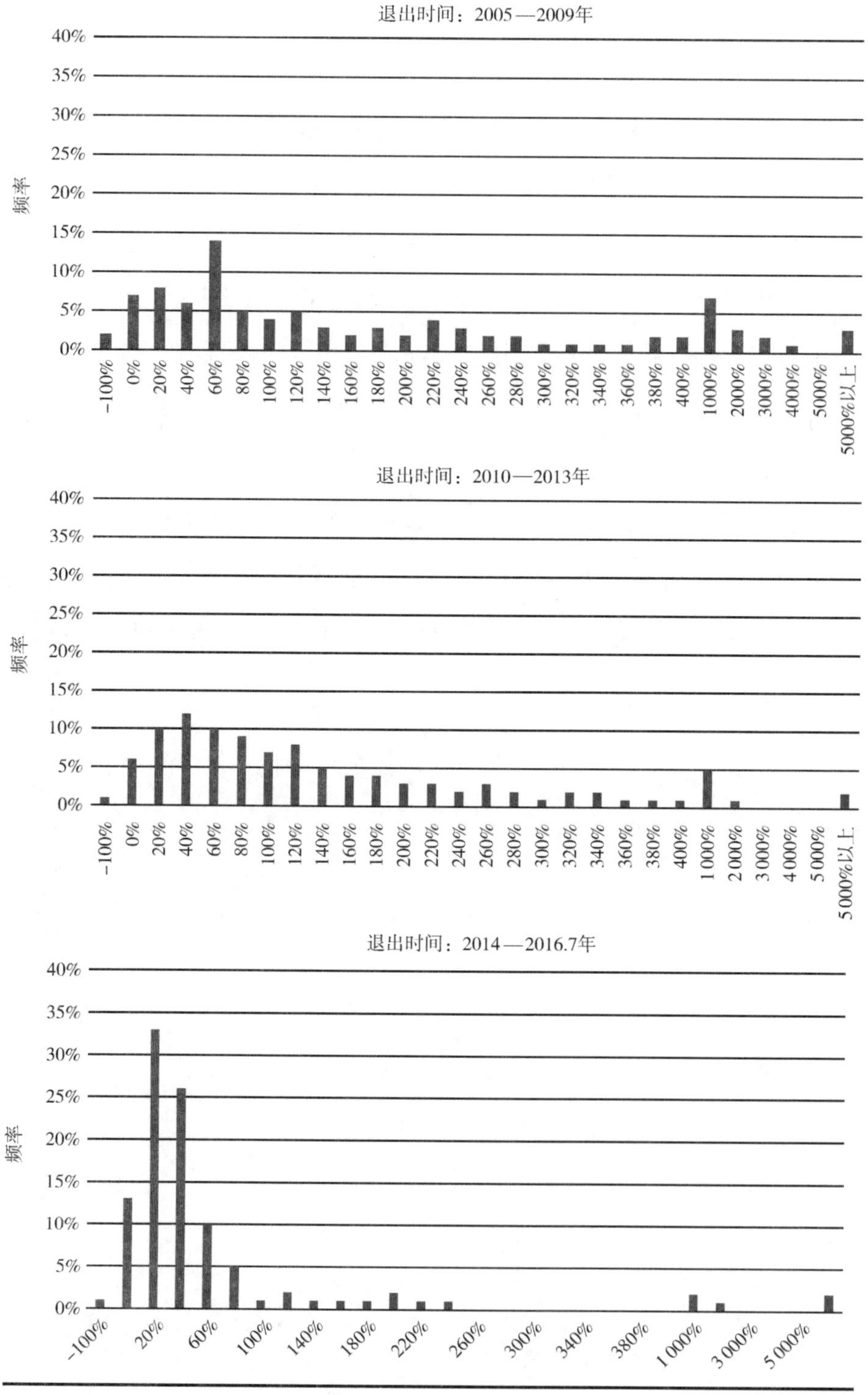

来源：诺亚研究

图 1－7　不同阶段的项目收益分布图(IRR)

第二章　全球母基金发展历史和现状

FOFs 起源于 20 世纪 70 年代，经过了 40 余年跌宕起伏的发展，全球共设立 1 813 支 FOFs（1998—2017 年），总规模为 5 350 亿美元（见图 2－1）。1976 年，美国 Adams Street Partners 设立的 Institutional Venture Capital Fund 被认为是历史上第一个 FOFs。之后相当长一段时间内，FOFs 并未取得实质性进展，直到 20 世纪 90 年代初，随着私募股权市场的逐渐兴起，FOFs 才开始在较小的规模上得以快速发展。20 世纪 90 年代中期后，在第三次科技革命与创业投资的推动下，私募股权基金与 FOFs 都进入了快速发展的繁荣阶段，这期间互联网泡沫的破灭一定程度上抑制了 FOFs 的发展势头，但随着美国经济的复苏，FOFs 的发展在 2007 年达到历史高峰，全年募集总金额为 726 亿美元，占私募股权市场总募资额的 12%。2008 年金融危机爆发后，受其影响，FOFs 的总规模大幅下降，但近几年已经趋于较为稳定的状态。

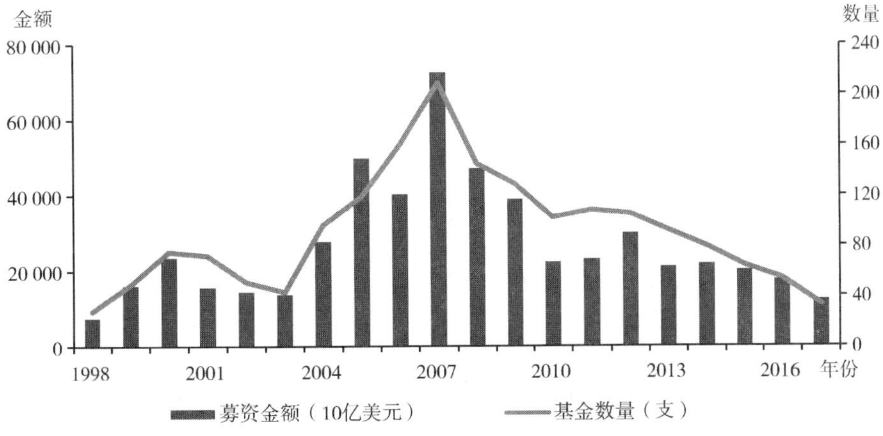

来源：Pitch Book　　投中研究院整理，2017.10

图 2－1　1998—2017 年全球 FOFs 设立情况

2008 年,由美国次贷危机引发的一系列金融、经济危机给全球经济增长带来了重大挑战,全球经济进入摆脱危机、脆弱复苏与结构调整时期。从 2008 年后成立的 FOFs 的投资行业分布来看,金融服务领域、B2B、新能源领域位列前三名,其投资规模占比约为已披露的 FOFs 投资金额的 2/3;IT 技术、医疗健康以及 B2C 的投资规模占比各在 10% 左右(见图 2 -2)。由此可以看出,全球 FOFs 的投资行业符合科技创新与产业变革的新兴产业发展趋势。

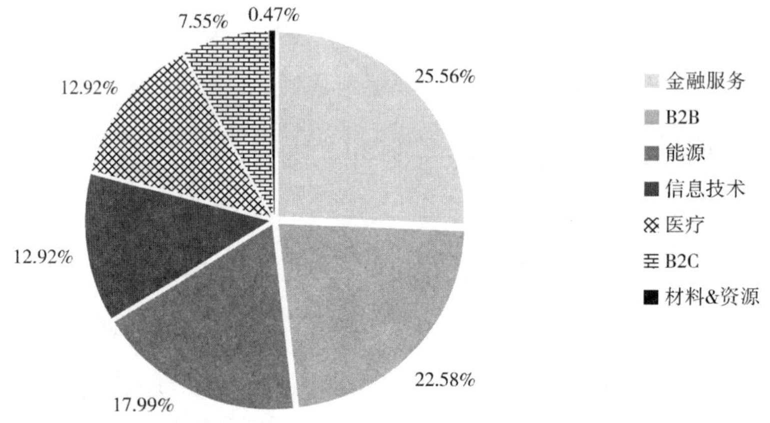

来源：Pitch Book　　投中研究院整理，2017.10

图 2 -2　2008—2017 年全球母基金投资行业分布情况

从平均收益率情况来看,FOFs 平均收益率的波动程度较低,这主要得益于 FOFs 多样化的投资组合,不但平滑了周期波动的系统性风险,也分散了单个项目的投资失误风险。具体来看,全球 FOFs 的平均收益率趋于稳定,前 25% 优质的 FOFs 平均收益率较好,在 20% 左右浮动;中等 FOFs 平均收益率在 10% 上下;后 25% 的 FOFs 处在亏损的状态(见图 2 -3)。

相比于直投基金,全球 FOFs 的资产配置上更为灵活,投向包括天使基金、VC 基金、PE 基金、并购基金、夹层基金、二级市场基金、可转债基金等,其中以 VC 基金、并购基金以及 PE 基金为主流,三者占比超过 76%(见图 2 -4)。

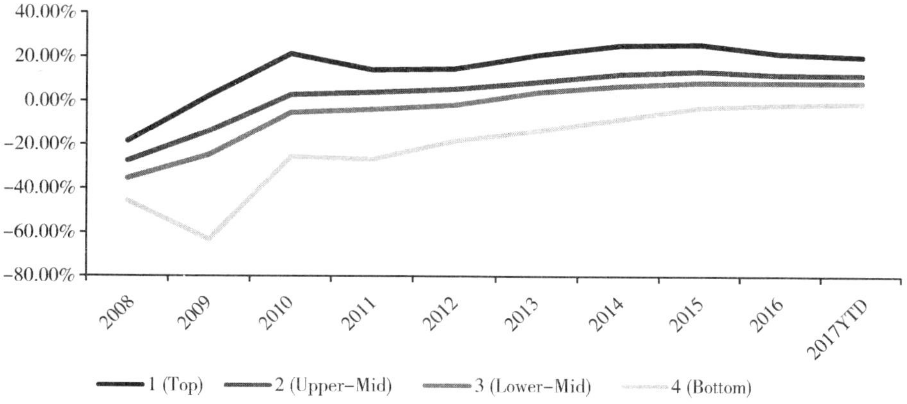

来源：Pitch Book　　投中研究院整理，2017.10

图 2－3　2008—2017 年全球母基金平均收益率四分位情况

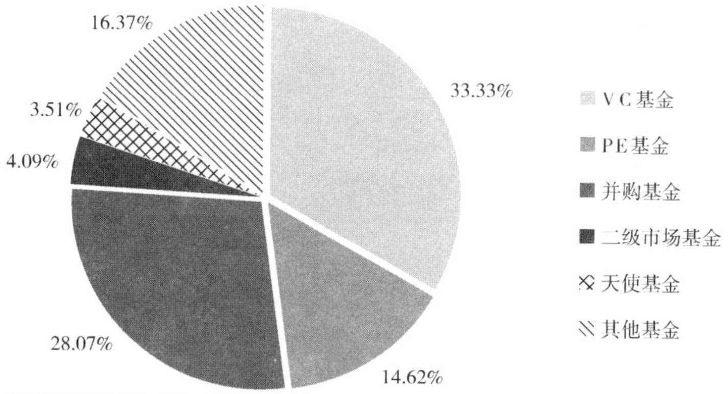

来源：Pitch Book　　投中研究院整理，2017.10

图 2－4　2008—2017 年全球母基金资产配置情况

第三章 中国市场化母基金发展历史和现状

不同于国外 FOFs 经历了数十年多阶段的发展，国内 FOFs 正处于发展的未成熟阶段，但在 VC/PE 行业政策利好不断、市场发展火爆的背景下，国内 FOFs 发展方兴未艾。截至 2017 年 9 月，全国共设有 302 只市场化 FOFs 基金，已披露市场化 FOFs 总规模 16 092.98 亿元。从发展趋势上看，国内 FOFs 近 3 年实现了爆发性增长（见图 3－1），这得益于国家全面开展大众创业、万众创新，以及相关扶持政策的落地为其发展创造了良好的政策与市场环境。

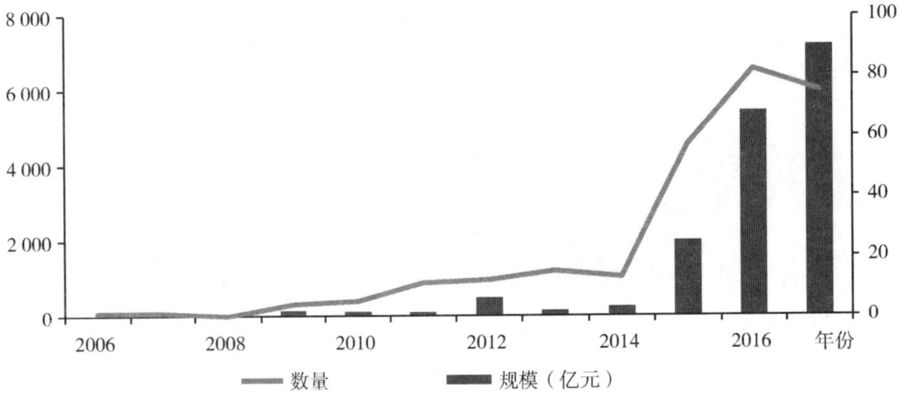

来源：CVSource　　　　投中研究院整理，2017.10

图 3－1　国内市场化 FOFs 设立情况

从地区分布上看，全国的市场化 FOFs 的分布较为不平均。受到地区经济条件和私募股权市场环境的影响，经济条件优越，发展条件好的地区，更受市场化 FOFs 的青睐。据统计，有超过 2/3 的市场化 FOFs 集中在广东、北京和江苏等地。

从投资领域来看（见图 3－3），互联网领域依然是市场化 FOFs 追逐的焦点，这主要是由于互联网领域的行业规范性提升，互联网与经济社会各领域进一步融合发展，

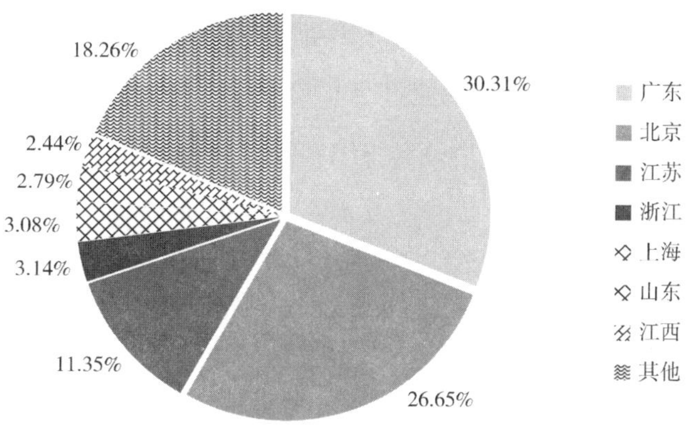

来源：CVSource 投中研究院整理，2017.10

图3-2 国内母基金地区分布情况(按基金规模)

互联网+细分领域的市场发展前景较大。另外,新能源、新材料以及先进制造等都开始成为市场化FOFs关注的热点。可以看出,市场化FOFs重点关注以技术密集型产业为代表的新兴行业,对有望通过技术创新进行产业升级的传统行业择优进入,符合习近平在《决胜全面建成小康社会夺取新时代中国特色社会主义伟大胜利》中强调的"加快建设制造强国,加快发展先进制造业,推动互联网、大数据、人工智能和实体经济深度融合"。

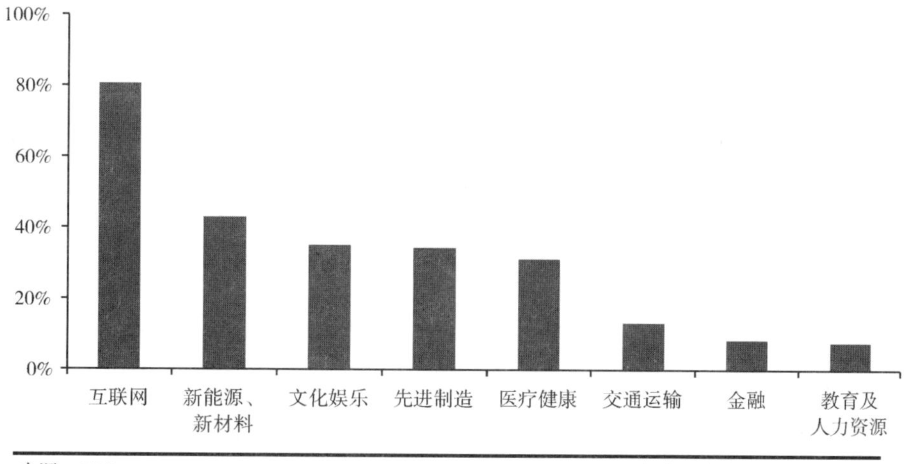

来源：CVSource 投中研究院整理，2017.10

图3-3 国内市场化FOFs投资行业分布情况

虽然国内市场化 FOFs 的发展速度较快，但市场格局还没有完全确定。从资金端来讲，市场化 FOFs 主要分为国有企业参与设立的市场化 FOFs 和民营资本运作的市场化 FOFs，其中民营资本运作的市场化 FOFs 数量较多，但国有企业参与设立的市场化 FOFs 的规模较大。市场上还是以国有企业参与的资金为主，而未来则应当以民营资本为主，国有企业资金应当只发挥引导作用。

从资产端来讲，现在国内市场化 FOFs 不再单纯着眼于一级市场投资，会通过配置项目直投、基金份额转让等丰富投资组合，但一级市场投资仍是配置重点，一般占单支市场化 FOFs 规模的 60% ~80% 。一方面，大多市场化 FOFs 在一级市场上的投资一方面开始进行天使投资、VC、PE、并购全产业链条的布局，其中早期基金与成长期基金的配比一般为 1∶4；另一方面，则呈现两极化的专项基金布局趋势，一是布局偏向中早期的天使母基金，二是布局偏向中后期的产业并购基金。未来，市场化 FOFs 配置的标的应该更加多元化，可增加未来的基础设施、房地产等。

从退出端来讲，国内市场化 FOFs 的存续期以 8 ~10 年最为常见，而现阶段大多数 FOFs 还未进入退出期，且退出渠道较窄，未来可以探索通过 PE 二级市场或各地产权交易所实现退出，利用市场流动性增加市场化 FOFs 退出的灵活性。

第四章　中国政府引导基金发展历史和现状

第一节　政府引导基金的内涵

2008年,由国家发展改革委、财政部和商务部联合发布的《关于创业投资引导基金规范设立与运作的指导意见》(以下简称《指导意见》)中指出:“创业投资引导基金(以下简称‘引导基金’)是指由政府设立并按市场化方式运作的政策性基金,主要通过扶持创业投资企业发展,引导社会资金进入创业投资领域。引导基金本身不直接从事创业投资业务。”

广义的引导基金是指由政府设立的政策性基金,政府产业引导基金、创业投资引导基金以及科技型中小企业创新基金等都属于引导基金。狭义的引导基金主要是指政府创业投资引导基金。

政府引导基金的宗旨是,发挥财政资金的杠杆放大效应,增加创业投资资本供给,克服单纯通过市场配置创业投资资本的市场失灵问题。特别是通过鼓励创业投资企业投资于种子期、起步期等创业早期的企业,弥补一般创业投资企业主要投资于成长期、成熟期和重建企业的不足。引导基金的运作原则是:政府引导、市场运作、科学决策、防范风险。

根据《指导意见》的要求,引导基金应具备以下三个特点:

第一,非营利性。引导基金是不以营利为目的的政策性基金,并非商业性基金。

第二,不直接参与创业投资。引导基金“主要通过扶持创业投资企业发展,引导社会资金进入创业投资领域”,其本身并不直接参与创业投资。

第三,市场化、有偿方式运作。引导基金应按照市场化的有偿方式运作,而不是通过政府拨款、贴息等无偿方式运作。

第二节　政府引导基金的发展历程

一、探索起步阶段（1984—2004年），第一支政府引导基金成立

1984年，我国开始由政府推动创业投资的发展，之后的十多年，地方政府开始引入国际先进经验，探索新的创业投资政策。

1999年8月，上海市政府批准成立了上海创业投资有限公司，并在2000—2001年投资设立具有基金性质的机构，其设立与运作是我国政府出资引导创业投资的最早尝试。

2002年1月，为了吸引和带动社会资本投资于中关村园区中小科技企业，帮助企业获得创业投资，中关村管委会出资设立了中关村创业投资引导资金，以跟进投资的方式鼓励创业投资机构投资本园区的高新技术企业。资金来源为中关村管委会，由北京中关村创业投资发展中心负责基金的主要运营，总规模5亿人民币，投资方向主要为创业企业，以母基金或者直投的形式投资于天使基金和风险投资基金中。这是我国国内第一支由政府出资设立的具有“引导”之名的创业投资引导基金。

在这个发展阶段内，在北京、深圳、上海、江苏、山东等地陆续出现了一些具有政府背景的投资公司，虽然运营模式尚未成熟，但已经具有政府引导基金的雏形。

二、逐步试点阶段（2005—2007年），创业投资引导基金管理暂行办法颁布

自2005年起，股权私募基金和创业投资基金的逐步繁荣以及以“自主创新”为核心的“十一五”规划的出台，对我国创业投资发展起到了促进作用。为了有效克服财政资金参与创业投资的不足，2005年11月，国务院十部委联合发布《创业投资企业管理暂行办法》（发展改革委第39号令）（以下简称《办法》）。《办法》第二十二条明确规定：“国家与地方政府可以设立创业投资引导基金，通过参股和提供融资担保的方

式扶持创业投资企业的设立与发展”，但“具体管理办法另行制定”。至此，引导基金第一次以法规的形式出现。《办法》概括规定了引导基金的设立方式和作用，第一次从正式文件上引出了引导基金的概念，确立了引导基金的法律地位。

2006年3月，由国家开发银行和中新创投共同组建的“苏州工业园区创业投资引导基金”正式设立，总规模为10亿元。

2007年，为贯彻《国务院关于实施〈国家中长期科学和技术发展规划纲要（2006—2020）〉若干配套政策的通知》（国发〔2006〕6号），财政部、科技部制定了《科技型中小企业创业投资引导基金管理暂行办法》，规定科技型中小企业创业投资引导基金专项用于引导创业投资机构向初创期科技型中小企业投资。政府引导基金的资金来源为中央财政科技型中小企业技术创新基金、从所支持的创业投资机构回收的资金和社会捐赠的资金。它针对创业投资企业、创投管理企业、具有投资功能的中小企业服务机构、初创期科技型中小企业四类支持对象，采取阶段参股、跟进投资、风险补助和投资保障四大方式进行投资及引导。同年，规模为1亿元的第一支国家级创业引导基金宣告成立，主要用于支持科技型中小企业创业投资。

数据统计显示，2006—2007年，全国共新成立政府引导基金12支，基金总规模近35亿元。

三、规范化运作阶段（2008—2010年），政府引导基金指导意见出台

为贯彻《国务院关于实施〈国家中长期科学和技术发展规划纲要（2006—2020年）〉若干配套政策的通知》精神，配合《创业投资企业管理暂行办法》的实施，促进创业投资引导基金的规范设立与运作，扶持创业投资企业的发展，2008年10月，由国家发展改革委、财政部、商务部联合制定的《关于创业投资引导基金规范设立与运作的指导意见》获国务院批准，并以国务院办公厅名义发布，对引导基金的性质与宗旨、设立与资金来源、运作原则与方式、管理、监管与指导及风险控制等进行了要求。各级地方政府设立引导基金终于有了操作指南，为政府引导基金组织和设立明确了法律基础。

《指导意见》明确了引导基金的性质和宗旨，要求引导基金在两个层面发挥引导作用：一是引导社会资金设立创业投资子基金；二是引导所扶持创业投资子基金增加对创业早期企业的投资。随着《指导意见》的出台，各地创业引导基金的设立进入高潮，规模也呈现出逐年增长的趋势，从2006年的25亿元增加到2008年的88.5亿元。

这期间，国内资本市场的复苏、中小板的逐步壮大以及2009年中国证监会正式开设创业板，宏观上优化了创业投资的外部环境，同时进一步促进了我国创业投资的全面发展。2009年10月，国家发展改革委、财政部与七省市人民政府联合设立了20支创业投资基金。

为了对引导基金股权投资收入的收缴工作进行规范，2010年，由国家财政部、科技部联合印发了《科技型中小企业创业投资引导基金股权投资收入收缴暂行办法》（财企〔2010〕361号）。根据该办法，引导基金股权投资收入包括：引导基金股权退出应收回的原始投资及应取得的收益；引导基金通过跟进投资方式投资，在持有股权期间应取得的收益；被投资企业清算时，引导基金应取得的剩余财产清偿收入。

数据统计显示，截至2010年年底，全国共新成立政府引导基金116支，基金总规模超600亿元。

四、全面发展阶段（2011—2013年），支持战略新兴产业的发展

2011年8月，为了加快新兴产业创投计划的实施，加强资金管理，财政部、国家发展改革委制定了《新兴产业创投计划参股创业投资基金管理暂行办法》，明确提出中央财政参股基金应集中投资于节能环保、信息、生物与新医药、新能源、新材料、航空航天、海洋、先进设备制造、新能源汽车、高技术服务业等战略新兴产业和高新技术改造提升传统产业领域。该办法的颁布对引导基金的投资范围进行了划定，有利于推动地方战略新兴产业的发展以及中小型创业企业的发展，发挥政府资金的杠杆放大作用。

数据统计显示，截至2013年年底，全国共设立政府引导基金343支，基金总规模超2 700亿元。

五、积极转型阶段(2014 年至今),向市场化运作模式转型

与政府引导基金的增长相配套,国家也出台了一系列政策规范基金运作。2014 年 12 月 9 日,国务院发布《国务院关于清理规范税收等优惠政策的通知》(以下简称《通知》)。《通知》明确了税收法定原则,各地区一律不得自行制定税收优惠政策;未经国务院批准,各部门起草其他法律、法规、规章、发展规划和区域政策都不得规定具体税收优惠政策。这使税收优惠政策有了国家统一的标准,避免因税收政策不统一导致市场被行政化干预,有助于投资基金的市场化运作,促进了经济的转型升级。

2014 年 5 月 21 日,国务院总理李克强主持召开国务院常务会议指出,"成倍扩大中央财政新兴产业创投引导资金规模,加快设立国家新型产业创业投资引导基金,完善市场化运行长效机制,实现引导资金有效回收和滚动使用,破解创新型中小企业融资难题"。

2015 年 1 月 14 日,国务院总理李克强再次主持召开国务院常务会议,决定设立 400 亿规模的国家新兴产业创业投资引导基金,助力创业创新和产业升级。同年 9 月 1 日,国务院总理李克强主持召开国务院常务会议,决定设立国家中小企业发展基金,政府与市场携手增强创业创新动力,建立总规模为 600 亿元的国家中小企业发展基金,重点支持种子期、初创期成长型中小企业发展。从接二连三地取消和下放行政审批事项,到 2015 年年初设立 400 亿元的国家新兴产业创业投资引导基金,再到现在 600 亿元规模的国家中小企业发展基金,政府越来越重视市场化运作在推动创业创新中发挥的重要作用。

2015 年 11 月,财政部发布《政府投资基金暂行管理办法》(以下简称《管理办法》),对政府投资金的设立、运作和风险控制、终止和退出、预算管理、资产管理以及监督管理进行了规范。《管理办法》指出,各级财政部门一般应在四大领域设立投资基金,包括新创业、中小企业发展、产业转型升级和发展以及基础设施和公共服务领域。同时引入了负面清单管理,列明不得从事的六大业务,包括二级市场、抵押贷款、捐赠、资金拆借等。此外,《管理办法》明确各级财政部门应建立政府投资基金绩效评

价制度，按年度对基金政策目标实现程度、投资运营情况等开展评价，有效应用绩效评价结果。

2015 年 12 月，财政部发布《关于财政资金注资政府投资基金支持产业发展的指导意见》（财建〔2015〕1062 号）。从出资结构、退出机制等方面提出要求。具体包括：一是设立市场化的基金实体；二是建立多元化的出资结构，结合财力可能、基金定位、募资难度等确定财政资金注资上限；三是财政资金注资设立的政府投资基金，原则上委托市场化基金管理公司管理，并通过委托管理协议等约定主要投资领域和投资阶段。四是建立适时退出机制。

2016 年 12 月 30 日，国家发展改革委公布了《国家发展改革委关于印发〈政府出资产业投资基金管理暂行办法〉的通知》（发改财金规〔2016〕2800 号），该文与财政部 2015〔210〕号文存在部分重叠，但是更多地是互为补充的关系。其中，发展改革委对于政府出资产业投资基金具体规定了七个领域，其中的“非基本公共服务领域”与财政部的“公共服务领域”规定不同。

2017 年 4 月，发展改革委印发《政府出资产业投资基金信用信息登记指引（试行）的通知》（发改办财金规〔2017〕571 号），明确政府出资产业投资基金的概念，进一步细化信息登记的内容和要求。

相关政策法规总结为表 4－1。

表 4－1　政府引导基金管理相关政策法规一览

法律与法规	颁布时间	颁布单位	主要内容
《创业投资企业管理暂行办法》	2005 年	十部委	国家与地方政府可以设立创业投资引导基金，通过参股和提供融资担保等方式扶持创业投资企业的设立与发展
《国家中长期科学和技术发展规划纲要（2006—2020 年）》	2006 年	国务院	鼓励有关部门和地方政府设立创业风险投资引导基金，引导社会资金流向创业风险投资企业，引导创业风险投资企业投资处于种子期和起步期的创业企业

续表

法律与法规	颁布时间	颁布单位	主要内容
《科技型中小企业创业投资引导基金管理暂行办法》	2007/7/6	科技部、财政部	利用阶段参股、跟进投资、风险补助和投资保障等方式，支持科技型中小企业自主创新
《关于创业投资引导基金规范设立与运作的指导意见》	2008/10/18	国家发改委、财政部、商务部	促进创业投资引导基金的规范设立与运作，扶持创业投资企业发展
《境内证券市场转持部分国有股充实社会保障基金实施办法》	2009/6/19		首次公开上市的含国有股的股份有限公司，按公开发行总股份的10%（但不高于国有股东实际持股数量）由全国社会保障基金理事会转持
《关于豁免国有创业投资机构和国有创业投资引导基金国有股转持义务有关问题的通知》	2010/10/13	财政部、国资委、证监会、社保基金会	对符合条件的国有创投机构和国有创投引导基金，投资于未上市中小企业形成的国有股，可申请豁免国有股转持义务
《科技型中小企业创业投资引导基金股权投资收入收缴暂行办法》	2010/12/9	财政部、科技部	收入收缴办法：收入上缴中央国库，纳入中央一般预算管理
《新兴产业创投计划参股创业投资基金管理暂行办法》	2011/8/17	财政部、发改委	明确提出中央财政参股基金集中投资于节能环保、信息、生物与新医药、新能源、新材料、航空航天、海洋、先进装备制造、新能源汽车、高技术服务业战略性新兴产业和高新技术改造提升传统产业领域
《关于促进股权投资企业规范发展的通知》	2011/11/23	发改委	投资者为集合资金信托、合伙企业等非法人机构的，应打通核查最终的自然人和法人机构是否为合格投资者，并打通计算投资者总数，但投资者为股权投资母基金（FOFs）的除外
《政府投资基金暂行管理办法》	2015/11/12	财政部	规范政府投资基金的设立、运作和风险控制、预算管理等工作，并在第十二条中明确政府投资基金在运作过程中不得发行信托或集合理财产品募集资金
《关于财政资金注资政府投资基金支持产业发展的指导意见》	2015/12/25	财政部	一是设立市场化的基金实体，二是建立多元化的出资结构，三是财政资金注资设立的政府投资基金，原则上委托市场化基金管理公司管理，并通过委托管理协议等约定主要投资领域和投资阶段，四是建立适时退出机制

续表

法律与法规	颁布时间	颁布单位	主要内容
《政府出资产业投资基金管理暂行办法》	2016/12/30	发改委	国家发展改革委建立全国政府出资产业投资基金信用信息登记系统；在中国大陆依法设立的公司或合伙企业，实收资本不低于 1 000 万人民币；政府出资产业投资基金对单个企业的投资额不得超过基金资产总值的 20%
《政府出资产业投资基金信用信息登记指引（试行）的通知》	2017/4/10	发改委	明确政府出资产业投资基金的概念，进一步细化信息登记的内容和要求；实行穿透填报

来源：投中研究院整理，2017. 10

第三节　政府引导基金的发展现状

从时间上看，2011—2016 年，引导基金数量增加 821 支，年平均增长率为 382. 7%，目标设立总规模增加 23 243 亿元，年平均增长率 746. 9%。其中增速最快的是 2015 年，数量和规模同比增长率分别为 238. 8% 和 395%；2016 年增速相对放缓，数量和规模同比增长率分别为 95. 6% 和 64. 3%。但到了 2017 年，政府引导基金发展趋于饱和，并未延续前两年爆发式的增长趋势，截至 2017 年 9 月，全国共设立 983 支政府引导基金，总规模达 31 801. 746 亿元，平均单支基金规模约为 32. 35 亿元。虽然政府引导基金整体发展趋势出现大幅下降，但从单支基金规模来看，2017 年新增政府引导基金的平均单支基金规模达到 95. 85 亿元，创历史新高，其中，中央企业国创投资引导基金总规模达到 1 500 亿元（详见图 4 - 1）。

目前政府引导基金分布广泛，可以分为三个层面。第一个层面是国家级的大规模引导基金。例如，国家集成电路产业投资基金，规模 1 387. 2 亿元；国家发展改革委发起设立的国家新兴产业创业投资引导基金，规模 400 亿，目前委托管理的机构包括国投高科、盈富泰克和中金佳成；工信部发起设立的国家中小企业发展基金，规模 600 亿，子基金的设立规模比较大，例如与深创投合作的子基金，规模 60 亿；科技部发起

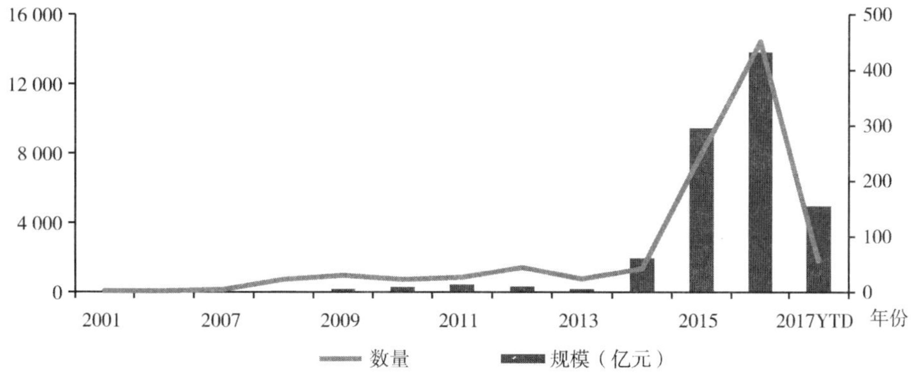

来源：CVSource　　投中研究院整理，2017.10

图 4－1　国内政府引导基金设立情况

设立的国家科技成果转化引导基金。第二个层面就是各个省市的引导基金。目前沿海地区基本都有，特别是北京、上海和深圳做的时间比较长，管理也相对更规范。第三个层级是地级市或者县级政府设立的引导基金，和国家级及省市级不同，它更多地是希望通过引导基金发挥招商引资、杠杆放大和人才培养作用，对地域限制会有所放松。

从区域分布来看，华东地区累计成立 461 支政府引导基金，总目标规模 11 073. 371 亿元，位居全国首位；华南地区成立 118 支政府引导基金，首次在数量上超过华北地区，位居全国第二，但其目标规模为 5 026. 1 亿元，仍位居全国第三；华北地区的增长脚步持续放缓，在数量上以微弱差距位居第三，在目标规模上仍处在第二的位置。另外，华中地区的增长较为迅猛，新增政府引导基金规模 613. 5 亿元，占新增政府引导基金总规模的 12. 3%，仅次于华东和华北地区（具体可参见图 4－2 和图 4－3）。

在投资行业方面，政府引导基金的限制并不严格，一般政府引导基金在管理办法中要求参股基金重点投向新材料、新一代信息技术、新能源和节能环保、新医药和生物、海洋开发、高端装备制造、创新服务业等新兴产业，以及各地政府鼓励重点发展的产业。近年来，政府引导基金关注的投资方向以医疗健康、人工智能和 TMT 为主，其

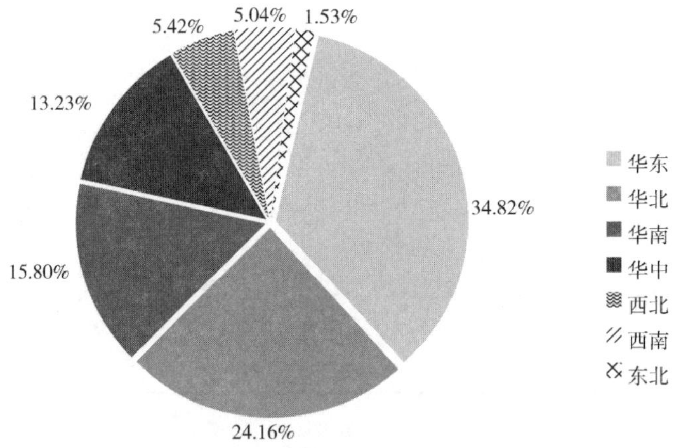

来源：CVSource 投中研究院整理，2017.10

图 4－2 国内引导基金地区分布情况(按规模)

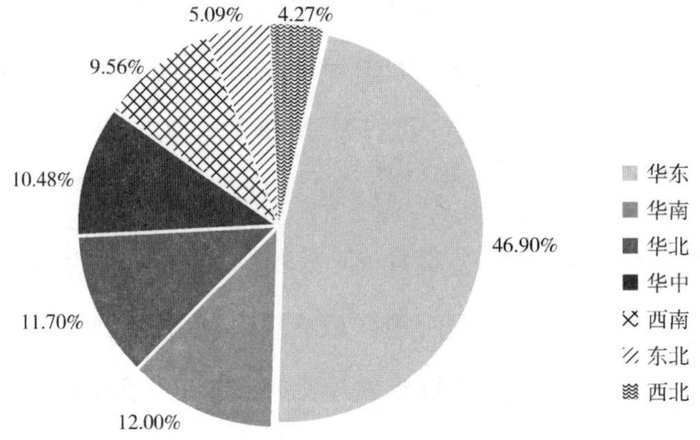

来源：CVSource 投中研究院整理，2017.10

图 4－3 国内引导基金地区分布情况(按数量)

中,医疗健康和人工智能在关注的投资领域中占比上升,分别位列第一、第二,江苏、贵州等地还成立了专注医疗健康方向的产业基金;TMT 占比下降至第三,物联网、大数据成为新的投资热点(参见图 4－4)。

政府引导基金现在它不是像过去一样主要投向创投基金,种类也在发生变化。除创投基金以外,有些政府专门拿出一笔资金支持天使母基金或者并购母基金。例

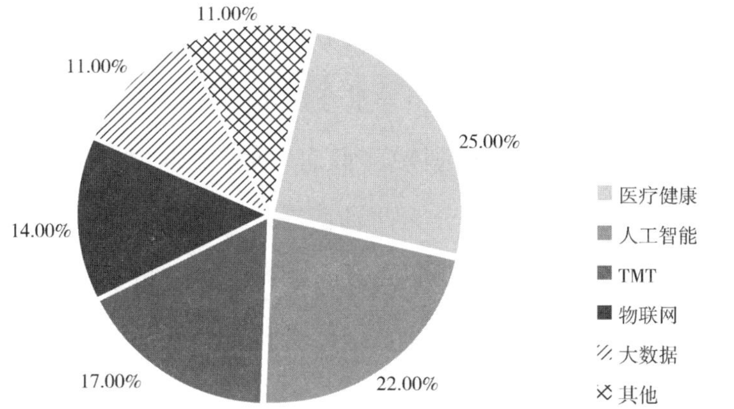

来源：投中调研　　投中研究院整理，2017.10

图 4－4　国内引导基金最关注行业分布情况

如，深圳市引导基金规模 1 000 亿元，中间也有一些天使基金的份额；中关村并购母基金规模 122.5 亿元，专注投资中关村领先企业在特定项目和领域的并购子基金，包括认购中关村领先企业的并购配套募资，支持大股东及管理层增强或保持其在中关村领先企业的控制力，通过利用现有渠道及自建渠道等多种形式支持中关村领先企业跨国并购等。现在政府也在发起参与设立一些专业化的基金，包括生物医药、健康产业，甚至海洋产业等专业基金。

在参投比例方面，引导基金一般要求在子基金中参股不控股，且不能作为第一大出资人，具体参股比例在 10% ~35% 不等，其中有 1/3 的引导基金要求参股比例不得超过子基金总规模的 20% 。

在反投比例方面，多数引导基金要求参股基金主要投资于本地辖区，投资比例的要求不尽相同，其中有 66.7% 的引导基金要求反投比例不得低于子基金注册资本或承诺出资额的 60% ~80% ，要求最为严格的是湖北省长江经济带产业基金和天津市海河产业基金，均要求投向当地的比例累计应不低于引导基金出资额的 5 倍。

在管理团队方面，绝大多数引导基金要求管理团队成员中至少有 3 名具备 3 年以上股权投资基金管理工作经验的专职高级管理人员，其中 50% 的引导基金要求至少有 3 名具备 5 年以上股权投资基金管理工作经验的专职高级管理人员。

在投资业绩方面，引导基金要求管理团队具有良好的投资业绩，其中有 2/3 的引导基金要求管理团队成员至少主导过 3 个以上股权投资的成功案例，部分引导基金可放宽至 2 个成功案例，较为严苛的引导基金要求至少具有 5 个成功案例。

在收益分配上，政府引导基金为体现“政府引导”性质，部分引导基金会在投资收益上进行适当让渡，让渡原则主要分为两种情况。一种是按照项目让渡，例如，当基金综合收益为盈利时，依据投资项目所属地域分别核算，其中投资于当地的项目获得的投资收益，引导基金让渡 50% 的投资收益给合伙企业其他股东；非当地的项目获得的投资收益，引导基金让渡 20% 的投资收益给合伙企业其他股东。另一种是按照基金让渡，例如，在子基金存续期结束后，引导基金在收回投资成本和扣除各项费用后，如子基金投资年化收益率在 10%（不含 10%）以上，引导基金可将超过 10% 部分的剩余利润按一定比例奖励给子基金管理公司和子基金其他投资人。各地政府引导基金的具体让渡比例不同，一般会将超额收益的 20% 让渡给基金管理人，另 80% 让渡给社会出资人。

第 二 篇

中国市场化母基金的实践

市场化母基金是指以追求财务回报为根本点，资金的募集、投资机构的筛选和投资、监控和退出完全按照商业准则来做的母基金。

第五章　投资实践

第一节　战略决策:构建投资组合

母基金最大的价值之一在于分散投资风险,通过对不同投资阶段、地区和策略的PE基金进行投资,逐渐降低新技术、新团队、新市场和经济周期等诸多因素带来的负面影响,使投资组合多样化,从而达到降低非系统性风险的目的,实现低风险却相对高收益的稳健回报。因此,如何构建投资组合是母基金的重要命题。

FOFs的投资决策流程应分为两个层面:第一个是战略层面,根据宏观环境、行业趋势、投资偏好等方面,考虑在面对不同类别的私募股权基金、地理位置和特定行业时,如何配置私募股权基金来构建投资组合,使风险和收益达到最优化的平衡;第二个是战术层面,侧重于具体的操作层面,即筛选合适的私募股权基金,进行事后风险控制与绩效评估。然而,国内FOFs基金往往忽视第一个层面,直接从第二个层面基金筛选入手,这种做法可能会放大投资组合的整体风险。

对母基金来说,最重要的任务就是建立以资产配置为基础的决策框架。没有约束力强的、严谨的资产配置决策过程,就谈不上有效的组合管理。通常情况下,对资产配置的讨论最好且应当在LP年会上每年评估一次。这样做一方面在通过集中讨论做出最重要的决策时,能够得到投资委员会和投资管理团队的重视,另一方面,对策略的讨论限制在年度会议上,可以避免在市场极度低迷或极度繁荣的时候,机构投资随波逐流,做出不审慎的资产配置决策。

现代投资组合理论一般都会用严格的数学方法设计投资组合,但私募股权投资行业具有特殊性,包括数据的获取、存续期问题、绩效衡量的标准问题等,无法通过现代投资组合理论进行收益、风险、波动性、相关性等分析，因此无法根据历史数据构建一个普遍意义上的模型。另外，更重要的是，由于私募股权基金的收益一般不呈正态分布，这些数据不能完全对应一些不确定因素所产生的结果。因此，在私募股权投资领域，投资人需要按照自己构建的设想来逐步优化投资组合，以满足自己的需要。

一、构建投资组合的考虑因素

为了构建良好的投资组合，从实践来看，以下几个方面需重点考虑。

（一）行业配置

从近年来私募股权投资市场的募资情况来看，大部分活跃的基金管理人并没有特定的行业重点，大多数私募股权投资基金仍以综合性基金为主。但从全球范围来看，随着企业层面科技的进步和GP层面竞争的日益激烈，私募股权基金越来越呈现出专注于特定行业投资的特征。特别是在中国市场上，私募股权投资行业越来越多的基金聚焦于TMT、医疗健康、节能环保等新兴领域，与此同时“互联网+”“工业4.0”等概念也受到追捧。专业化细分为母基金进行行业的精准配置提供了良好的基础。

根据投中研究院的数据统计，2017年前三季度在中国的股权投资市场共发生2 991次投资。从VC市场的投资领域来看，互联网和IT行业的投资依旧遥遥领先，互联网披露的投资案例为713笔，投资金额为127.28亿美元，IT行业披露的投资案例为451笔，投资金额为50.06亿美元；从PE市场的投资领域来看，IT行业和制造业主导局面明显，IT行业披露的投资案例为188笔，投资金额为116.53亿美元，制造业披露的投资案例为187笔，投资金额为63.50亿美元（详见图5-1和图5-2）。

基金管理人根据团队的不同背景和经验会选择不同的行业策略，一般来说，基金管理人会选择行业领域发展迅速、市场潜力巨大、未来3~5年存在大量投资机会的行业，GP也会选择符合区域战略发展方向的行业，例如，有的基金选择医疗健康行业，有的选择清洁技术行业，有的选择信息技术行业，有的选择互联网行业或者几个

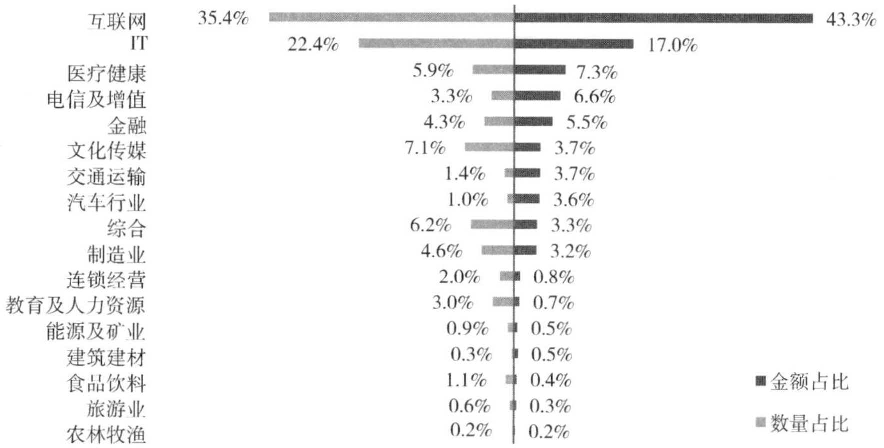

2017年前三季度中国VC市场案例数量金额占比按行业分布

来源：投中研究院

图 5－1　2017 年前三季度中国 VC 市场案例数量金额占比按行业分布

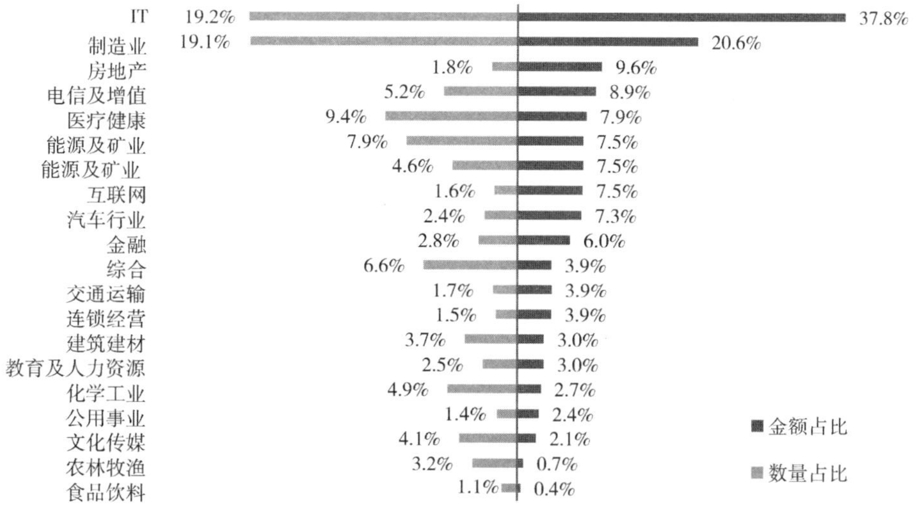

2017年前三季度中国私募市场案例数量金额占比按行业分布

来源：投中研究院

图 5－2　2017 年前三季度中国私募市场案例数量金额占比按行业分布

行业的组合。基金管理人对自己熟悉的行业领域会有较深刻的认识和理解，因为专业性强，同时积累了丰富的行业经验和人脉资源，容易获得较多优质项目资源，对项目的判断能力较强，同时也有利于为被投企业提供增值服务。

总的来说，在一个行业的投资案例越多，就越容易形成该行业的投资优势，也越容易形成所投资企业之间的协同效应和资源整合，从而获得更多更高盈利的机会。

对LP而言，也越来越倾向于选择专注某行业GP的私募股权基金进行投资，以达到行业的多元化配置和专注深度挖掘的平衡。目前市场上有许多专注投资特定行业的GP，以供LP在进行资产配置时选择。例如，专注于投资TMT行业的银湖资本（Silver Lake）和DST等，专注于投资医疗健康行业的奥博资本（OrbiMed Capital）、维梧生技（Vivo Ventures）、富达亚洲风险投资（Fidelity Asia Venture）、华澳资本和景林资产等。就中国的私募股权投资和风险投资市场而言，近几年的投资热点主要体现在消费品服务、TMT、医疗健康和新能源等领域，由于特定行业的专注和一定的行业壁垒而获得了较高的回报。

目前国内一个突出的现象是一级市场与二级市场的倒挂。目前，一级市场好项目的估值一直上升，但二级市场的市盈率在下降，过去十年整体经济走势是上升的，过去十年投资回报率处于高位，而现在宏观经济正在进入一个转型期，经济运行在调整，经济增长速度亦发生变化。现在投资的企业预计在4~5年退出，而我们判断未来市盈率大趋势是往下降的，这一点鲜明地反映在中国市场股权投资项目退出收益率的变化趋势上。

假设这个判断成立，那所有投资机构需要思考的是如何保障未来的投资回报率。从实践来看，国内母基金配置主要布局在战略新兴产业、互联网、消费升级等行业，而对传统行业避而远之，正是因为这些行业可带来高增长预期，从而缓解了估值下降大趋势的压力。

扩展阅读

元禾辰坤的行业配置①

元禾辰坤合伙人徐清透露，对公司接下来的投资计划，鉴于中国内地的大环境，如人口老龄化以及生活质量提高等因素，健康行业是一个值得关注的领域。人这辈子在医疗方面的投入，80% ~90%都是在生命最后的两三年投入的，随着人口老龄化增长，这将带来爆发性的增长。同时，由于整体GDP的不断增长，基础养老环节如医疗技术以及相关设备的开发都是呈向上的状态。徐清直言："我觉得健康行业应该会以超过GDP几倍的增速发展，这是一个大的、长期的朝阳产业。"

（二）投资阶段配置

根据投资阶段的不同，私募股权基金分为天使投资基金、创业投资基金、成长基金和并购基金四种类型（参见图5-3）。不同类别的私募股权基金显示出不同的风险特征，处于越早期投资阶段的基金，其预期的投资风险较大，预期的回报率也越高；而随着投资阶段的后移，投资风险逐渐降低，但预期投资回报率也逐渐减少。

从市场上投资机构的偏好来看，股权投资依然侧重于天使资本、创业投资、成长资本和并购交易四种交易类型（图5-4），预计这四种类型的基金依旧会占据私募基金募集市场的主导地位。

从实践来看，在考虑投资阶段分布的时候，一方面会考虑风险和收益的平衡，另一方面更重要的是考虑现金流。早期基金回本时间平均是7.5年，成长和成熟期的大概是4.5年。除了满足投资人阶段性流动性需求之外，投资阶段的搭配能够平滑J曲线，对母基金的投资回报有重大影响。

---

① 元禾辰坤：母基金市场化探索先行者[OL]，2017.3. http://toutiao.manqian.cn/wz_eeAmRwMtij.html.

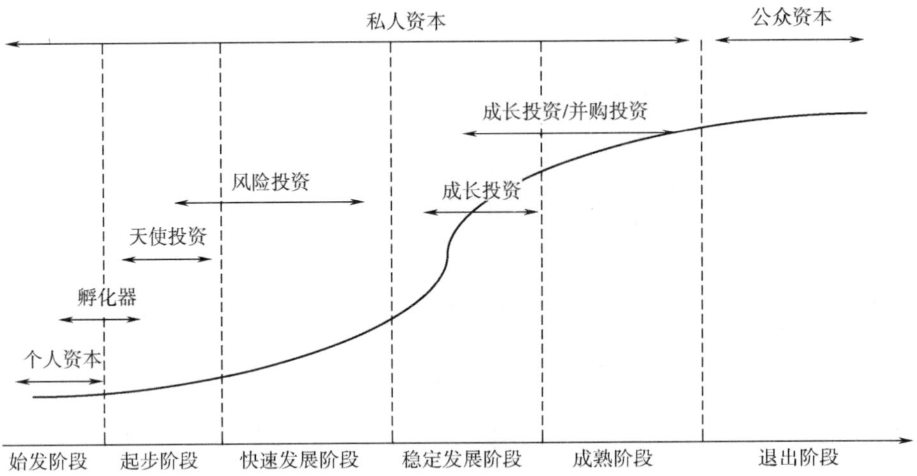

图 5－3　中国私募股权资产的多层次类别

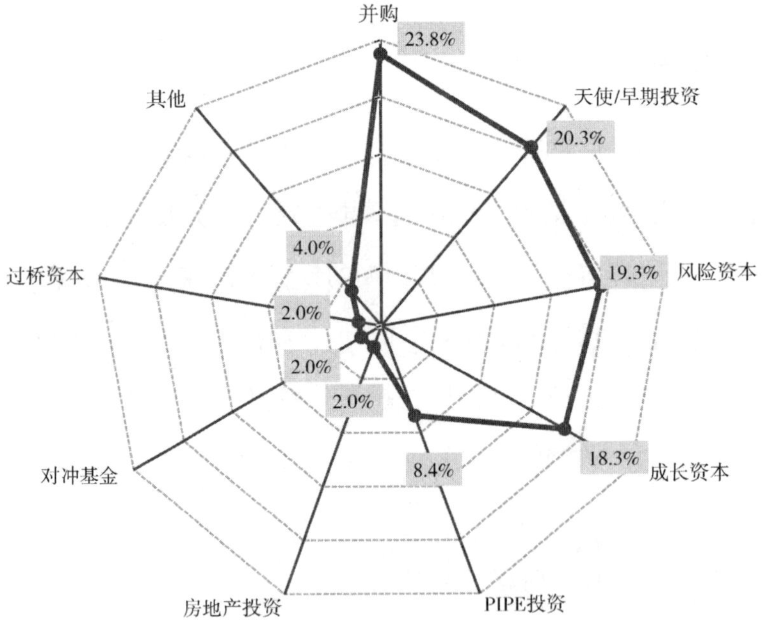

来源：宜信财富研究

图 5－4　2016 年股权投资机构投资策略方向

（三）地域配置

基金管理人结合基金的投资特点，会考虑投资标的企业的集中度，同时基于对不同地域的了解和不同地域行业发展状况的不同，会侧重选择重点的投资地域。不同地域的覆盖能使投资多元化，同时使风险分散化。

从实践来看，目前国内母基金在区域上通常都没有做限定，基本上由私募股权基金自主决定。从最终结果来看，所投基金和项目集聚在北、上、深三地。

2015—2016年，一个明显的趋势是国内资金加大了对海外项目的配置。国内大基金手里拿到了太多的钱，导致项目估值虚高不下。一些市场化母基金在配置上做了微调，增加了海外资产配置，国内会谨慎一些。但随着国家加强外汇管制，海外配置的难度大幅提升。

（四）基金类型

从实践来看，国内母基金讨论的一个热点话题是对白马、黑马私募股权基金的配置。所谓白马基金，是指已经有一定品牌知名度、行业排名靠前的知名投资机构，在团队管理、过往业绩、公司治理、基金规模等方面都很完善；所谓黑马基金，是指新设立的基金或历史业绩较短的基金管理人，特别是从知名机构出来成立的团队，这类私募股权投资基金管理人的合伙人可能过往就职于成熟基金，个人已有完整的投资业绩，或来自于企业，有资深管理经验，但团队整体作为独立基金管理人进行运作的时间较短，未来能否延续过往优秀业绩的不确定性较大。此类团队作为基金的“创业者”，往往冲劲更足，也有机会取得更好的成绩。从国际范围来看，有一个延续的标准，即在投资基金的时候，基本上30%～40%的比重会投到黑马基金。

黑马基金之所以会得到大家的普遍重视，在于黑马基金带来的高回报。根据诺亚研究的报告，通过长期覆盖跟踪研究全市场超过10 000家私募股权投资机构，在每个重点布局的行业中，通过“投资阶段”和“成立时间”交叉分类，对GP分类评级，评级包括定量和定性评价两个维度。定量评价主要围绕项目退出表现、项目投资情况和管理资产规模等方面进行。其中,评价退出表现的指标主要有项目退出累计数量、项目退出累计规模、项目退出回报倍数、内含报酬率 IRR、退出效率。表 5－1 所示是七个行业中分类评选出的五星级管理人数量。

表 5－1 管理人筛选结果

	PE 白马	PE 黑马	VC 白马	VC 黑马
文化传媒	21/167	27/217	15/125	17/137
TMT	41/329	105/843	75/604	132/1060
消费服务	24/197	21/173	26/212	24/192
医疗健康	29/235	27/216	40/324	25/200
制造业	34/271	32/251	64/456	31/243
能源	37/298	25/208	46/371	20/159
金融	16/133	21/172	19/151	20/166

来源:诺亚研究:私募股权投资评级系统(2.0 版)

注:每组数字中后一个数字为该类别的 GP 总数,前一个数字为该类别的五星级 GP 数量。

诺亚研究对“白马”和“黑马”的划分依据是成立时间,成立时间超过 7 年的管理人属于“白马”,成立时间小于 7 年的管理人属于“黑马”。从以上数据可以看到,在各个行业 PE/VC 领域中,都有大量五星级管理人存在。从实践来看,黑马基金得到大家的普遍关注,有些母基金管理人甚至提出“看到别人看不到的黑马,这个就是核心竞争力”。

我们将在本章下一节“筛选管理人的考察要素”中更详细地探讨白马、黑马基金问题。

(五)数量配置

由于私募股权投资高风险、高回报的特点,与其他所有类别的资产一样,私募股权基金也具有两大类风险:一类是市场风险或称系统风险,另一类是资产本身所具有的非系统性风险或称特异性风险。前者是无法分散掉的,后者是可以通过分散投资来分散掉的。为了规避非系统性风险,同时不错过某些产生极高回报的投资机会,设定一定数量的投资组合是必要的。但从另一方面讲，随着组合的分散度增大，风险虽然降低了，但收益也减少了，因为分散化的最终结果会导致收益率变为平均值。一般成熟的 LP 机构投资者每年至少投资 5 支以上的基金来分散非市场化的风险。同时，还应建立对子基金投资金额的范围标准，避免过度分散投资或过度集中投资。投资规模的制定应主要考虑以下因素：

1. 项目的管理成本。基金投资过程中，项目初筛、尽职调查、投后管理都涉及 FOFs 管理人大量人员和资源投入，因此，母基金单笔投资规模不宜过小，以确保回报高于项目的管理成本和机会成本，同时也避免单笔投资的回报贡献不显著。

2. 集中度。避免因为 FOFs 业绩过于依赖单一子基金管理人或单一行业而产生的集中度风险。

3. 子基金的募资规模。通常，私募股权投资基金管理人会更为重视其基金的主要投资人，在共同投资机会的分享、信息沟通及时性、未来基金额度的分配上，都会向主要投资人倾斜。在此情况下，母基金管理人需结合自身情况，考虑在子基金中应发挥或希望发挥何种角色。

（六）周期配置

市场永远有周期性，根据市场周期性的高点低点，重新调整组合投入和退出的时间点，所得的回报率会有很大差异。从实践来看，起始年份（Vintage Year）是影响一个基金业绩回报最重要的因素之一。

投资组合的构建要考虑投资节奏，必须是能够经过周期波动考验的。举个例子来讲，一个母基金 5 年的投资期，主要投资 TMT、先进制造、生物医药、消费品、企业服务等行业。每年母基金在各个领域都有一个指导的配额，在各个领域上要布多少子基金，多少直投项目，确保整个节奏是比较稳固的推进，就不太容易受周期的影响。因为有时在一些行业特别热点的时候，整个投资成本上升得非常快，估值水平很高。例如人工智能，它会突然间成为热点，然后所有项目不管好与不好，在估值上都会被破坏，那么这种情况下你能不能不投呢？不能，但也不能投得太快。如果在热点的时候节奏放得太快，就会出现问题。所以说要保持稳定的节奏，这样风险就不会积聚，风险被摊在整个投资期里面了，可以保证你不会在高点进得太多，你在低点会有一些进入。

（七）流动性配置

母基金的周期一般都长达十年以上，根据资金来源的不同，母基金可能存在短期流动性需求。母基金可以考虑通过增加债权投资、定增以及不同投资阶段配置来实现流动性需求。下面以一个十年周期的母基金为例，在考虑流动性需求的基础上，在五年投资期内其资产配置可能如下：

在私募股权基金配置上，开始较大比例配置早期基金，然后逐年递减，因为它需要的投资期限比较长；较小比例配置成长基金，然后逐年加大比例，它们的投资期限比较短。前三年通过定增类、Pre - IPO 类直投项目或者债权类项目来支撑返还的现金流，从第四、第五、第六年 Pre - IPO 类直投股权项目已经基本上可以贡献出来现金流，然后再往后的话就是直投的成长期，早期项目就陆陆续续退出了。

（八）一级投资 + 二手份额转让 + 跟投（PSD）

在 FOFs 发展的最初阶段，主要从事纯粹的一级投资，偶尔进行直接（共同）投资。但近几年母基金业务领域不断扩展，越来越多的 FOFs 踏入全业务领域。所谓全业务领域，是指不仅进行一级投资（Primary Investments），也进行二手份额转让（Secondary Investments），还进行直接投资（Direct Ivestments）或共同投资（Co - investment）。

一级投资是指 FOFs 投资于新成立的私募股权基金，即与其他资金共同投资于新设立的私募股权子基金。

二级份额转让是指从已经存在的 LP 手中购买相应的私募股权权益，也包括从 GP 手中购买私募股权基金中部分或所有的投资组合。

直接投资是指 FOFs 直接投资于创业企业，母基金一般不单独投资创业企业，而是与其他私募股权基金共同投资。从国外成熟母基金来看,跟投能力的增强还会进一步提升 PE 母基金价值,缓解双重收费带来的压力。

在本章第六节“跟投策略”以及第七节“二手份额转让”中,将对相关问题进行更详细的探讨。

二、构建投资组合的核心关键点

构建投资组合需要综合考虑方方面面的因素。从实践来看,国内母基金对行业、投资阶段、基金类型等方面都有所考虑。以一支私募股权母基金为例,它可以在行业层面实现风险分散,有的擅长医疗健康,有的擅长消费升级,有的则擅长黑科技;它也可以从企业成长阶段的角度实现风险分散,有的子基金聚焦天使轮、A 轮的早期阶段,有的聚焦 B 轮、C 轮的成长期阶段,还有的聚焦 Pre - IPO 的晚期阶段;它还可以从基金的投资策略上实现风险分散,有的子基金善于“赌赛道”,有的更善于“赌赛手”。

构建投资组合的核心关键点,在于从理念到执行层面贯彻以下两点:①在考虑对单个私募股权基金投资之前,考虑整体资产配置;明确母基金层面的投资逻辑、风控逻辑,然后才是子基金的选择。②不断深化对资产配置的认识,组合的分散分配并非为了分散而分散,而要了解行业间的相关性、不同投资主题间的相关性,对不同的投资策略进行主动配置。私募投资后几乎没有流动性,调仓的代价非常高,因此投进去的时候,对未来六七年的整体趋势要非常清晰,这才能真正体现投资组合的概念。从某种意义上来说,资产配置是最高层面的风控。

三、动态调整和再平衡

当然,资产配置不是固定不变的,母基金内部应该建立实时调整的机制。通常的方式是,每年召开两次合伙人大会,主要对组合的整体表现和每个资产类别的表现进行评估。这些会议主要结合当时的市场情况,对每个私募股权资产类别进行深入的分析,以找到影响重要投资机会的各种因素。例如,目前母基金在各个行业配置如何，都是哪些项目，会对整个市场和技术以及技术的发展情况做一个复盘，比如哪些技术、哪些细分行业已经成熟了，可能会达到一个快速增长的阶段，像 AI 这方面的项目逐渐成熟，这样子可能要增大比例；哪些领域已经过热，估值炒得太高了，会定期做一个讨论来调整，下半年哪些要增加，哪些要减少。通过对每个资产类别的规模大小、行业分布、风格特点与基准水平进行比较，投资委员会站在回顾过去和展望未来的角度，对组合管理进行评估。这样的组合评估可以起到评估前期业绩和制订未来战略计划的作用。

扩展阅读

歌斐资产的资产配置①

歌斐资产非常强调组合配置，“我们管理的每个基金，在阶段、行业、区域上怎么配置，要说得很清楚。”即便是在歌斐资产看好的半导体行业，投资过程中，TMT 投资小组分配的份额也只是 1/3，其中基金与直投项目大约为 5∶5 或 6∶4，歌斐资产私募股权合伙人王彪文说，组合配置的纪律很重要，否则很容易被热点带乱节奏。

当然，组合的分散分配并非为了分散而分散，其要讲究的是，了解行业间相关性、不同投资主题间的相关性，王彪文说，有时即便不同行业，也是被同一因素驱动的，投资配置就会不同。“私募投资后几乎没有流动性，调仓的代价非常高，因此投进去时，对未来六七年的整体趋势要非常清晰。”因此在打法上，歌斐资产在基金层面关注早期做长期布局，如人口老龄化、移动互联、高新技术壁垒类型的行业。中短期则采用直投、跟投方式，加大歌斐资产对各个领域的关注。这样的投资方式更考验机构自身对未来的判断力。

其次，“大家一窝蜂认为会发生的那个事，不一定会发生。”2000 年时的美国，很多人都认为互联网要完了，纷纷撤出，但谷歌就是在这个时期创办起来的，因此歌斐

---

① 马巾坷. 投近百家 GP－5.0 时代的歌斐资产想要再精细一点[OL]. 投资中国网，2017.5.

资产在对未来趋势的判断上,还有一个标准就是“不能太绝对,要有权衡”。

这就让歌斐资产与 GP 只聚焦几个领域的投资方式不同,“在把握大方向的基础上,不会只赌人工智能或者互联网金融,而是在不同行业做头部项目的平衡配置。”王彪文透露,除了上述高新技术领域的投资,歌斐资产还做一些消费升级、IP 内容、新能源方面的投资。

2016 年,在数据库数据季报的梳理中,歌斐资产 TMT 团队发现,在过去一年中,与半导体、智能硬件相关的项目量有明显增加。得到这样的“风声”,歌斐资产开始关注做细分报告研究,了解行业中的每个细分领域都走到什么程度,并分早中后不同的时期来选择不同方式的布局。“数据库让歌斐资产在判断上有了好的开端,我们很清晰地知道 GP、投资人投了哪些项目,包括自己相关的和竞争对手投资的不同声音,数据库甚至还包括多家 GP 机构的现金流状况,这样一线的数据和动向的交叉印证是高效的。”

对未来的判断,除了数据分析,还有重要的一部分来源是与 VC 机构的沟通。王彪文表示,歌斐资产与投资的多数 GP 有项目跟投的关系,加之 GP 自身的资金募集,使歌斐资产可以争取到与这些 GP 的合伙人在每个季度都有系统沟通的机会。歌斐资产会分享自己的季度报告,与处在一线的 GP 进行内部讨论。王彪文说,歌斐资产非常重视这样的沟通,并将其作为 2017 年的工作重点之一。“希望各行业都可以交出一份自己的东西,与相关的领域的 GP 进行互动,光靠嘴谈是没用的。”王彪文表示。

第二节　战术决策:筛选及投资基金

通过总结各大母基金管理团队的优良经验,我们发现,科学严谨的投资决策程序对母基金是必不可少的,具体流程如图 5－5 所示。

归纳起来,母基金管理团队投资决策流程一般可以分为四大步骤。

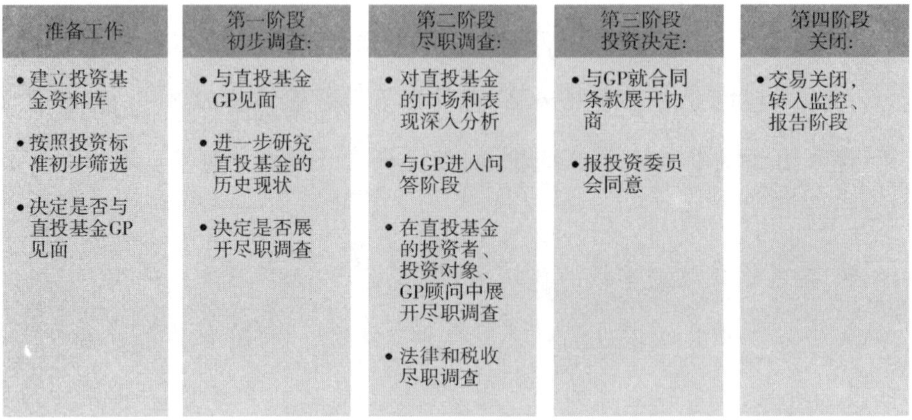

图 5－5　母基金的投资决策流程

一、基金公司接触和筛选——寻找优质的基金管理公司

（一）项目搜寻

基金管理团队根据投资策略，负责基金公司的搜寻和开发，建立基金公司储备名单。基金的投资团队应根据投资组合的规划，在相关市场上搜寻符合 FOFs 投资主题的子基金。随着国内私募股权市场的不断完善，FOFs 在获取项目渠道的来源方面也越来越多元化。基金项目的搜寻渠道可大致分为以下三种：

1. 管理人自有渠道。基金管理人可以根据其合伙人资深的行业网络和资源优势，基于过往的合作经验和市场信息，与私募基金建立合作投资关系。FOFs 的投资更多地是对"人"和"团队"的投资。近年来，一些团队脱离原有机构，成立自己的基金品牌，独立募集基金。管理人基于过往合作的关系网络，与相互了解的子基金或团队合作，对管理人的投资管理能力有更深刻的理解，可以有效降低投资的不确定性，增强 FOFs 投资回报的稳定性。

2. 市场分析。FOFs 管理人根据基金策略所确定的投资偏好，对该地区活跃的私募股权投资基金市场进行分析，系统地挖掘投资机会，确定子基金的短名单。目前，国内外市场上均活跃着众多专注于股权投资行业的市场资讯机构，并定期对市场上的活跃机构进行统计，这也可以作为 FOFs 管理人获取新项目来源的渠道。

例如，行业杂志——国际私募股权（Private Equity International，PEI）每年会根据机构过去 5 年的募资规模，列出全球前 300 家的股权投资机构。除 PEI 外，福布斯每年也会评选出全球最佳创业投资人，在 2016 年发布的榜单中，前十名中红杉资本占据了三个席位，其次是 GGV、IDG、DCM，各 2 人，甘剑平、林欣禾、朱啸虎、徐小平等也位列其中。中国私募股权市场上也有不少信息服务平台机构及行业组织，致力于为各类机构提供专业的信息、数据、研究和咨询服务，每年均会定期举办投资峰会等不同类别的主题会议及活动，便于投资机构间相互交流，实现资源对接，并举办相关的评选活动。FOFs 可以从这些榜单的评选中尽快获取到市场上优质活跃的基金信息。

3. 中介机构推荐。由于部分私募股权投资基金规模有限，难以投入大规模的资源面向全球的投资人进行募资，故通常会聘请募资代理，并向其支付部分募资费用。募资代理长期与各类投资人保持密切联系，熟悉各家投资机构的偏好，可以提高募资的成功率。特别是对首次募集的基金而言，有良好市场声誉的募资代理能迅速协助他们对接市场上成熟的潜在投资人，加快募资速度。

从国际市场上来看，有超过 36% 的创投基金和 52% 的成长型基金采用募资代理进行募资。主要的募资代理机构包括 Park Hill Group（隶属于黑石集团）、Credit Suisse Private Fund Group、UBS Investment Bank Private Funds Group、Lazard Private Fund Advisory Group 等。这些机构大都在北京或香港设有办公室，并帮助过亚洲基金进行募资。

（二）初步接触

FOFs 管理人在通过不同渠道获得潜在基金的募资信息后，将根据投资策略进行初步分析，排除明显不符合 FOFs 投资范围的标的基金。对符合 FOFs 投资范围的目标，投资团队内部应确定项目的负责人，负责与该基金的管理人建立联系，获取关于基金及其管理人的进一步详细资料。

为保护双方的利益，FOFs 取得书面材料之前，目标基金往往会要求签订保密协议，明确 FOFs 需要对所提供的相关资料承担保密义务。

FOFs 与子基金初步了解的资料应包括管理人背景、投资策略、团队介绍、过往业绩介绍、本期基金的募集计划和基金架构等。这些资料将有助于帮助 FOFs 从整体上了解基金及其管理人的能力，并与团队本身已掌握的部分信息进行交叉检查，从而确定是否符合 FOFs 的投资方向，以及是否进一步跟进。

根据初步接触的情况，投资团队应对目标基金的整体情况进行梳理，整理初步的项目信息表（见表 5－2），用于内部讨论及汇报。

表 5－2　项目初步信息表模板

投资机会概述			
简要说明基金概况、优势等			
基金介绍			
名称		基金规模	
期限		募资期限	
收益分配		管理人	
投资策略			
管理人概况			
优势			
历史业绩			
团队介绍			
合作情况			
出资时间			
初步接触建议			

来源：宜信财富研究

基于团队初步接触所掌握的基本信息，FOFs 内部应新建立私募股权投资基金管理人数据库，并建立规范的项目库管理办法，目的是方便团队系统全面维护与子基金的相关信息,逐步形成自身的市场信息资源库。

完整的私募股权投资基金管理人数据库应以项目初步信息表为基础,包含 FOFs 可以获取到的关于私募股权投资基金管理人的全部信息。因此,数据库应根据项目成熟程度和项目前期工作进展情况,逐步补充相关内容。

私募股权投资基金管理人数据库可以参考以下维度建立:

(1)私募股权投资基金管理人的基本信息:包括基金管理人的名称、联系方式、项目来源、联络时间等。

(2)拟募资基金的相关信息:包括基金名称、募资时间、募资金额、募资进度、潜在投资人、最小投资金额、基金期限、管理费、收益分配等主要条款。

(3)过往业绩:包括基金和项目层面两个类别。基金层面包括过往基金的成立时间、投资策略、基金规模、已投资情况、已退出情况、估值情况、回报情况;项目层面包括项目名称、行业、地区、投资时间、投资金额、已退出金额、最新估值和退出进展等。

(4)团队:包括团队规模、组织架构、主要成员过往经历、过往合作情况、团队离职情况等。

(5)投资策略:包括子基金的地区策略、行业策略、阶段策略、增值服务策略、单一项目投资金额/占比、基金项目储备等。

(6)内部治理:包括子基金的投资流程、决策流程、激励约束机制、团队发展计划等;

(7)基金分析:包括 FOFs 管理人对子基金管理人过往业绩、投资策略、治理机制、投资风险等各方面的分析;

(8)投资方案:包括拟投资金额、出资主体、拟沟通条款等。

私募股权投资基金管理人数据库中的相关信息要做到精简、准确,在项目团队完成信息录入后,团队内部应建立数据库信息的审核机制,并确保相关信息将根据子基金最新情况不断更新完善。

（三）立项前筛选

通常，FOFs 可以根据私募股权投资基金管理人项目信息库的要求，制定标准化的尽职调查问卷，要求目标基金的管理人填写，以便规范、准确地获取项目的相关信息，同时也可以大量节省项目团队资料整理的时间。

在获取目标基金的相关信息后，FOFs 根据其投资策略和评价标准，从中筛选出被投资的子基金。与后文的详细尽职调查不同，立项前初步尽职调查主要是为了让团队能初步判断项目投资的可行性和风险关注点，因此所采用的形式是以与目标基金的合伙人交流讨论所得到的信息，以及子基金管理人所提供的募集说明书等书面材料为基础，在投资团队内部进行分析和讨论为主，暂不涉及大规模的外部访谈、出差考察，或聘请中介机构参与，以避免产生大量的尽职调查费用。

整体来看，FOFs 对投资项目的筛选可以按照一个自上而下的思路进行，依次对目标基金的战略定位、规模、历史业绩、团队、机制、交易条款进行分析，最终确定潜在项目的短名单，以便开展详细的尽职调查工作（参见图 5－6）。

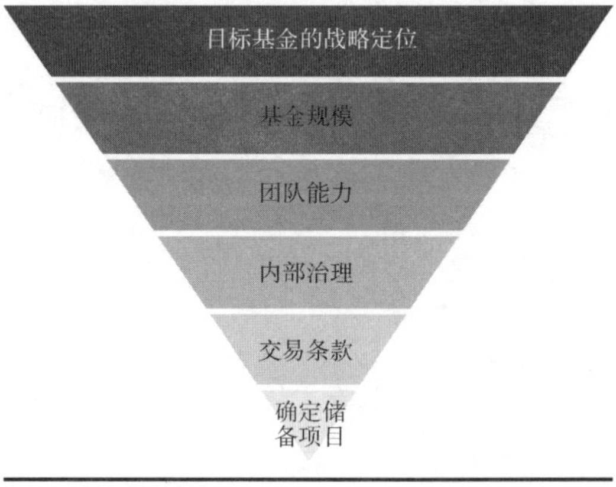

来源：宜信财富研究

图 5－6　目标基金筛选流程

1. 目标基金的战略定位。结合 FOFs 的战略定位，对目标基金的币种（美元/人民币）、区域（中国/亚洲/全球）、资产类别（天使/创投/成长/并购）进行初筛，确保目标基金属于 FOFs 的投资范围。

2. 基金规模。由于 FOFs 本身的规模有限,FOFs 管理人应结合投资策略制定中对子基金投资金额的范围标准,以及此次募集基金的总规模和 FOFs 管理人希望在子基金中所发挥的作用,确定是否能够参与新募基金的投资,避免过度分散投资或过度集中投资。

3. 团队能力。团队能力对基金表现有直接的影响。据统计,管理历史回报排名后 50% 的基金的 GP 将来表现优异的可能性较低,而历史回报排名前 25% 的基金有 65% 的概率在下一支基金的回报优于行业平均水平,可见基金的业绩表现通常具有一定的“黏性”(见图 5 – 7)。在初步尽职调查时,团队能力可以从团队成员的过往经历、代表项目、过往基金的投资业绩、项目储备等方面进行核查,并结合项目团队已掌握的相关资料进行交叉检查。此外,还需要特别关注团队过往业绩的延续性,是否持续活跃在目标区域的投资市场中,以及与本期基金投资策略是否一致。

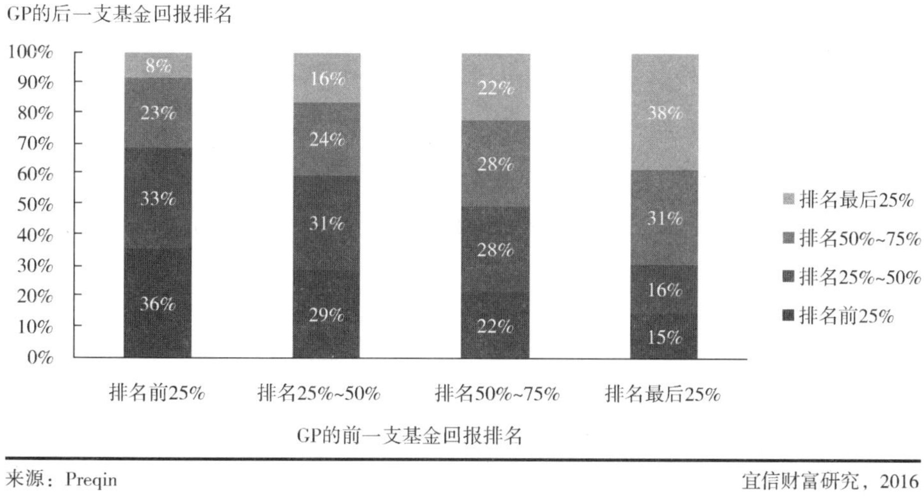

图 5 – 7 基金管理人不同基金间业绩回报的关系(全球 VC 基金)

4. 内部治理。内部治理的筛选主要是考察团队的稳定性及与基金利益的一致性。内部治理的考察主要包括基金投资及决策流程,管理人成立至今团队成员特别是高管是否发生过重大变化,团队高管成员是否能专注本期基金的投资,团队的跟投计划、激励约束机制、投资流程、风险管理机制等。

5. 交易条款。基金的主要交易条款，如基金期限、管理费、出资方式、收益分配、利益冲突/关联交易等，应基本符合相应产品类别的市场惯例。受募资环境的影响，主流投资机构在投资谈判时，往往可以得到比其他投资人更加优惠的条款。虽然正式的协议谈判往往会在全面尽职调查后进行，但在初步尽调阶段，FOFs 可以根据自身需求，向基金管理人就《有限合伙协议》之外的需求进行充分沟通，如信息披露、优惠条款、共同投资优先权等，确保在条款方面不会形成交割障碍。

经过上述五个方面的层层筛选，FOFs 的项目团队应初步确定目标基金是否可以满足投资标准，并基于初步分析明确在下一步深入尽职调查中需要进一步确认的主要议题或关注的风险点。

（四）投资立项

1. 立项管理。对入库的基金公司进行投资可行性初步研究，如果基本符合战略决策的要求，具有深度介入的价值，应编制《立项报告》，并提交初审会申请立项。拟立项的项目应符合以下要求：

（1）项目经过上述初步分析，符合 FOFs 的投资策略和评价标准；

（2）投资团队已与子基金进行深入沟通，投资基金已获得管理人的初步认可，对于拟投资金额的范围双方已有初步共识；

（3）根据子基金的募资时间表，确定投资团队内部的时间表、下一步工作方案、费用预算等；

（4）完成项目数据库中基本信息的录入以及团队内部立项所需提交的报告。

项目团队提交完整的立项报告以及相关内部备查文件，进行内部讨论。根据 FOFs 的内部管理流程，项目立项应经过母基金的立项委员会或投资委员会讨论。

拟进行立项的项目，应同时确定该项目的负责人及其团队成员。项目的负责人将按照内部投资管理的规定，负责下一步深度尽职调查、投资谈判等各项工作的组织实施。

若项目的立项未获得批准，项目团队应根据表决意见及项目的实际情况进行补充说明后再次申请，或放弃跟进。

2. 立项报告模板。立项报告主要是基于前期初步调研所获取信息的整理，可以参照表5－2“项目初步信息表模板”的格式，在此基础上补充团队对子基金与FOFs投资策略的契合度分析、基金优势分析、风险关注点分析，以及项目的投资方案建议，形成具体的立项建议及下一步工作方案(参见表5－3)。

表5－3　项目立项报告模板

投资机会概述			
简要说明基金概况、优势等			
基金介绍			
名称		基金规模	
期限		募资安排	
收益分配		管理人	
项目来源			
投资策略			
管理人概况			
历史业绩			
团队介绍			
合作情况			
出资安排			
初步评价			
基金优势			
风险关注点			
与母基金投资策略的契合度			
投资方案			
立项建议			
下一步工作安排			

续表

申请时间	
项目团队	
表决结果	
表决时间	
表决地点	
表决形式	
参会人员	
表决结果	
备注	

来源：宜信财富研究

项目立项报告及其表决情况应根据 FOFs 档案管理的相关规定，在完成表决后及时予以存档。初审会批准立项后，由项目经理具体负责开展 GP 的尽职调查、商业谈判、内部评审、组织实施以及后续管理等工作。

二、尽职调查——全面判断基金公司的情况

尽职调查（Due Diligence）是指投资人（LP）在与基金管理人（GP）达成初步合作意向后，经协商一致，投资人对基金管理人一切与本次投资有关的事项进行现场调查、资料分析的一系列活动，是为投资决策而做出的一系列事前调查。

我们将在本章第四节“如何开展尽职调查”中详细讨论尽职调查的具体操作过程。

三、投资决策——分层决策机制使投资决策最优化

（一）投资决策依据

FOFs 的投资决策过程是一个科学与艺术共存的过程，既有广泛的数据采集和精确的定量分析，也有多头难辨的信源和边界模棱的定性评价，还要结合 FOFs 自身策

略和配置情况,综合考量,平衡各方,做出最终决策。

投资决策的依据有以下几个方面:

1. 尽职调查的结果。尽职调查可以获得以下方面的详细情况:该基金的具体要素,如募集规模、存续年限、费率、投资策略等方面;管理人的情况,包括管理团队履历及稳定性、过往业绩、储备项目、投后增值、管理机制等方面。通过尽职调查,得出此私募股权投资基金管理人在行业的相对序列,是否是第一梯队,是否有优秀的投资能力、市场资源和合理的利益分配机制。

2. 行业参考访谈。通过行业参考访谈,可以得到市场上不同类型的机构对该基金管理人的评价,这种评价和口碑是经年累月形成的,往往是通过集中尽职调查无法得到的,可以从侧面了解基金管理人的风格和秉性,多面验证过往业绩。

行业参考访谈的信源是多种多样的,例如市场上同类型的 FOFs,该基金管理人过往的 LP,潜在 LP,该基金管理人投资过的项目,基金管理人的同行业机构,基金管理人前同事或者前员工等。当然,针对多元的信源得到的消息,FOFs 管理人也要综合对照判断,多维验证,作为尽职调查的重要补充。

3. 与 FOFs 策略契合度及实操匹配性。FOFs 有不同的配置策略,在不同阶段、不同行业、不同地域、不同类型管理人("黑马"、"白马"或"斑马")等方面为了实现分散化及独特策略,有不同比例的配置安排。所以 FOFs 做投资决策时,与自身的契合度也是十分关键的考虑因素。

在实操方面,需要综合考虑财务收益、出资安排、备案监管等方面。财务收益,由项目组在尽职调查之后就制作财务模型进行财务预测,做不同的情景假设和压力测试,算出不同情景下的标的基金层面、FOFs 层面的预期收益率,FOFs 层面的管理费,基金备案时间预期,监管部门政策风向等。此环节需要综合参照法务、风控和操作风险等多部门的意见。

4. 其他。不同类型的管理人有不同侧重点的考核依据。例如,针对天使机构,重点考察其管理人在募资、投资及退出等环节是否形成体系化打法,风险控制、财务管理、法律事务管理等内部治理机制是否成熟,是否有稳定自洽的投资逻辑,是否有合理的组织架构设置等。

针对新成立机构，尤其要考察其团队的稳定性和持续性，是否具有良性的激励机制和合理的分配机制，是否有可验证、可追溯的历史业绩，是否设置合理的关键人，团队规模是否足以支撑业务开展，尤其是能否支撑团队声称的投资策略等方面。

针对成熟机构，重点关注其是否能继续保持先进性，是否在规模不断扩大的同时保持高收益，是否在策略方面有迁移，管理团队是否仍保持进取心，是否设置具有传承性的机制和文化，合伙人是否对投资业务保持敏感性等方面。

（二）投资决策模型

根据以上不同渠道搜集的事实证据和消息来源，综合形成投资决策模型，是投资决策的最终落地工具。表 5－4 所列是投资决策模型中的各个指标，各个指标基于以上依据通过 FOFs 管理团队判断形成最终定性结论，可通过制作模型的相关技术，使每项结论形成标准分，然后赋予每项指标不同的权重，形成最终的得分。

表 5－4　投资决策模型的重点指标

大类	评价指标	评价内容
合规运作	机构运作的合法合规	公司或公司成员有无重大损害投资者利益的违法违规行为；备案情况；私募管理人资质取得情况；
管理团队	管理团队投资经验	管理团队在所负责领域所积累的投资行业经验
	管理团队过往业绩表现	管理团队过往投资收益情况
	管理团队的互补性	管理团队成员在行业背景、专业领域、优势资源等方面的互补性
	管理团队的稳定性	管理团队的人员变动情况，以及机构在保持管理团队稳定性方面采取的措施
	管理团队的资源协调能力	管理团队在各类资源方面的协调能力，包括政府资源、市场资源、人力资源等
	管理团队的募资能力	管理团队在资金募集上的能力

续表

大类	评价指标	评价内容
公司治理	组织架构	机构组织架构的完整性、与自身发展的结合、对应人员安排的合理性等
	公司规章制度的完整性	机构是否具有完备的各项规整制度,以约束成员行为并促进业务增长
	培训体系	机构是否能够为员工提供完善培训
	人员流动性	机构整体的人员流动性是否合理
基金管理	在管基金规模	目前在管基金的规模
	已实现的投资收益	目前已退出的项目实现的投资收益
	在管项目的收益预期	已投资尚未推出的项目预期的投资收益情况
	未投资金收益预期	尚未投资部分资金在未来可能的收益预期
	投资团队发掘项目的能力	投资团队在获取项目方面的资源及渠道
	投资团队项目分析的能力	投资团队在项目评估方面的能力
	投资决策效率	基金决策链情况及决策周期
	投资组合的互补性	基金构建的投资组合在上下游、产业整合等方面的互补性
	投后管理体系	机构是否具备完善的风险管理体系及风险应对机制
品牌及其他	品牌效应	基金在行业内的知名度
	社会责任体现	基金在社会责任方面的承担程度,对创新创业方面的布局及对双创的支持

来源:宜信财富研究

当然,这是一个标准化的定量决策模型,各指标的权重可视 FOFs 的具体策略和偏好灵活处理,故这里只是给出每项指标及其释义。

尽职调查是一个科学与艺术共存的决策过程,既有广泛的数据采集和精确的定量分析,也有多头难辨的信源和边界模棱的定性评价,还要结合 FOFs 自身策略和配置情况。所以尽职调查是一个动态的过程,在尽调过程中基金的项目可能有新的后续融资或者新的退出,尤其要重点关注负面情况,如合伙人变动等,这些都应该及时纳入尽调结果和评价体系中。

(三)投资决策机制

为保证母基金投资策略的执行和投资目标的实现,降低决策风险,母基金一般会选择比较科学的分层决策体制，分别为项目预审会及投资决策委员会。尽职调查报告完成以后，FOFs 管理机构将组织召开预审会议，预审环节一般由项目组、风控、法务、财务等方面的人员出席，项目组会针对该新募集基金的条款和管理人的情况做全面呈现，然后各方同时提出各方面的潜在风险点和可能的解决办法，综合评估该基金。投资决策委员会是投资决策的最高权力机构。在前面几轮投资决策流程中，项目组会根据风控、法务、财务及操作风险等多个部门的意见和问题做进一步的细化和解答。到达投资决策委员会时，投资决策委员更多地是从 FOFs 整体战略层面以及考虑前述未解决事宜提出意见和建议，最终通过投票得出投资决策结果，形成投委会决议书面形式的要件。投资决策委员会成员一般为 4 ~ 6 人，主要成员由基金管理资深合伙人出任，有时会有少数成员来自外部专家顾问团队。通过执行上述严格的投资评估审查步骤，母基金能够对目标基金公司进行较为全面的了解，从而提高投资决策的成功率。

一般情况下，投资决策结果一般分为：通过、有条件通过、二次审议和否决四种。

有条件通过的项目通常在内核上没有问题，是值得投资的，但是需要达到某些特定的前提条件，FOFs 才会实缴出资。例如，该子基金的管理公司尚未取得私募管理人资质，且预计在未来短期内会取得，所以 FOFs 会通过投资决议，但是要求该子基金在特定时间内拿到资质才会实缴出资。

二次审议的项目通常是有待解决的问题，所以通过二次审议来审查待解决问题是否能得到妥善解决，以便达到能投资的程度。

四、组织实施

目标基金公司获得投资决策委员会通过后，一般由项目经理负责与子基金管理人就基金协议和基金条款进行商务谈判。FOFs 与子基金谈判主要基金协议条款，我们将在本章第五节“合伙协议的重要条款”中更详细地讨论。

基金协议确定后，FOFs 与子基金管理机构以及基金其他出资人签署包括基金协议在内的相关法律文件，一般包括：有限合伙协议（LPA）、认购协议和补充协议（side letter)(如有)。有限合伙协议是子基金与各个 LP 在多轮谈判中达成的终版协议,它对普通合伙人与有限合伙人的权利与义务做出了清晰的划定和说明。认购协议通常对 LP 认缴出资环节的各个要素做更清晰的呈现,包括认缴出资金额、有限合伙人类型、有限合伙设立登记及需要提交的文件类型等。根据目前的监管要求,通常会将对投资人背景信息和风险承受能力的调查问卷作为附件。

投资协议签署完成后,由项目经理按照监管要求组织办理投资实施手续,完成投资资金支付、股东登记以及必要的工商变更登记手续。

通过这样的筛选流程,最重要的目标是发现并投资优秀的私募股权基金管理人。接下来我们更将详细地探讨筛选管理人要考察的要素。

第三节　筛选管理人的考察要素

截至 2017 年 5 月底,中国私募基金管理人共有 19 112 家,已备案私募基金 54 541 支,平均每家基金管理人管理超过 2.9 支基金。中国私募基金实缴规模为 9.22 万亿人民币,相比之下,美国私募基金管理人为 2 816 家,管理基金数量为 26 899 支,平均每家管理人管理基金数目近 9.5 支。美国私募基金管理资产规模达到 69 820 亿美元(按照 1∶6.8 汇率,为 47.48 万亿人民币)。

中国私募基金管理人数量是美国的 6.8 倍,私募基金数量是美国的 2 倍,私募行业规模大约为美国的 1/6 到 1/5,“两多一少”特点鲜明。不过这也正反映了中国私募基金行业还处于发展早期,各路人马都想一显身手。随着市场竞争的加剧,在行业总规模不断加大的同时,基金管理人优胜劣汰效应将逐渐显现,资金逐渐向少数基金管理人集中。

根据投中研究院 2017 年对 GP 的调研(见图 5 - 8),58.91% 的受访机构认为,2017 年市场竞争会加剧,其中半数认为加剧的原因是私募行业的蓬勃发展吸引了更多的基金加入 VC/PE 市场,另一部分原因是退出回报下滑。这一调研结果与 2016 年完全相同。这两种现象会同时并存,随着“双创”如火如荼地开展,加上政府引导基金的大力支持，会有更多的基金加入 VC/PE 市场，竞争在所难免。基金所投企业数量也会随之增加，导致优秀项目变得稀缺，估值偏高，项目退出回报也会下滑，市场竞争加剧。

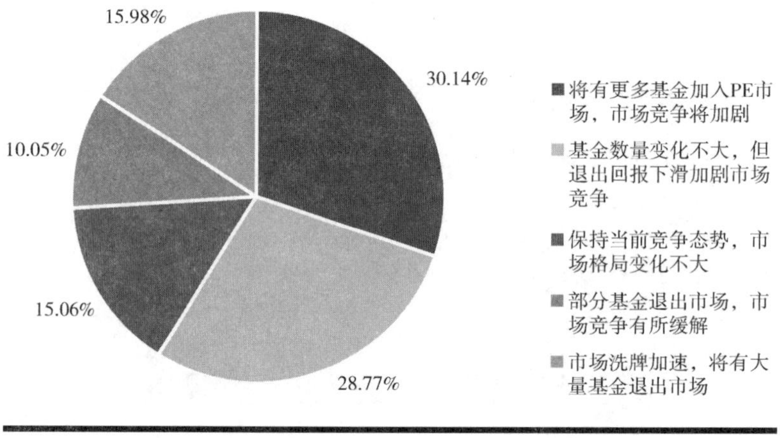

来源：2017GP调研问卷统计　　投中研究院整理，2017.06

图 5-8　2017 年 GP 对未来市场竞争情况判断

2017 年上半年已经有 342 家公司通过 IPO，我们回想 2010 年、2011 年，IPO 发行的市盈率可能是 50、60、70 倍，现在 IPO 发行的市盈率可能只有 20 倍，好的股票上市以后涨几个涨停板，但是也有一些股票涨了几个涨停板后又跌回来。我们再看看当年在全民 PE 时代，今年的基金是什么样的情况。国内一家最早做母基金的机构的体会是，基金的收益率大幅下降，他用了一个比较震撼的词，有的基金是“断崖式”下降。我们在行业繁荣的时候也需要一丝冷静。私募基金管理人必须回答如何在这样的环境中取得超额回报，如何选择优秀的私募基金管理人显得更加重要。

对母基金来说，私募基金管理人的选择是核心能力，各家市场化的母基金的投资流程与风控都非常的严谨，但侧重有所不同。

例如，歌斐资产一直通过 5P（投资理念、投资流程、投资人员、投资业绩和公司行业地位）的原则筛选管理人，而在投资风格上对管理人并没有严格要求。歌斐资产更看重的是对基金管理人的定性分析。一个优秀私募基金管理人的品性是必须对市场永存敬畏之心，知道自己的能力圈，并且有很强的学习能力，这样的管理人才是值得投资的长跑冠军。上汽母基金运用独创的基金评价九宫格体系，通过投资策略执行、项目开发执行、投后管理、团队素质、历史业绩、储备项目、激励机制、利益一致性、运营管理9个维度27个细项指标，遴选卓越的子基金开展投资，获取超额收益。元禾母基金在行业内挑选子基金时看两个方面，一个是机构的投资策略，一个是机构的团队构成。

澳银资本认为，以下四个方面代表了未来GP的方向：第一，GP一定要有出资能力。不会投给杠杆比例很高的GP，一定会要他的出资比例超过20%，作为家族型美元基金的必备条件，这是合乎投资伦理的。如果他只投1%的资金，拿20%的附带权益回报，杠杆比例是20倍。如果他投资20%，拿40%的回报，杠杆比率2倍是可以的。所以，一定要基金高比例出资，我们投资的这些基金无一例外都是高比例出资的。代表未来的GP，这是第一个方向。第二，投资团队的竞争力。这主要体现在三个方面：一是产业的洞察力，所投资的企业是否代表了技术创新的方向；二是对主题领域的理解力，要对这个产业非常了解；三是对项目非常精准的干预力。第三，风险和收益的平衡管理能力。平衡管理能力，一个是绝对收益率，一个是绝对收益时间，一个是正向现金流的时间，最终归结为项目的退出率。第四，GP收益结构优化。作为GP，它的收入应该是管理费、附带权益收益，最重要的是自有资金投资的收益率应该成为他最重要的收益，而不是管理费，甚至也不是附带权益。

步长家族母基金从六个方面筛选理想的GP：①优异团队，富有经验、稳定尽责的团队；②未来洞见，独到的未来宏观经济及产业洞见；③行业评价，同业基金和被控公司的良好评价；④统一利益，统一GP与LP之间的利益；⑤过往业绩，优异的过往业绩、完整的风控体系、清晰的投资流程；⑥投资策略，清晰的过去与未来投资策略。

投中研究院从九个指标方面进行了相关调研（见图5－9），GP团队素质依旧是评估基金的最重要的指标；其次是投资团队过往业绩以及风险控制和投资策略。

综上所述，以下三个要素是筛选管理人重点考察的方面。

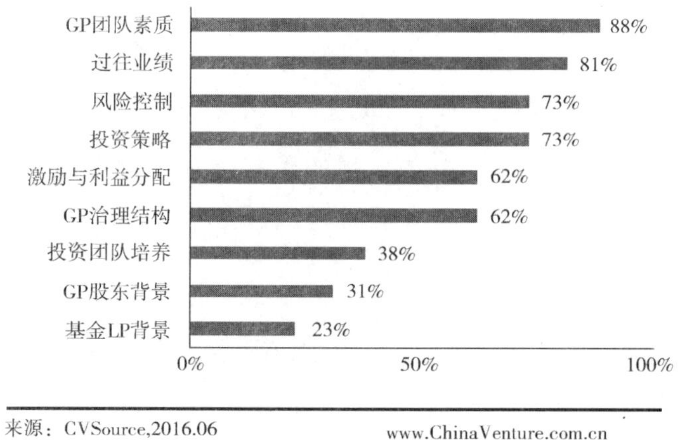

图 5－9　对 2016 年中国基金评估指标判断

一、策略

策略，即 GP 的投资策略，包括专注的轮次、行业和地域是否具有差异化优势。这些差异化优势包括在行业里过去的经验、特定行业的监管优势、本土地域的资源、在早期项目中的项目搜寻能力等。GP 需要有自己的行业属性和心得，以及充足的市场经验，没有失败过的肯定不是好基金，什么都投、没有行业方向的也不是好基金，要有自己鲜明的行业和阶段特色。

股权投资有相当长的锁定期，所以投资前的分析就更重要。尤其是不同基金之间的相关性以及每个基金风格的不同，需要明确地进行判断，重要的是先识别选手到底是哪种风格，再就是看这个选手的风格是不是会“漂移”。母基金在选择 GP 上的一个原则就是投资人需要“言行一致”。如果投资人言行不一致，则代表判断错误。风格越稳定，代表投资纪律越好，越长期。例如，有些 VC 的早期投资，更多可能是“霰弹枪”的打法，单笔投资规模（ticket size）不大，在专注领域追求多元化。但成长期更多地是“狙击手”的打法，尤其是在特定行业（如金融等有一定门槛的行业）会更有用，项目不多但是每个都是优中选优，在这种策略下，就需要长期和系统化的研究能力支持。

投资策略和投资纪律是一个非常重要的隐形门槛，因为你投某个基金的时候是完全相信他才去投的，这时候看这个投资人过去的投资纪律和投资策略，就可能反映出他未来能不能持续按照他的投资策略和投资纪律来执行。好的基金管理人非常清楚自己能做什么不能做什么。风格漂移的基金管理人放在组合范围之内，对母基金来说就是不可预知的风险。定期而持续的跟踪也是非常重要的，母基金需要在此过程中挑选那些优秀的基金管理人，让其带领我们穿越这些不确定因素；而在这个过程当中，开始的选择很重要，选择之后就需要一份信心，同样也需要一份耐心来做长期的投资。

投资策略的核心是产业洞见，即必须要有清晰的投资产业地图，GP 对行业的深刻理解，准确定位行业与细分领域的蓝海与红海，同时熟悉与了解行业的全产业链，对现在及未来的潜在竞争对手与趋势了若指掌，这样的 GP 才是专业 LP 最喜欢追逐的“明星”。

站在母基金层面上，对不同的投资策略进行布局，对相同的投资策略进行横向对比，优中选优，就是母基金实现主动管理、构建投资组合的核心之意。对投资策略的配置是在战略层面上，而对团队和业绩的考察更主要是在执行层面上，即考察的核心是团队能否执行其投资策略。虽然投资策略可能因为一些客观因素，比如市场的大幅变化，或者某些极端情况需要调整，这个时候需要做选择：撤资还是允许投资人改变投资策略，再做一些新的尝试。这些都需要经过再沟通，但绝不可因为后期可能面临的调整而放弃对投资策略的主动配置。

二、团队

站在机构 LP 的角度看 GP，很多时候跟 GP 看项目类似，对人的判断是重中之重。市场变幻不定、有冷有热，投资方向也可能在基金的投资期内有所调整；对 LP 来说，最关键的就是找到他们认可和信任的基金管理人，由其来判断市场，把握投资和退出的节奏。与做直接投资不同，做直接投资可以分析产业和财务指标，有很多客观性的东西参考。但是母基金是通过 GP 团队去执行投资策略，判断 GP 团队，要包括团队的组合、人之间的搭配等很多主观因素。这里主要是团队合作、经验、背景和激励。

（一）团队合作

在合作这个层面，最重要的是团队的核心领导人。优秀的 PE/VC 机构应该是一个团队而非“个人明星”，如果几位合伙人有互补的背景且互为伙伴关系，通常会更有竞争力。比如有人创过业，有人做过大公司高管，有人拥有多年投资经验等。多元化的背景往往意味着机构作为一个整体有更高的全局观，也更能调动不同领域的资源。

当然，在几位资深成员中有一位占主导地位的情况也不鲜见。尤其在国内，这种“核心人物”模式比欧美普遍得多，这与东西方文化差异有关。比如国内的红杉、弘毅等知名机构，在外界看来都有一位绝对的领袖人物，凭借其个人过去的创业和投资经验，成为整个团队的向心力。这一点并不绝对，必须警惕“关键人物风险”（key man risk）。

在考量这类机构时，LP 们会着重衡量这位核心人物是否为其他几位合伙人的“精神领袖”，是否构成合伙人之间的“向心力”。这种向心力可能体现在背景经历方面，比如该核心人物此前分别领导或影响过团队中的另外几位合伙人，他是所有人经历的共同交集，并且招揽了其他合伙人加入机构。在这种情况下，其他成员对他个人权威的服从使团队更具凝聚力和稳定性。相反，如果领导人物只是年纪较长、名气较大或在融资能力上胜过他人，故而在话语权和利益分配中占绝对主导，同时 LP 在与合伙人们进行一对一访谈过程中，并不感觉其他人在投资理念、战略方向上完全认同或服从于这位领导人，那么，对于团队的长期稳定性，LP 就会持怀疑态度。

团队的稳定性也是重点考察的方面，如果团队是新组建的，过去交集比较少，可能稳定性会差些，如果过去都很熟，是老同事、老朋友或者同学，而且以前合作了很多年还愿意在一起，这种经过磨合的团队相对会好一点。

LP 们往往会细心观察合伙人之间的互动。比如，基金的 LP 年会就是一个很好的机会，可以洞察合伙人们在台上台下如何交流互动。此外，GP 合伙人与 LP 开会时的相互配合，甚至是细微的眼神交流，也会透露很多信息。而做背景调查时，LP 也会询问被投企业或合投机构所观察到的合伙人的互相配合情况、团队的凝聚力等。

除了主要合伙人之外，也要考察整个团队的配置，即所谓的“板凳深度”，第二梯队是谁，他的能力怎么样。就像打篮球，一场胜利并不是说场上的5个人决定了胜利，而是场下的第6人，而这个第6人的“板凳深度”也决定了球队整体的胜率。另外，团队规模不是越大越好，但也绝对不是越小越好，要有一个适中度，但总体来说，团队需要少而精，越是精干的团队，越是能够创造好的业绩，团队规模太大，相互之间的沟通和联系量会成几何倍数增加，也会让整个团队的管理不够聚焦和有效。

从实践来看，有一点达成了共识，即对联合投资管理（CO－GP）的基金在原则上倾向于不投。最初来看，这两个GP之间有非常明显的互补效应，但是成功的极少。尤其是五五开的两个机构，一方50%。比如说，你有一些专长，我有一些专长，大家一起合作，听上去是一个完美的组合，很合拍的一个配置，但比较糟糕结果就是，五五开做一个GP，除非你的运作里面不产生任何的问题，但凡有一点点的问题，不是互相争利就是互相推诿，很糟糕的状态，因为没有一个团队，没有一个GP对这个事情是真正负责任的。在开始想象他们会有一个很好的结果，但好的结果你都没看到，而你认为可能会存在的风险却是一定会发生的。这类基金原则上不投。

（二）团队经验

团队成员的经历、募资渠道是否多元化？是否经过完整的投资周期、完整的募投管退流程？管理团队是否具备经验？其次，投资与风控流程是否完整？投资流程是否规范？相关制度是否健全？尽调流程是否细致？对这个项目是否做过充分的了解然后再决策？母基金从以上这些方面考察团队的经验和管理能力。

一个比较特别的话题是，对黑马基金的配置。在我们的访谈中，一些优秀母基金包括前海母基金、歌斐资产、元禾辰坤、熠美投资、宜信母基金等都明确提出配置黑马基金的策略。

什么是黑马基金？随着监管的适度放宽，投资者机构化程度增强且投资策略越来越多元化，中国国内的私募股权行业，尤其是风险投资领域的“2.0”时代逐渐到来，越来越多在老牌基金管理公司(如红杉资本、IDG 资本、纪源资本等)担任合伙人等高管职位并且取得了优秀投资业绩的投资人申请离职,凭借其自有的项目搜寻能力和独特的投资策略,组建了新的团队,开创新兴的基金管理公司。这些就是大家眼中的黑马。近两年涌现出的多个“风险投资 2.0 时代”基金,如高榕、源码、蓝湖、愉悦等都属于这个类别。

LP 们为什么愿意投资一支新成立的黑马基金？这里有以下几个方面的原因：

(1)白马基金的规模普遍上升是非常明显的。2016 年募集的新基金或者准备募集的新基金,1/3 介于 12 亿 ~30 亿人民币,甚至几十亿规模,达到历史新高。这些大机构获取能力比较强,收益比较稳定,历史也比较好,但是出爆款的能力相对会差一些。因为通常“独角兽”项目[①]开始都是比较不被人看好的项目,如果是大基金的话,可能在 C 轮 D 轮可以抓到这个项目,但是你指望它在很早就抓到这个项目比较困难。因为这些项目很多时候需要合伙人在一线决策,一线看完之后决策时间非常重要,有的时候真的是一天一个价格,而对企业来讲,就是“你早一天给我钱,我宁可便宜点”这样子。可能企业就差那一天,过了今天可能就不差钱了,所以要求整个决策速度非常快。大基金一般是层级决策的,决策速度会比较慢。因为基金大了合伙人就没有办法在一线,必须通过投资经理做报告一步步推上来,这导致大基金没有办法在早期阶段抓住这些“独角兽”。而黑马以前在这些大机构受过良好的训练,看过很多的项目,有一定的判断力,它的团队不能太大,它的基金规模也不能太大,合伙人可以在一线快速做决策。

(2)在白马基金规模上升的情况下,10 亿投到白马基金里面可能只能投两支、三支,因为太小了白马基金不接受,它本身 20 多亿的基金一共只能接受 50 个合伙人,太少了它不要你了。但是黑马基金的规模普遍比较小,可能 3 个亿、5 个亿这样子,可能几千万投在里面已经有很大的发言权,能够获得更好的投资条款。黑马基金的数量很多,但是它所需金额却不多。

---

① “独角兽”项目,是指价值大于 10 亿美元的非上市公司。

(3)这些新设立的黑马基金为了创立品牌,有更大的压力和动力去做到最好。从实践来看,当前母基金会考虑综合配置白马基金和黑马基金,白马基金追求稳健,而将配置黑马基金作为获取超越行业平均回报的核心手段。

从国外的经验来看,黑马基金的投资业绩也得到验证。以美国的 VC 行业为例,可以看到诸多后起之秀都是从老牌机构中脱颖而出的,如格雷克罗夫特(Greycroft Partners)、科斯拉风投公司(Khosla Ventures)、社会 + 资本合伙公司(The Social + Capital Partnership)等。此外,每个起始年份(vintage year)业绩最好的前 10 支基金中,黑马基金的第一期和第二期基金占了相当大的比例,在部分起始年份甚至占比超过 50%。

黑马基金这些自立门户的投资人们经历了前机构的严格培训和打磨,一定程度上也建立了个人的行业品牌和人脉,他们可能在前机构已经得到了丰厚的经济回报,甚至拥有和上一辈合伙人类似的附带权益份额,但为了充分实现自己的投资愿景、获得更大的主导权,他们决定自立门户。此前的积累加上独立后迫切想要证明自己的强大动力,为他们的成功奠定了基础。

对黑马基金的考察,LP 们往往会关注两个问题。一是证实团队此前的业绩。这个不难,一般只要团队能提供背景档案,包括所投明星项目的被投企业方及合投机构方,都可以很容易证实。哪怕团队成员在上个机构是非合伙人且不在项目的董事会上,但只要能证明他们在项目搜寻、执行、投后管理上发挥了关键作用,LP 们通常都是会认可的。第二点是看团队是否具备独立运作一个机构所必要的资源和能力。这里的资源主要是指中后台,包括基金的法律设立、会计、审计、日常行政等各方面的工作,前期均需要创始人花费较大精力来落实。LP 们希望在他们投资基金的时点,以上事项已基本到位,不希望它们在基金开始投资后还牵扯 GP 的精力。

此外,LP 还会考察合伙人除了是一个好的“投资者(investor)”外,是否还能成为一个好的“投资组合管理人(portfolio manager)”。独立运作一个基金,除了单个项目的判断以外,还要考验合伙人在基金投资组合层面的平衡和管理能力,包括对不同行业、项目规模、风险、投资节奏、产业链布局的全局掌控。许多新锐投资人此前可能并无投资组合层面的管理经验，那么，LP 就会从他们的大局观、视野去衡量，同时还会在尽职调查时重点与其探讨新基金投资组合层面的一些配置计划。

以上所谈的是针对有经验的投资人。对于此前无直接投资经验的团队来讲，LP 们通常会持十分保守的态度。LP 圈里常说的一句话就是：我们投“新基金”，但不投“新投资人”。当今的市场，纯粹投行、咨询、二级市场或产业背景的团队，要从机构 LP 处募资是有很大难度的。创业者转型为投资人的机构可能是唯一的例外。这一模式在国外已被印证，包括硅谷著名的早期基金管理人安德森・霍洛维茨（Andreessen Horowitz）、美国著名风险投资家彼得・蒂尔（Founders Fund）创办的基金公司等顶级机构，都是“创业者转型为投资人”的成功典型。在国内，红杉中国的创始人沈南鹏、软银中国的创始人薛村禾、北极光的创始人邓锋等，此前也均是成功的创业者。

扩展阅读

VC2.0 时代：合伙人另起炉灶，更早介入投资①

最近一两年，VC 界的风向正在发生转变，越来越多成熟的 VC 投资人正在脱离原来的机构，成立新基金。去年 9 月，原戈壁创投合伙人童玮亮离职成立梧桐树资本，几乎在同一时间，原 IDG 合伙人张震、高翔从 IDG 离职，成立高榕资本。投资今日头条、唱吧、美丽说、大姨吗的原红杉中国副总裁曹毅于今年成立源码资本，曾投资 UV 和美团、在阿里和鼎晖创投任职过的屈田成立了蝙蝠资本，投资《刀塔传奇》的 IDG 投资经理郑兰成立了博派资本，原德讯投资邓海韬成立了志成资本。

这股风潮被称为 VC 2.0 时代。

VC 2.0 时代缘何到来

一批投资人蜂拥从老牌 VC 离职单干成立新的基金背后，映射出创业大环境的

① 相欣，刘亚澜. VC 2.0 时代：合伙人另起炉灶 更早介入投资［OL］. 腾讯科技，2014. 11.

变化。

随着中国TMT行业热潮高涨,加上2013年以来中国互联网迎来了赴美上市的巨大窗口期,大批公司上市意味着风险投资者、创业者以至大量的普通员工获得了丰厚回报,也意味着大量流动资金充斥市场。投资人选择单飞时,他们很容易在市场上募集到相当丰裕的资金。此外,原来只有大的VC机构进行投资,多依赖上市退出,但现在,并购取代上市成为投资的主流退出方式,投资的退出更为轻松、多元,小的投资机构也更容易生存壮大。

这就很好理解为什么投资界正在面临这种变化:为了让自己更好地发挥投资能力并获得更高的投资回报,一些知名投资机构中的VC开始走出来成立新的基金,用新的逻辑来选择和投资。

一方面,创新在加速,大公司的技术和市场壁垒正在被新生事物所颠覆,老牌投资机构的利益分配模式和决定权的掣肘迫使部分中坚力量自立门户;另一方面,互联网产业变革推动新生态的涌现所提供的市场机会越来越多:创业者增多,投资机会也更多。明势资本创始合伙人黄明明认为,中国新一波创业者的创业机会比过去十年更多,有更多的新VC出现也是趋势。

这些新派VC在老东家多年所积攒的经验和资源为他们能成功单飞奠定基础。比如,邓海韬就曾对腾讯科技表示,在资源和条件都允许的情况下,投资做久了希望自己独立去做。

新晋VC源码资本也证明了这一点。除了能在短时间内募集完成1亿美元规模的首期基金,其内部还成立了封闭分享机制和组织"码会",主要成员王兴、张一鸣以及其他高成长企业的CEO们会定期与被投企业一对一交流,帮助他们解决创业过程中实际遇到的问题,带他们进入一个互联网新锐的核心人脉圈子。

VC2.0的特点可见一斑:他们曾经把创业项目挖掘并推高为明星公司,已有成就好创业公司的经验,"他们出来做投资和以前的投资经历是一脉相承的,"童玮亮说。另外,他们从原来的投资公司辞职,募集资金成立新的资本,背后的LP(风险投资的出资人)多数是因公司上市获得红利的互联网高管们,这些高管的经验同样可以帮助到创业企业。

“蝙蝠资本就是要用BAT高管的钱投资BAT离职创业的员工，支持创业公司成为下一个BAT。”屈田称。

未来VC行业早期化、细分化

随着越来越多的VC成立投资机构，VC行业的趋势将呈现早期化和细分化特点。

看一下最近成立的这些新基金，不难发现几个趋同的特点，一是新成立的基金关注早期项目天使轮或者更早，二是基金规模不是很大。比如，源码资本已经完成首期1亿美元基金的募集。

屈田对腾讯科技介绍，“蝙蝠资本”专注于种子期的创业团队，已募集完成1亿元第一期人民币基金。邓海韬所创办的志成资本同样是早期天使投资的机构，其单笔投资规模在100万～1 000万之间。

另外，随着互联网信息透明化，所有创业者都能看到投资圈有哪些VC，同样VC也能看到所有项目，也就是说，原有大机构的红利正在流失。今天，VC拼得更多的是眼光、判断力和为创业者提供服务的能力。

在这种情况下，创业者们更偏向于寻找更懂本行业的VC，比如，险峰华兴原来有电商创业和社交创业的背景，因此专注投了很多电商和社交类的初创公司。

曹毅对腾讯科技表示，互联网金融、O2O和社交是源码资本的投资重点，他认为每个领域的投资会更加细分，比如，有具体应用场景和特定人群的领域是金融消费类产品可以快速生长的地方，O2O则会细分到衣、食、住、行各个领域，每个领域还有继续的细分。随着越来越多有创业背景的人出来成立新基金，未来很有可能出现专门投资旅游、教育、医疗的VC出现。

投资机构的增加不可避免地将带来天使投资人之间的竞争激烈。“经验和资源都是虚的，除了多给钱，投资机构真的别无他法。”有投资人如此感慨。

“出来创业做基金，还是要找到平衡点，天使投资的机构不会特别多，好的机构像YC会有一些，中小机构存活概率不是很大，个人天使投资人的存活概率会比较大。”

童玮亮说。

表 5－5　2013—2015 年自立门户的投资人

创始人	成立时间	新机构	原机构	原职位	经典投资案例
戴周颖	2015 年 7 月	引力资本	CA 中国	董事总经理	口袋购物、机锋网、饭统网
李丰	2015 年 6 月	FreeS	IDG	合伙人	脸萌、河狸家、宜信、铜板街、挖财、闪银、锐波、Coinbase、Ripple
黄晓黎	2015 年 7 月		景林资本	执行合伙人	太平洋保险、交通银行、景峰制药、世联地产、乐视影业、韩都衣舍、车行无忧
胡海清	2015 年 6 月	浅石创投	经纬中国	投资董事	爱康国宾、博纳影业、理邦仪器、科锐国际、卓正医疗
刘二海	2015 年 3 月	愉悦资本	君联资本	董事总经理	神州租车、天神互动、创梦天地、易车网
陈文江	2015 年初	执一资本	鼎晖创投	高级合伙人	九阳股份、卫康、微众传媒
曹毅	2014 年	源码资本	红杉资本	合伙人	大姨吗、今日头条、唱吧、酒仙网、美丽说、豆瓣、融 360
晏小平	2014 年	晨晖资本	凯雷	董事总经理	
韩大为	2014 年	华盖资本	建银国际		世贸房地产、国药控股、太平洋造船、中国匹克、复星国际、CCTV 移动传媒
李论	2014 年	熊猫资本	合力投资	合伙人	好贷网、小马购车、爱尔威、春水堂、淘当铺等
郑兰	2014 年	博派资本	IDG	投资副总裁	刀塔传奇
盛希泰	2014 年 11 月	洪泰基金	华泰联合	董事长	
周子敬	2014 年初	以太资本	华兴资本	投资经理	美乐乐、途家、猎聘、唱吧、友盟
王晖	2014 年中	弘晖资本	鼎辉资本	高级合伙人	安琪儿医疗、伊美尔整形美容医院、康弘药业、普利制药、赛金生物、奥泰医疗、新眼光
赵刚	2014 年中	弘晖资本	软银中国	合伙人	理邦仪器、迪安诊断、四维图新、派尔特医疗
朱忠远	2014 年中	弘晖资本	景林资本	董事总经理	凤凰医疗、甘李药业、华大基因
毛丞宇	2014 年 9 月	云启创投	IDG	合伙人	携程、好耶、如家、9158、马铃薯
黄榆镔	2014 年 9 月	云启创投	GGV	合伙人	梅花集团、AAC 声学科技、荣庆集团
吴蓉晖	2014 年	同渡创投	英特尔投资	中国区投资总监	
邓海韬	2014 年	志成资本	德迅资本	投资总监	梦想海贼王、绿豆刷机、中国玩家网
胡博宇	2014 年 1 月	蓝湖资本	DCM	投资副总裁	豌豆荚、车语传媒、优信拍、51Talk 无忧英语

续表

创始人	成立时间	新机构	原机构	原职位	经典投资案例
胡磊	2014年1月	蓝湖资本	GGV	投资副总裁	去哪儿、世纪互联、海辉软件
张震	2013年11月	高榕资本	IDG	合伙人	暴风影音、吉比特、Razer、诚迈、神州付、蓝港、蘑菇街
高翔	2013年11月	高榕资本	IDG	合伙人	土豆、91助手、3G门户、动网先锋
岳斌	2013年11月	高榕资本	IDG	副总裁	小米科技、云测网络、梆梆科技、耶客科技、CC视频
傅哲宽	2013年	启赋资本	达晨创投	合伙人、副总裁	圣农发展、太阳鸟、恒泰艾普、华工百川、东方广视、机客手机网
禹勃	2013年7月	中钰资本	昆吾九鼎	合伙人	邦和药业、尔康制药
刘浩	2013年	浩悦资本	华兴资本	执行董事	
丁亚猛	2013年	浩悦资本	联想之星	投资副总裁	
童玮亮	2013年10月	梧桐树资本	戈壁投资	合伙人	Camera360、粉粉日记、大姨吗、可滋泉

（三）团队背景

对于团队背景，有产业的资源和经验优势可能是把双刃剑。对“背靠大树”类的基金，比如一些实业或金融集团旗下的PE、VC基金，LP们的接受程度不一而同。但总体来说，境外LP们对这类基金会持相对谨慎的态度；而国内的LP，如上市公司，出于自身的产业背景等原因则相对开放。

境外LP谨慎的理由是：第一，怕团队独立性受限，投资决策可能受母公司的战略影响而非单纯出于投资回报角度判断，这与LP的利益不完全一致。例如，最近几年，国内医疗基金、文化基金等行业专注型基金风生水起。其中有独立运作的GP模式，也有与上市公司绑定的co-GP模式。就后者而言，上市公司的资源形成了一个明显的差异化优势，但这并非只有好处没有坏处：与上市公司资源绑定的前提是基金的投资策略为上市公司的生态布局服务，而后者设立基金的“初心”显然不是财务回报，同其他财务回报诉求的LP容易产生冲突。第二，这类基金往往有相当一部分管理费或附带权益会流向母公司，导致团队获得的业绩激励相比市场化机构偏低，因而长期看可能面临人才流失问题。第三，担心外界将团队视为母公司的同盟，从而导致他们在一些特定项目上处于劣势。比如，一些创业者可能早期不愿拿有产业背景的投资机构的钱，以免“站队”。

当然，以上倾向并不绝对。例如，有联想背景的君联和弘毅资本、复星旗下的一些美元基金、新希望集团旗下的厚生投资等，均获得了美元 LP 的出资。这一方面是由于 LP 们认识到母公司的政府和产业资源可以为基金带来切实的优势，另一方面是这些基金的团队相对独立和进行市场化运作。一般来说，如果母公司在基金的出资占比低于 50%，附带权益和管理费占比低于 30% ~40%，母公司委派人员在投委会不占或只占个别席位，LP 一般不会单纯因为基金“背靠大树”的性质而将其拒之门外。

（四）团队激励

在激励层面，主要就是看附带权益激励机制是否完善。关于利益分配机制，原则上 LP 倾向于更为分散、分享型的模式，这也是从团队的长期稳定性和内部人才培养出发的。当然，基于资深合伙人此前对机构的贡献，其所占附带权益可能是新一代合伙人的若干倍（比如 2 倍、3 倍甚至 5 倍），这无可厚非。但 LP 十分重视附带权益分配的变化趋势，即随着新基金的不断设立，新旧两代合伙人的附带权益差距是否明显缩小。比如，若从此前的 2 ~3 倍缩小到 1 倍一内，则这一变化通常被视为有利于人才的保留和激励。此外，在新老合伙人的代际交接上，如果上一代合伙人愿意分享其在基金管理公司层面的部分股权，通常也会被视为团队顺利接力的正面信号。

最近几年国内许多机构均出现了中层的频繁离职，LP 们也更加关注中层团队的利益分配问题。此前很多机构会为中层人员设立一个混合的附带权益池，比如 10% ~15%，但不明确界定个人的分配比例；但现在 LP 们可能更倾向于看到，在整个附带权益分配中为一些关键的中层人员设定固定的附带权益比例，如 1% ~5% 不等。

如果有些机构内部有专门的投后管理团队，那么 LP 也倾向于看到投后管理团队获得一部分附带权益（哪怕份额不高）。如果希望运营团队像投资团队那样对项目有

“主人翁”意识,而非“能帮则帮”地被动参与,那么让他们参与到投资成果的分享中来往往是最好的方法。

三、业绩

(一)计算投资业绩的方法

对私募股权基金的投资,在财务上可看作是对一连串由基础被投公司产生的现金流的投资,与付息债券有很大区别。债券一般在期初有现金流出,现金流入的时间和金额可以根据债券合同条款做出较为准确的预测。而对私募股权基金,现金流的时间和金额大小是非常不确定的。

一方面,GP根据基金合伙协议,可以在基金存续的投资期内向投资人发出出资请求,另一方面,投资人的承诺资金不一定全部使用。同样,GP向投资人分配的基金投资收入,具体分配时间和金额在很多情况下取决于市场以及项目的投资情况,事先难以预测。而且,最大现金流入一般都发生在基金存续期的期末。因此,如何对私募股权基金的投资业绩进行准确的衡量就是一个比较困难的话题。

在实际工作中,较为常用的衡量方法是投资回报倍数(Investment Multiple)法和内部收益率(IRR)法。

1. 投资回报倍数法。投资回报倍数或许是评估私募股权基金投资业绩时运用最普遍的方式。它的计算方法是,私募股权基金回报价值除以投入基金的资金额。这个“收入比投资”的比率计算简单,也容易解释。例如,若基金收入3倍于投入的资金,基金回报倍数就是3。

基金一般计算三类乘数:

(1)已分配价值/实投资金比(Distributed Value to Paid - in Ratio)、残值/实投资金比(Residual Value to Paid - in Ratio)、总价值/实投资金比(Total Value to Paid - in Ratio)。实投资金即LP实缴资金,为LP已承诺资金的一部分,被用于投资,支付管理费及其他与基金相关的支出。

(2)已分配价值/实投资金比(DVPI)。DVPI 也称“投资已实现倍数”(Realized Multiple),是衡量 LP 获得的回报与其投入基金中的资金量之间的比率。计算公式为

$$\text{DVPI} = \frac{\text{基金投资所得返还的净现金流(包括未投资资金的返还和股票分配)}}{\text{LP 投入基金所付出的现金流(如投资资金和支付管理费用)}}$$

DVPI 常用于衡量将要结束的基金的业绩。它显示了,相对于投入的所有资金,基金投资表现的净值。这里 LP 投入的资金包括支付给基金管理的部分(管理费和盈利分成)以及投资到目标公司的部分。值得注意的是,如果一支基金的已承诺资金尚未全部用于投资(即处于基金存续期的开始阶段),DVPI 就不能很好地反映基金的投资业绩情况。

(3)残值/实投资金比(RVPI)。RVPI 也称“投资未实现倍数”(Unrealized Multiple),它衡量的是相对于 LP 投入基金中的资金量,私募股权基金的资产净值,即“未实现所得”。计算公式为:

$$\text{RVPI} = \frac{\text{未退出的投资组合的总估值}}{\text{投资人投入基金的现金流(包括投资资金和支付的管理费用)}}$$

这个比率反映了基金对被投公司的再估值情况,即相对于 LP 当时投入的资金总额,基金中所有未退出项目的总估值。该指标常用于尚未有很多资金回报、处于存续期前期的基金。这种衡量方法很大程度上取决于基金对其被投公司的估值方式,如果基金对被投企业采取保守的记账法,这种衡量方法可能会得出很低的回报倍数,从而产生误导。

(4)总价值/实投资金比(TVPI)。TVPI 是基金中所有剩余投资的现值加上当期所有投资分配的总价值,与实际投入的资金总额之比。换言之,就是 DVPI 和 RVPI 之和。计算公式为:

$$\text{DVPI} = \frac{\text{基金投资所得返还的净现金流} + \text{在评估时基金的公允价值}}{\text{LP 投入基金的现金流}}$$

TVPI 或许是目前在基金存续期结束前对基金投资业绩相对较好的衡量比率。资产残值应该使用保守的会计计价,理想的情况是它应该代表在投资晚期将被分配资产的较低限额。因此,已分配资金和残值之和与实投资金的比率就应该代表 LP 从

投资中预期可以得到的最小回报倍数。

（5）回报倍数法的缺陷和解决方法。回报倍数衡量法主要的缺陷是没有考虑资金投入基金的时间长短。例如，同样是 3 倍的回报倍数，TVPI 不能区分一项需要 10 年获得 3 倍回报的投资，和另一项只需要 2 年就获得同样回报倍数的投资。除了没有考虑货币的时间价值，回报倍数法也没有向 LP 说明潜在风险及早期退出的投资回报是否会用于再投资。

针对这一问题，基金可以在持续披露回报倍数的基础上，提供更多投资相关信息，比如，投资持续期年限，达到某一回报倍数的杠杆比例的大小（适用于并购基金的情况），以及再投资金额。

2. 内部收益率（IRR）法。对 IRR 最为直观的理解，是将其看成基金存续期内等价的固定利率。在这个利率下，投资人的承诺资金必须用于投资，从而赚取预期的现金收入。一般来说，IRR 的计算扣除了管理费和附带权益（Carried Interest），反映的是投资人的净回报。

在基金的存续期内，基金还没有进行清算时计算的 IRR 叫作中期 IRR。中期 IRR 是指 LP 出资总额的现值，等于所有现金收入的现值与未实现投资组合的现值之和的折现率。当基金进行清算时，可以计算终期 IRR，也就是 LP 出资总额的现值，等于基金存续期内所有现金收入的现值折现率。

一般来说，中期 IRR 围绕终期 IRR 上下波动，直到基金终止。在私募股权基金成立几年之后就能对该基金业绩有所了解，但确定的业绩情况只有到基金清算后才能获得。通常母基金对在管基金进行分析时，许多基金都没有进行清算，因此大多数基金的业绩表现都依赖于中期 IRR。中期 IRR 是在投资没有完全实现的情况下计算的，通过基金自身使用的估值方法来衡量，可能与行业内标准的估值方法不一致，对投资的再评估可能会夸大投资业绩。

IRR 法也有缺陷。IRR 作为国际通行的衡量私募股权基金业绩的最主要指标，对基金现金流的时间敏感性很高，在一些时点上可能被放大。比如，一些快进快出的项目的 IRR 可能超过 200%，但实际回报倍数不到 2 倍。GP 在新基金募集时常以

IRR 作为历史业绩的衡量指标，而由于 IRR 对现金流收入分配时间的敏感性，促使 GP 通过即时现金管理来提高 IRR，如较早地退出早期投资项目，并对退出资金进行再投资。

在计算私募股权基金投资业绩时，LP 会同时评估 IRR 和回报倍数，尤其是在基金成立初期的几年，IRR 波动较大，回报倍数可能更有参考价值。不过，由于 IRR 相对于回报倍数来说包含了资金的时间价值，因此也更全面地反映了 LP 所得的回报。

（二）评估投资业绩的注意事项

现实中，当 LP 对 GP 私募股权投资业绩进行实际评估时，会遇到诸多棘手的问题。例如，在被问某 GP 的基金业绩如何时，对方可能给出一个再简单不过的答案——“不错，有 30% 的 IRR”或者“已经好几个公司上市了”。对这样含糊的答案，很难进行更深入的分析。

1. 区别 alpha 和 beta。30% 的 IRR，这样的业绩好不好？这要看是哪一年的基金，什么策略。例如，如果是 2009 年的 VC 基金，那么，不管是中国还是美国，可能只能排到第二梯队（前 25% ~50%）。2008 年、2009 年前后正好是移动互联网发展的早期，许多 VC 因为前期的布局而获得了丰厚的回报，30% 的 IRR 只能是正常范围内的业绩。再如，如果是 2000 年的美国 VC 基金，经历互联网泡沫破灭的洗礼，只要不亏钱就是赶超行业平均了，30% 的 IRR 在整个业界绝对是数一数二的卓越业绩。基金的年份就好像红酒，有好有坏。再厉害的投资人，也免不了受到市场影响，不管是宏观经济、估值，还是退出环境。因此，在衡量 GP 的业绩时，不能光看绝对数字，因为这是 alpha（相对于市场平均业绩的超额收益）与 beta（市场平均收益）的总和，而后者未必可持续。LP 必须深入挖掘，通过与相同策略、同年成立的基金做对比，分析 GP 的投资能力。

2. 私募股权基金业绩的基准。正如上面所说的，在分析 GP 的投资能力、评价基金业绩回报水平时，建立私募股权基金的基准业绩是非常重要的。通常比较处于相同投资阶段、相同投资地域、首笔投资款到位年份也相同的基金，需注意 J 曲线效应，各家机构的基金对比应该按照同样的起始年份来看。

目前，国内关于基金业绩回报数据不对称的现象比较严重，私密而割裂，缺乏统一的大型数据库，这使每支母基金都局限于自身掌控的信息，FOFs 团队做投资决策时所使用的工具十分有限。一种有效解决方式是母基金组建协会或者联盟，并在协会或者联盟内共享掌握的基金回报数据。在国外，机构有限合伙人协会（ILPA）每个季度都会公布私募股权业绩基准数据（参见表 5－6）。

表 5－6　ILPA 私募股权业绩基准数据列表（单位：%）

Benchmark Component	1－Qtr. *	1－Year *	3－Year *	3－Year *	10－Year *
ILPA All Funds Index	3.69	13.14	8.96	11.51	9.12
ILPA US/CAN Private Equity	3.87	17.15	10.08	12.62	9.80
ILPA US/CAN Venture Capital	3.20	6.97	10.68	13.66	9.47
ILPA Europe PE &VC(USD)	4.41	11.32	6.47	10.30	7.12
ILPA Europe PE &VC(EUR)	2.95	18.69	16.95	14.99	9.48
ILPA Asia/Pacific PE & VC	4.76	10.31	14.42	13.50	12.35
ILPA Distressed	3.51	14.93	6.82	10.65	9.57
ILPA Natural Resources	2.03	21.06	－2.15	0.85	4.89
ILPA Fund of Funds	2.50	7.98	9.42	10.78	8.34
ILPA Secondaries	3.08	7.90	7.93	10.09	9.24

来源：ILPAPrivateMkts. Benchmark_PublicRelease_2017－Q1

注：表中所列 2047Q1 ILPA 私募股权业俩基准发布于 2017 年 8 月 8 日。本图为合并 IRR 后的概况。

3. 早期 VC 基金的 IRR。为什么很多 VC 报回报的时候喜欢用 IRR，不用倍数？很简单，假设一个运行一年的早期 VC 基金，有几个项目融了下一轮，基金的账面估值变成了 1.2 倍，但此时 IRR 很有可能高达 30%。因为计算 IRR 的一个重要参数是存续年数，所以时间越短，IRR 就越容易被放大。1.2 倍和 30% 的 IRR，后者更加令人激动。

此外，有些 VC 或 PE 基金在成立头一两年只提供决总内部收益率（gross IRR），而不是扣费后的净内部收益率（net IRR）。因为项目成熟需要时间，头一两年项目的增值可能还抵不上管理费和基金开支(要知道大部分管理费是按基金总规模而不是已缴资本收的)。这种情况下就会出现总内部收益率为正,而实际给LP的净内部收益率为负的情况。所以,当GP展示自己新成立的基金已有不凡的IRR时,LP需要多问问是几年的成绩,多问问是总内部收益率还是净内部收益率的。

4. 历史回报。很多老牌基金喜欢标榜自己的historical IRR,即所有过往项目的复合回报。这是一个看似客观、全面的衡量标准,但越老牌的基金,这一数字可能就越"失真"。比如,某全球知名大PE机构的历史业绩是30% IRR。在经过了近30年的大大小小的周期,这绝对是一个令人敬佩的成绩了。但这30%的回报,大部分产生于20世纪80年代中期到2000年中期这一欧美杠杆并购的黄金20年。换句话说,历史业绩过于"前置"(front - ended)。在此之后,随着PE行业渗透率提升、自身基金规模扩大等,该机构的回报也呈结构性下滑。对其日后回报的合理预期应是15% ~20%。

一个投资机构之所以能存活几十年,从一期基金一路做到第十几期,必然基于出色的前期业绩。在评估这类基金时,对早期业绩的参考权重可以尽量放小,重点关注近两三期基金的情况。因为后者才真正反映了当前的市场情况、投资策略、竞争格局、团队能力。

国内GP目前最长的业绩周期一般在10年左右。但因为环境变化更快、市场周期更短、人员流动更大等原因,5年以前的过往业绩对未来的可参考性也要大打折扣。

5. 名义回报vs实际回报。基金的净收益是否就是LP实打实拿到手里的回报?当然不是。对于大部分LP,投资一个基金取得的最终收益往往要在基金的净收益上再打一个折扣,这个折扣有时可高达30%,但现实中却常常被忽视。

我们都知道基金倍数(Total Value/Paid - In,TVPI)的计算是基金总值除以实缴资本。但是对LP来说,投资一个基金的成本不只是实缴资本而已,还包括为了满足基金打款所留置的现金的机会成本。当然,这部分现金可以做一些短期的流动性理财,但其收益远远低于所投基金的预期收益,机会成本依然显著。同理,基金分配的时点无法预测，因此LP获得的退出分配资金（distributions）也无法立刻投入同等收益水平的标的。这种再投资风险本质上也是一种机会成本。

总而言之，LP投资一个基金所获得的“实际回报”=基金的“名义回报”-未利用现金的机会成本。国外很多有经验的LP往往十分重视另类投资组合的现金管理，也是因为以上所说的闲置资金的机会成本会对自身的投资回报有显著影响。比如，一些LP会做整体组合的现金流模型分析（cash flow modeling），即根据每个所投基金的生命周期、投资策略、市场情况来预测其向投资人发出缴款通知或者分配资金的节奏，并统计出整体组合未来几年的现金流情况，再依此做现金的预备和管理。

6. 识别业绩的驱动因素。对GP的投资业绩，不仅要在表面上进行对比分析，更要将其深挖来识别业绩背后的驱动因素，这样才能在投资时预测其未来表现的指向性，并且判断GP的业绩在达到顶峰之后能否持续。在业绩分析时，需要分析每支基金里面的明星项目是哪些，去掉这些明星项目过后是不是还能保持高回报。有些GP虽然整体业绩优异，但项目层面的失败率（loss ratio）很高，换言之，项目不是大成功就是大失败，那么其基金的损失风险就偏高。还需要按行业、按轮次、按主投的合伙人、按地域等来分类分析，看看真正的核心竞争力来自哪些行业？哪些轮次？哪些地方？来自谁？另外，需要在整体基金层面考察基金规模是否合理？都有哪些优质LP（比如社保基金）投了他们？如果GP有双币种基金，美元基金和人民币基金是否有利益冲突？历史业绩并不能完全反映未来的回报，所以储备项目也非常重要，优质的储备项目需要吻合基金策略定义，不因机会型因素而发生策略转移，并且与团队具有高度信任关系和锁定关系。

根据对1995—2014年相关基金回报数据的分析，发现以下一些因素会对投资业绩产生显著影响：

（1）重点投资行业。行业的选择对投资回报影响巨大，就1995—2014年而言，只覆盖TMT领域的集中型投资基金的业绩更好。对部分GP，之前的投资业绩可能是基于一个特殊的市场机会，比如在2007—2010年，中国市场上的Pre-IPO投资主要基于一二级市场的估值套利，这一市场机会在目前看来是不可持续的。LP应该重点考察 GP 的投资策略，以确保业绩的可持续性。

（2）关键人物。风险投资团队较小，团队高层领导者的角色至关重要，关键人物的管理风格和投资策略对该基金的投资决策有非常大的影响。若 GP 的投资业绩集中在一个或个别合伙人身上，大部分明星项目由其主导，那么基金就面临较高的关键人物风险。LP 在投资时应该重点关注，并在尽职调查时进行详细考察。

（3）过往投资基金数量。过往所募集的基金数量越多，相应的投资经验越丰富，其投资业绩也更佳。

（4）团队成员数量。风险投资团队一般较小，尤其是初创时期，通常只有几人到十几人。但随着后续基金规模的扩大，团队规模也会随之扩张。团队规模越大反而对基金管理人的投资业绩有潜在的负向影响，可能是由于核心项目成员能力被稀释造成的。

（5）基金规模。基金规模越大，业绩回报越会下降。如果 GP 此前回报优秀的基金规模明显小于当前，那么在更大的资本规模上，团队可能不具备足够的能力和优势来驾驭，在这一点上，LP 在评估业绩时应该考虑周全。

扩展阅读

基于投资节奏挑选硅谷 VC①

对出资人来讲，股权投资基金都有一个 J 曲线，对应出资（现金流出）和分配（现金流入）的净差额（净现金流）。对一支基金来讲，因为前 3～5 年属于投资期，已投资的企业很难在短时间内产生退出收益，所以在一支基金的前 3～5 年通常绝大部分现金流都是支出，但在此之后慢慢会有分红或退出收益产生，直至迎来拐点（拐点过后基金的正现金流大于负现金流）以及打平时刻（即 DPI＝1 的时刻）

① 盛景嘉成. 顶级母基金如何基于投资节奏挑选硅谷 VC［OL］，2016. 6. http://blog. sina. com. cn/s/blog_161f5025e0102wkht. html.

作为基金的LP,都会希望所投基金的J曲线能够在较早时候迎来拐点和打平的时刻,同时也更希望在拐点到来之后,J曲线能够拥有较大的斜率,并给此前的投资带来厚积薄发的能量。

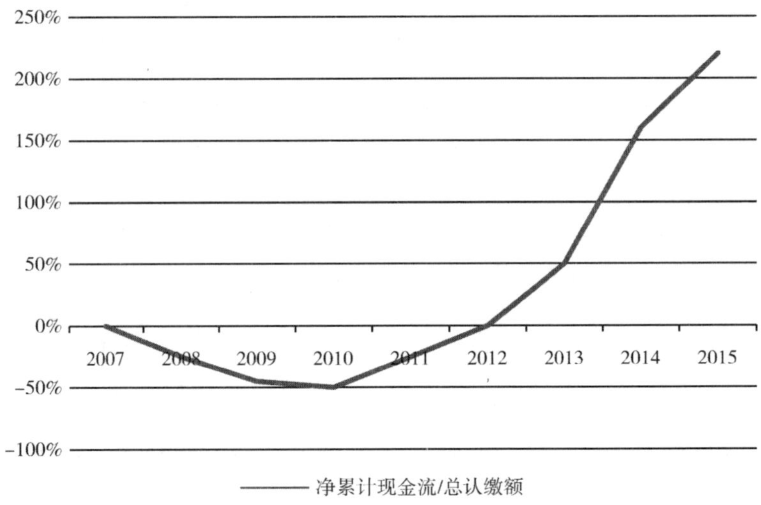

图5－10　某基金J曲线示意图

注:图中最后一个表示2015年3月的数据点包括了基金于该日期持有资产的市场公允价值

风险投资从业者可能会对图5－10有着更深的理解,这张图是我们平日里常见的J曲线图,反映了基金的投资速度、收益与回报。从图5－10中不难看出:该基金存续期10年。从图5－10中的曲线可以看出该基金的投资节奏非常稳定,在基金成立后的五年内匀速进行。在这一点上,硅谷VC和中国VC可以说是风格迥异。一支中国基金在3年内如果没有投完极为罕见,但是硅谷VC则是按照自己最擅长的节奏进行向投资人发出缴款通知并投出,无论市场是冷是热。

基金成立一年之后开始稳定产生分红并且部分项目退出,5年后DPI(Distribution over Paid－in,也就是平日说的收益分配比已投入资本)达到1的水平,也就是我们俗称的“打平”,这个时点仅仅是本支基金完成全部出资之后的半年。但是在这之后,从第6年开始基金迎来了收益分配的爆发。在该基金的第8年里,退出的金额已经超过了本金的200%(算上未退出项目的市场公允价值,这个数字已经超过了300%)。

观察图5－10中的曲线,在2010年中段时间本支基金迎来了它的拐点,可以看到J曲线最低点的纵坐标是50%,即本支基金实际上仅仅在它的LP实缴50%的认缴额度之后,陆续出现的项目分红以及退出收益可以开始抵扣LP的后续出资,相当于LP们以整支基金认缴额50%的实际出资,在7年内就收获了整支基金认缴额200%的投资收益。

在盛景嘉成已经投资过的硅谷VC之中,有多支曾经历了美国市场牛市的基金的当期回报要明显高于图5－10中的这一支基金,但是基于冷静、谨慎的投资判断,他们认为只有经历过不同市场周期,能够不受外界市场因素影响持续打出上述业绩的团队才是值得信赖的。

不知是否有读者会有疑问,回报倍数不高的本支基金,IRR表现到底如何呢?在表5－7中我们可以看到,在同年(2007)成立的同规模($500M－$750M)美国VC里面,该基金的IRR表现是最高的(27.2%,该基金排列在表5－7的从下向上数第三位),可谓非常"可怕"的表现,而我们相信只有这样的顶级表现才是一只硅谷老牌明星VC基金的标准表现(在排除市场过热等因素之后)。

此外,在表5－7中有多个Preqin数据库用来衡量基金业绩的数据,其中DPI%、RVPI%、Net Multiples、Net IRR%是几个在不同维度评价一支基金表现的量化指标。量化指标可以帮助我们相对客观地了解一支基金的回报表现。

DPI%(Distribution over Paid－in)体现的是已分红额度比已投入现金额度,当DPI%＝1的时候,说明GP已经将本金完全返还给LP,此后的分红全部是截至该时点的。

RVPI%(Residual Value over Paid－in)体现的是未退出项目的市场公允价值比已投入现金额度,这部分价值也许在未来兑现之前还会存在正面或者负面的变数。

Net Multiples(X)体现的是基金现总价值(已退出价值＋未退出价值)对比已投入本金。而此项数据和前两项之间的关系则是DPI＋RVPI＝X。

表 5 -7

	Called	DPI	RVPI	Net Multiple	Net IRR	BenchNetIRR	Net IRR Diff	Quartile
2007	99. 0	108. 8	85. 1	1. 94	n/a	10	n/a	2nd
2007	97. 6	118. 4	85. 5	2. 04	n/a	10	n/a	2nd
2007	86. 0	73. 0	65. 0	1. 38	11. 1	10. 0	1. 1	3rd
2007	94. 7	139. 9	113. 6	2. 54	21. 1	10. 0	11. 1	1st
2007	93. 2	90. 5	50. 2	1. 41	7. 4	10. 0	-2. 6	3rd
2007	77. 6	139. 6	34. 6	1. 74	10. 3	10. 0	0. 3	2nd
2007	101. 9	133. 7	149. 3	2. 83	19. 7	11. 8	8. 0	2nd
2007	102. 4	207. 1	40. 9	2. 48	27. 2	10. 0	17. 2	1st
2007	95. 0	24. 0	130. 0	1. 54	5. 0	11. 8	-6. 8	3rd
2007	93. 5	121. 5	63. 2	1. 85	13. 5	10. 0	3. 6	2nd

Net IRR(%):净内部收益率,体现的是去除基金运营相关的开销之后,全部项目相关的资金流入现值总额与资金流出现值总额相等、净现值等于零时的折现率。可近似看成年化净收益率(复利)。值得注意的是,每笔现金流发生的时点都会对 IRR 产生较大的影响。

反观上面的图表,我们关注的这支基金虽然回报倍数不是同年度同体量基金中最高的,却有着最高的 Net IRR。这足以说明 GP 在投资节奏的把握上,即使是一些细微的策略调整都会对整支基金回报数据产生影响。Net IRR 是一只基金对有时间价值的现金使用效率的体现,越高的 IRR 越表示 GP 能够高效率地利用手中的资金创造投资收益。

以上即是盛景在作为母基金管理人,在挑选包括硅谷老牌明星 VC 在内的潜在投资标的时会优先考虑的先决因素之一。他们认为,只有拥有经过周期波动考验的投资节奏,同时具有持续可分配的明星历史回报业绩的硅谷老牌 VC 基金,才是一支顶尖母基金应该投资的优质标的。对投资节奏的把握应该置于其他各项量化指标之前,成为母基金投资人优先考虑的指标。这一点,在当前全球资本市场环境波动的特殊时刻具有更加重要且深远的意义。

第四节　如何开展尽职调查

尽职调查需要全面了解基金公司各方面的情况,尽可能减少信息不对称所带来的投资风险,母基金管理公司一般会与第三方专业机构进行合作。

一、尽职调查的目的

尽职调查是母基金投资流程中必不可少的环节,投资团队通常根据尽职调查结果对目标基金公司进行客观评价,形成尽职调查报告,投资决策委员会再根据尽职调查报告和风险控制报告进行决策。尽职调查又称审慎性调查,母基金的尽职调查一般是指母基金在与目标基金公司达成初步合作意向后,经协商一致,对基金公司的历史数据和文档、管理人员的背景、市场风险、管理风险和资金风险做全面深入的审核。

尽职调查的目的分为三个方面:

一是价值发现:验证过去基金公司业绩的真实性,预测基金公司未来是否还能够持续稳定地保持之前的业绩表现。

二是风险发现:识别投资风险,评估风险大小并提出风险的应对方案。

三是投资可行性分析:了解双方诉求的匹配程度,验证基金公司是否能够认可并有能力做到母基金投资附带条款中规定的相关内容。

二、尽职调查的范围

尽职调查可以分为业务尽职调查、财务尽职调查和法律尽职调查三部分。

(一)业务尽职调查

整个尽职调查工作的核心是业务尽职调查,财务、法律等方面的尽职调查都是围绕业务尽职调查展开的。业务尽职调查的主要关注点包括:

1. 基金公司基本情况、管理团队、投资策略、行业资源、项目储备等;

2. 基金公司历史沿革，团队的稳定性，激励机制；

3. 控股股东/实际控制人的背景，过往投资案例，舆情调查；

4. 主要决策人对所投行业的行业洞见。

考察基金主要是看人，看他宣称的投资策略是否合理，他的团队是否能执行他的投资策略。例如，投生物医药的基金，主要合伙人是不是以前做过类似的事情，团队中每个人投过哪些项目，发挥了什么作用。LP应该根据细节来评价基金在以往投资中采取的策略是否具有一致性。如果GP的投资策略缺乏一致性，实际投资方案与其所陈述的策略出现差异，那么LP就无法将该GP的历史业绩作为其未来业绩表现的主要参考指标。

针对GP组织机构的考察，可以从以下三个方面来评估：第一，GP的所有权结构是否以最好的方式来组织。通过评估所有权结构，LP可以了解GP和投资人之间的利益一致性是否达到最优。同时，还需要评估组织结构对员工的激励性制度。第二，GP的团队架构是否稳定？LP需要分析GP的组织结构的细节，包括在GP公司内部，哪些成员持有本公司的股份较多。此外，LP还需要了解GP的管理层继任计划。第三，GP公司日常运营是否有效？GP公司的运营方式可以说明其组织的有效性。LP可以评估公司内部的运作流程、负责公司运作的委员会以及公司资源的管理情况等。同时，LP还可以分析GP组织的人事架构及其对投资决策有效性的影响。

对GP的投资团队的考察，LP应投入一定的时间接触GP投资团队的每个成员以及同时接触一组成员（主要是为了评估成员之间的人际互动情况）。对团队成员的考察，要按照资历分开进行，即高级管理层、有经验和执行技巧的中层人员以及一般雇员。分析投资团队的目的之一是了解团队的基本背景情况，需考察的要素包括团队的实际规模、团队成员的年龄、教育背景、工作经验、私募股权投资的经验、人员离开或变动情况以及工资和激励机制。

扩展阅读

业务尽职调查所需资料清单[①]

根据财政部、国家发展改革委《新兴产业创投计划参股创业投资基金管理暂行办法》(财建〔2011〕668号)的要求,中央财政受托管理机构负责对参股基金方案开展尽职调查工作。申报基金应在尽职调查阶段提供如下资料,作为受托管理机构开展评价工作的基础和依据。

一、基金基本信息

1. 拟设基金信息,包括基金名称、注册地址、办公地址、基金规模等。已注册的需提供营业执照复印件(盖章)和基金章程(合伙协议);未注册但已进行名称预先核准的,需提供名称预先核准通知书复印件。

2. 基金管理公司信息,包括法定名称、注册地址、办公地址、营业执照复印件、联系人及联系方式(固定电话、传真、手机、电子信箱)。

3. 基金社会出资人信息,包括法定名称、注册地址、办公地址、营业执照复印件、联系人及联系方式(固定电话、传真、手机、电子信箱)。如出资人为自然人,需提供身份证复印件、现居住地址和联系方式。

4. 基金托管银行信息,包括托管银行的法定名称、业务办理网点名称、负责人、联系人和联系方式(固定电话、传真、手机、电子信箱等)。未确定托管银行的,需提供备选托管银行名单及相关信息。

二、基金管理团队

1. 基金管理公司(或合伙企业)股权结构、注册资本、出资额度、主要股东介绍、公司(或合伙企业)章程、营业执照、目前从事的主要业务和管理的基金清单。

---

① 由北咨基金提供。

2. 基金管理公司（或合伙企业）全部人员的花名册，包括姓名、年龄、专业与学历、毕业院校、从业时间、工作经验、加入团队时间、原任职单位、在本基金管理公司中的职位和职责。

3. 团队核心人员（包括但不限于总经理、投资总监、副总经理、风控总监）的身份证明复印件和详细简历。简历内容应包括教育背景、工作过的单位、所任职位、工作业绩、相关证明人及联系方式等。

4. 团队核心人员从业以来各自参与管理过的所有创业投资基金列表，包括基金设立时间、存续期、投资领域、实际到位出资总额、实际投资总额、个人在该基金管理中所起的作用。

5. 团队核心人员从业以来各自参与投资过的所有被投资企业列表，包括被投资企业名称、注册地址、联系人和联系方式、被投资企业所处行业、投资时间、投资金额、持股比例、投资退出时间、退出方式、投资回报倍数、个人在项目投资中所起的作用等。

6. 团队核心成员间合作经历说明，包括共事起始时间、工作单位和岗位、角色分工、其他证明材料。

7. 团队成员的薪酬构成、团队内部对基金管理费和业绩奖励的分配方案和整个封闭期内的分配机制。

8. 团队成员的跟投政策。

9. 团队核心成员的竞业条款、关联交易与利益冲突条款。

三、基金社会出资人

1. 全部社会出资人主营业务介绍及主要股东简介，以及营业执照复印件、最新章程及修正案（须含股东名录）复印件、最近一个月的资产负债表和损益表、最近一年的年度审计报告。

2. 社会出资人是专业母基金的，另需提供基金规模、投资其他的情况、剩余存续期、投资策略等。

3. 社会出资人是自然人的，需提供自然人个人简介、资金实力证明等资料。

4. 社会出资人(含基金管理人)主要从事投资业务或投资管理业务的,需提供过往投资项目及相关情况。

四、基金治理结构

1. 基金各出资人(含管理公司)之间的股权、债权或关联关系说明(如有)。

2. 拟进入基金董事会和投资决策委员会的人员名单、来源、专业背景及其简历。

3. 基金与管理公司在管理、决策、费用使用上的分工。

五、投资管理机制

1. 项目遴选策略。内容包括项目开发策略的独特性、项目开发的竞争情况、项目开发渠道与外部网络、项目开发费用等。

2. 投资决策机制。内容包括投资决策机构设置、投资决策程序、投资决议形成方式等。

3. 项目投资后管理策略。内容包括项目投资后管理流程方式、项目公司定期报告及其频率、项目增值服务网络资源等。

4. 风险防范策略。内容包括风险防范体系、机构与人员分工、风险预警机制与补救措施等。

5. 投资退出策略。内容包括退出原则、退出时机、退出方式等。

六、基金资金到位与投资计划

1. 基金规模、投资计划进度列表。

2. 出资人出资到位的具体约定、保证出资人出资的具体措施、出资人出资不到位的违约责任和补救预案、出资份额继承和转让约定有关说明等。

3. 基金拟投资行业内的创业投资机会与行业分析,包括基金拟投资行业和区域的潜在投资机会简要分析、本基金可获得的地方支持及优惠政策(需提供相关证明文件)。

4. 储备项目(拟投资企业)情况介绍。包括企业名称、主营业务、投资亮点、基金拟投资时间和金额的初步考虑等。

（二）财务尽职调查

财务尽职调查重点关注的是目标基金公司的过去财务业绩情况，主要是为了评估基金公司的盈利能力及投资价值。财务尽职调查的主要关注点包括：

1. 基金公司相关的财务报告；
2. 基金公司的现金流、盈利情况；
3. 基金公司现行会计政策等；
4. 对基金公司过往业绩及盈利能力稳定性的判断等。

作为量化分析的核心，过往业绩的评估在尽职调查中可能是最为重要的判断标准。该分析不仅需要对基金管理人所有业绩进行详细的组合分析，还需要在被投公司层面对每笔投资的回报进行分析，如使用IRR和亏损率等指标。对于已实现和未实现的交易，LP都要进行评估，还要特别注意评估未实现交易时采用的估值方法。此外，LP还需要结合定性分析，思考GP的投资业绩的归因。例如，该业绩是因为特定的团队成员、一定的交易规模，还是采取的特定策略？在完成对管理人历史业绩的分析之后，应该将分析结果与同一市场内其他GP的历史业绩进行比较。

扩展阅读

财务尽职调查中核查要点及共性问题①

一、财务尽职调查中核查要点

在母基金对外投资子基金的财务尽职调查中，通常包括两个层面：①对拟投基金的基金管理公司的财务尽职调查；②对拟投基金的财务尽职调查。具体介绍如下：

1. 针对拟投基金的基金管理公司的财务尽职调查。

---

① 由毕马威会计师事务所提供。

(1)了解管理团队投资理念、投资风格以及主要投资方向;

(2)了解基金管理公司的业务管理制度,包括投资流程、风险管理及内控制度,抽选样本查看实际执行情况;

(3)从基金和项目两个层面,分析基金管理团队管理的基金及投资项目的业绩表现。查看历史投资项目所采用估值方法的适当性和估值结果的合理性,对出现投资损失的项目,了解原因及后续改善措施;

(4)取得基金管理公司的组织结构和薪酬激励机制,了解关键管理人员和投资团队的稳定性;

(5)在阅读基金管理公司历史期间财务报表的基础上,分析基金管理公司的财务状况,关注:资产质量和盈利能力,金融资产核算是否合理,管理费收入是否准确,费用是否完整准确地计提。

2. 针对拟投基金的财务尽职调查。

(1)了解拟投基金的基本情况,包括架构设计、管理费、收益分配方式、投资期限、投资方向、投资决策机制等,查看是否有不符合行业一般惯例的情形;

(2)了解拟投基金对潜在项目及投资团队利益冲突的应对措施;

(3)了解潜在的关联交易安排及相关定价措施;

(4)了解拟投基金的储备项目。

如果拟投基金为存续基金,则可以继续开展以下财务尽调程序:

第一,分析拟投基金的历史投资项目业绩,包括已退出项目收益和未退出项目估值情况,评估基金过往的盈利能力。查看历史投资项目所采用估值方法的适当性和估值结果的合理性。对出现投资损失的项目,了解原因及后续改善措施。

第二,在阅读拟投基金历史期间财务报表的基础上,进一步分析目标基金的财务状况,关注金融资产核算是否合理,管理费用是否准确计提。

二、财务尽职调查中普遍存在的共性问题

1. 拟投基金同基金管理公司其余基金的潜在利益冲突。

基金管理公司存在老基金尚未完成投资,而新基金已开始募集并进入投资阶段

的情况。在这种情况下,新老基金容易产生利益冲突,特别是投资行业及投资阶段较为相似的基金。对同时符合新老基金投资方向的投资标的,如何在新老基金之间分配并保障新老基金有限合伙人的权益,是基金管理公司需要考虑的重要问题。

2. 拟投基金承接老基金项目的潜在风险。

一般而言,基金管理公司的投资阶段比较集中,但是对多元化发展且投资阶段较为丰富的基金管理公司,中后期投资基金可以对其中早期投资基金的项目进行跟投或购买原中早期基金的权益。这种情况下,固然可以向拟设新基金推荐基金管理公司相对更熟悉且历史期间业绩表现良好的投资标的,但也需要关注:①拟投基金需要对这类承接的项目进行全面且独立的第三方尽职调查,以降低潜在投资风险;②由于项目归属于老基金,这类潜在的关联交易,其定价是否采用市场认可的公允价值至关重要;③在投资决策过程中,存在利益冲突的投委会成员需要回避。

3. 拟投基金的基金管理公司历史期间投资地域、投资行业及投资阶段与拟设立的基金存在较大差异。

一般而言,市场中各基金管理公司均有其专注的投资地域、行业及阶段,且需要足够的经验积累方能在某一投资领域成为“领头羊”。虽然不同投资地域、行业及阶段的投资原理多有类似,但对任何一个基金管理公司,其投资区域、行业及阶段的转变都是巨大的挑战,成功转型需要基金管理公司在短期内在新领域积累丰富的投资资源、足够的专业知识和充分的经验。处于转型中的基金管理公司,其历史期间投资的表现不能较为客观地反映其未来的投资能力,历史期间的投资回报的参考作用也将下降,同时基金管理公司未来发展的不确定性也将增加。在这种情况下,尽职调查团队在尽调过程中,需要同管理层了解其对转型所进行的准备和积累,分析转型成功的可能性及管理层的胜任能力。

4. 对核心团队成员的高度依赖。

基金管理公司的项目获取渠道不一,但当前很多基金管理公司项目来源集中于包括合伙人在内的核心团队(通常为董事总经理及合伙人级别的团队成员)的个人资源和社会关系,研究团队发掘投资标的和投资方向的能力仍需要提高。此外,在项目的投后管理和后续基金的运作中,核心团队成员仍然承担着非常重要的角色,因此,核心团队的稳定性及对拟投基金的参与程度非常重要,投资人需要在合伙协议中加入关键人员条款进行约定。

5. 基金管理公司的对外公布投资回报,可能与实际回报存在较大差异。

尽职调查中一般不会对基金管理公司投资的全部项目进行穿透测试,也就是无法完全掌握所有项目的当前运营情况,以及其估值是否真实反映投资项目的价值。特别是专注于早期投资的基金,此问题更为突出。基金投资项目的实际估值低于当前的账面估值的原因,可能有两个:①被投项目的两轮融资之间间隔时间较长,在较长的时间中,投资企业的运营情况可能发生较大的变化,但基金管理公司仍采用上一轮融资的估值作为项目估值;②某些项目由于抢占投资热点或新投资概念,产生了大资本堆积现象,导致估值被抬高。

6. 基金管理公司的人员配备不足及流动性较高。

为增加资产管理规模,部分基金管理公司会设立诸多基金以募集资金,但其合格的投资人员不能及时匹配到项目,导致基金投资人员配备不足,这将在一定程度上限制基金的投资能力。同时,基金管理公司投资经理的流动性较高,可能使单一基金的投资风格缺乏一致性及连贯性,进而对投资业绩产生不利影响。

7. 母基金与拟投基金的期限错配。

在实际操作中,母基金与拟投基金的存续期间可能存在不匹配的情况,特别是母基金的存续期间少于拟投基金时,需要母基金在投资阶段即与基金管理公司在合同中针对提前退出条款进行特殊约定。

8. 其他。

资本市场存在追求市场热点的情况,而这种情况可能导致基金管理公司的投资风格不稳定,即在投资行业及阶段上频繁调整,缺乏自主投资能力。跟风投资情况也使基金之间的同质化竞争加剧。

成熟的基金管理公司在中后期基金的投资大多集中在细分行业的前三大企业,上述投资策略一方面加剧了基金间的竞争,另一方面对母基金而言,虽然投资多个基金，但实际上未实现风险分散。

（三）法律尽职调查

法律尽职调查是为了全面评估基金公司业务的合规性及签字的法律风险。法律尽职调查的主要关注点包括：

1. 基金公司设立及历史沿革问题；
2. 主要股东情况；
3. 公司重大债权债务文件；
4. 公司重大投资项目情况；
5. 公司重大诉讼、仲裁、行政处罚文件；
6. 税收及政府优惠政策等。

在法律尽职调查中，比较重要的一点是就有限合伙协议的关键条款做出报告，并给出相应的看法。关于合伙协议的重要条款，将在本章第五节“合伙协议的重要条款”中详细讨论。

总之，尽职调查的核心是按照考察优秀私募股权基金管理人的维度进行评估，并就策略、团队、业绩等诸方面给出定量和定性的评估。

扩展阅读

法律尽职调查清单[①]

一、基金基本文件

1. 基金的组织形式和基本结构架构图。架构图应包括基金、基金普通合伙人、有限合伙人及基金管理人。

① 由方达律师事务所提供。

2. 基金设立相关情况。包括营业执照(包括最初版本、其所有变更以及最新版本)、税务登记证(包括最初版本、其所有变更以及最新版本)、设立和历次工商变更核准登记的全套文件。

3. 基金募集情况。包括①基金的募集文件,包括但不限于募集说明书、商业计划书、备忘录或类似文件;基金与有限合伙人签署的认购协议以及其他任何附属协议、承诺、保证等(如有)。②基金已完成的募集或者认缴资金规模及相关投资者的基本情况介绍,包括但不限于相关投资者的营业执照、认缴金额出资到位的银行汇款单或其他证明文件。

4. 基金的合伙协议、认购协议、委托管理协议及托管协议(如有)。

5. 基金的投资机制,包括投资目标、投资方案、投资策略、投资标准、投资流程、后续管理、收益分配等。

6. 基金的退出和清算安排。

7. 基金的组织机构、人员组成及职能说明,包括但不限于顾问委员会成员名单及议事规则。

二、基金管理人

如果普通合伙人与基金管理人不是同一个实体,将对基金管理人进行如下尽职调查:

1. 基金管理人的基本情况。包括:

(1)基金管理人的主体资格,包括但不限于营业执照(包括最初版本、其所有变更以及最新版本)、税务登记证(包括最初版本、其所有变更以及最新版本)、设立和历次工商变更核准登记的全套文件。

(2)章程(包括所有修订)(如有),如章程的内部签署版与报送工商登记的版本不一致的,需将二者一并提供。如尚未签署章程,需提供章程最新的拟定稿或重大条款摘要。

(3)选择注册地的原因及政策优惠。

2. 基金管理人的股东(如为公司),或普通合伙人以及有限合伙人(如为合伙企业），或合伙人（如为普通合伙企业）的基本情况。包括但不限于其设立时的有关资料，批准备案文件、章程或合伙协议、营业执照等；如为自然人，需提供该自然人的身份证件，包括但不限于身份证、护照等证件与该自然人在基金管理人及其所投资设立基金及基金管理公司（或管理团队）中的任职情况及利益分配安排。

3. 基金管理人的管理团队。包括：

（1）基金管理人的部门设置情况及责任分工。

（2）管理团队的高级管理人员的基本信息，包含工作履历、学历、历史投资项目情况、实现退出项目情况、退出项目收益情况、劳动合同和资格证书。

4. 基金管理人的治理情况，包括但不限于内部组织及管理架构、管理制度、决策机构、决策流程、内控机制。

5. 基金管理人的制度建设和机制安排。

6. 包括但不限于基金管理人的风险准备金制度、项目储备制度、资产托管制度、资产审计机制、风险隔离机制、激励约束机制、信息披露制度等。

7. 基金管理人的合法合规情况、是否受到过监管部门的行政处罚、所涉诉讼或仲裁情况。

三、基金普通合伙人

1. 普通合伙人的基本情况。包括：

（1）营业执照（包括最初版本、其所有变更以及最新版本）以及税务登记证（包括最初版本、其所有变更以及最新版本），普通合伙人的设立和历次工商变更核准登记的全套文件。

（2）组织机构、人员组成及职能。

2. 普通合伙人的认缴出资到位情况，包括但不限于银行汇款单或其他证明文件。

3. 普通合伙人的决策机构、决策流程、内控制度。

4. 普通合伙人的高级管理人员基本信息，包含相关时间和日期的工作履历、工作关系所在单位、教育背景、当前管理基金情况、投资行业工作年数及简介、相关行业工作和投资经验。

5. 普通合伙人的关键人士的清单及其各自的基本信息、劳动合同、目前参与管理的其他基金或投资项目的情况、主导的典型案例简介、在基金中跟投的人数、跟投方式及数额和比例。

四、对外投资

1. 基金进行项目投资的流程图以及投资决策机制说明,包括但不限于投资决策委员会成员名单以及议事规则。

2. 基金对外投资的策略、目标及范围,配套的融资方式、手段、来源,以及投后对被投资主体的管理控制方式和策略。

3. 基金已经储备的对外投资项目的清单,包括被投资公司名称、投资时间、拟投资金额、基金预期取得的被投资公司的股权比例,相关的投资文件(包括意向性文件)、与相关中介机构签订的协议、尽职调查报告以及内部决策记录。

4. 基金对外投资项目的相关投资协议和配套融资协议的范本。

五、基金业协会登记及备案

1. 基金的普通合伙人、基金管理人(如适用)是否已按照《私募投资基金管理人登记和基金备案办法(试行)》在基金业协会完成了私募基金管理人登记手续并成为基金业协会的会员;如已完成,需提供相关登记证明文件(如有);如尚未完成,需说明目前的进展及完成登记是否有预计的任何障碍。

2. 基金的普通合伙人、基金管理人(如适用)及管理人员是否曾经或正在被基金业协会采取任何自律管理措施、被任何监管机构调查或处罚;如是,需详细说明相关情况并提供相关文件。

六、财务和税务

1. 需说明基金(如已设立)、普通合伙人或基金管理人是否有已借用且尚未偿还的贷款,如有,需提供该等贷款的详情,包括但不限于贷款协议及担保安排。

2. 需说明基金(如已设立)、普通合伙人或基金管理人是否存在为第三方提供担保的情况,如有,需提供该等担保的详情,包括但不限于担保协议及相应的主债权合同。

3. 需列表说明基金(如已设立)、普通合伙人或基金管理人适用的税种和税率(连同有关减免的政府批文),未偿还或有争议的税款(如有),以及有争议或无争议的税收罚款或滞纳金详情(如有)。

4. 如基金已经设立,需提供基金设立以来的全部年度审计报告、全部年度工作报告(或者类似文件)、全部半年度工作报告(如有)及季度工作报告(如有)。

5. 需说明基金(如已设立)、基金普通合伙人及基金管理人是否因税务问题受有行政处罚。

七、其他资产

1. 基金是否拥有土地使用权和房屋所有权。

2. 基金是否拥有货币资金、对外投资和土地、房屋以外的其他资产。

八、法律程序

基金、普通合伙人、基金管理人以及关键人士在国内外已经或即将提起或面临之诉讼、仲裁、行政或调解程序的详情和相关文件,无论其为原告、被告或第三人,相关文件包括但不限于起诉状、答辩状、判决书、裁定书、仲裁请求、仲裁裁决等。

三、尽职调查操作流程

尽职调查的操作流程一般包括材料审核、初步沟通、初审评估、制定尽职调查计划、现场尽职调查与访谈、起草尽职调查报告与风险控制报告、进行内部投资决策、设计投资方案几个阶段。从实践来看,母基金都将第三方背景调查作为尽职调查流程中最为重要的一环,通过一线走访,核实核心人员的背景、历史业绩、投资的项目、投资策略,特别是行业口碑。行业口碑包括投资项目对他的评价,过往的合作方对他的评价,在以前的这些机构里面的对他的评价,这非常重要。比如,现在很多机构说参与了京东,但是你在京东到到底发挥什么作用呢？我们可以通过其他投京东的人去了解或者直接向京东了解。尽职调查团队通过各种渠道收集资料,并验证其可信程度，最终形成尽职调查报告与风险控制报告。

扩展阅读

宜信母基金的尽职调查过程[①]

宜信财富私募股权投资母基金的尽调调查过程可以简单总结为：一张表格、二次验证、三方访谈，多维评价。

“一张表格”是指要让基金管理人填写一张标准表格，主要包括管理团队的历史业绩、基金的历史业绩、组织结构、激励政策等。需要知道的一切细节，例如：历史业绩中，这个案例是领投还是跟投？有没有董事会席位？如果有的话，谁出任了董事等。有了这些非常干货的数据，可以帮助母基金快速、准确地判断基金和个人的历史表现。“二次验证”是指母基金要对上述的表格信息和数据进行二次验证。“三方访谈”是指我们除了访谈管理团队之外，还要去访谈他们过去投资过的企业、行业里的合作伙伴等，有时候还会访谈这家基金过往的 LP，这些第三方的口碑非常重要。最后是“多维评价”，综合以上的数据、访谈和调研过程，最终我们会从多个方面去评价这个基金管理人，综合地做出投资判断。

四、尽职调查的方法

（一）审阅文件资料

通过对公司工商注册、财务审计报告，基金公司提供的公司介绍、团队介绍、过往业绩证明文件、相关制度文件、储备项目介绍、法律合同等各项资料进行审阅，发现异常及重大问题。

① 廖俊霞. 宜信财富私募股权母基金的投资哲学[R]. 宜信 10 周年庆典，2016. 7.

（二）参考外部信息

通过网络、业内人士等信息渠道了解公司控制人在行业内的舆情情况。通过相关行业专家了解公司投资策略是否合理，控制人对行业洞见的深度把握情况。

（三）相关人员访谈

与基金公司内部各层级、各职能人员，以及中介机构的充分沟通。

（四）实地调查

查看基金公司办公场所、相关投资合同、相关公司制度文件等。

（五）小组内部沟通

调查小组成员来自不同背景及专业，其相互沟通也是达成调查目的的方法。尽职调查小组一般是由母基金管理公司内部人员构成，可以根据情况邀请专业第三方机构或者个人参与。

五、尽职调查报告

投资团队根据尽职调查结果形成尽职调查报告，包括财务、法律、业务尽职调查等方面的内容。

业务尽职调查报告应该包括：基金公司的基本信息、过往业绩、团队情况、投资策略、激励制度、管理制度、储备项目、初步合规分析和投资风险等方面。

财务尽职调查报告应该包括：评估基金公司的财务健康程度，给出基金公司财务稳定性及增长性的评估结果。

法律尽职调查报告应该包括：基金公司法律风险的识别，是否存在法律方面的风险点，能否通过法律条款进行规避。

第五节　合伙协议的重要条款

私募股权投资不同于传统投资和二级市场投资最重要的一点是,它表现为一种长期的伙伴关系。LP 和 GP 在大多数情况下,合作项目不仅是当前的一支基金,有可能是连续的多支基金,常常表现为十几年甚至几十年的“相濡以沫”。同时,LP 和 GP 又是竞争关系,因为基金的运作回报是一个整体,双方的回报都出自其中,一方获得的多了,意味着另一方获得的少了。从某种意义上讲,私募基金的结构设计是一场 GP 和 LP 之间的博弈。

由于私募股权投资特有的信息不透明、流动性低的特点,当出资方和管理人的利益不一致时,作为信息不对称的劣势方,LP 往往很被动。双方关注的主要方面是费用和回报的机制设计。

一、管理费

基金的管理费主要用于基金的建立、维护和日常管理,一般是按照承诺的或到位的或投出去的资金总数的 1% ~2.5% 收取,大多数是 2%,具体视基金规模和投资策略所需资源而定,实践中是在投资期结束或下一支新基金成立时开始逐步减少。

不同的管理费设计会面临不同的问题。第一种,以投出去的资金为基数,管理人为更快更多地收到每年的管理费,可能匆忙投资;第二种,以到位的资金为基数,管理人为拿到每年更多的管理费,可能过早要求资金到位,却迟迟不投资;第三种,以承诺的资金为基数,LP 会认为基金管理人开始时还未做任何实质性的事情,所以不愿意支付该笔费用。

二、分红回报机制

从全球范围来看,业绩的分红回报普遍采用“瀑布式”的分配法。进一步说,主要有两种方式:基金整体法和交易独立法。

(一)基金整体法

基金运作的盈利或亏损是一个整体，在投资开始有回报时，全部返回给 LP，直至其在基金中的投资全部收回，才开始在 LP 和 GP 之间按照协议规定的比例（一般为 80∶20）分红。

(二)交易独立法

在基金中有多个独立的投资项目，彼此之间互相独立，盈利和亏损互不影响。在一个投资项目开始退出或有回报时，先归还 LP 在此项目上的投资，然后再在 LP 和 GP 之间按照协议规定的比例分红。项目各自结算，彼此独立，互不影响。需要注意的是，如果出现市场衰退，GP 现有投资组合的价值会大幅减少。如果 GP 因为较早的好项目实现退出而获得业绩分成，则他们会被指责“对自己过度分配”，因为他们已经获得的收益分成超过了有限合伙协议规定的水平，而 LP 此时可能无法获得协议中规定的分成。为了解决这一问题，有限合伙协议中包括了多种类别的回拨（call back）机制。回拨机制针对双方，但一般主要发生在 GP 身上。上一个投资项目有数倍回报，LP 和 GP 可按 80∶20 的比例分红。若这个投资项目发生亏损，回报尚不及 LP 的投资额，这时 GP 需返还全部或部分已得到的分红，用于弥补 LP 投资本金的损失。

从母基金的角度来看，其更倾向于管理费能够比较适中，或者比较稳定地支持整个团队的成长，但更重要的是让团队关注业绩报酬。

除了费用和回报的机制，在如下方面 GP 和 LP 也可能存在潜在的冲突。

三、基金合伙人变动

基金合伙人内部有严重分歧。这时 GP 可能有几种做法：

(1)熬到当前的基金投完，以免重要合伙人离职触发关键人条款（key man provision），等到下个基金再分道扬镳。这种做法对 LP 的伤害较小，但也不是没有。那个离职的合伙人所做的项目会被交由并不熟悉项目的人接管，而接管的人与被投企业的磨合、对项目的投入难免会打折扣，毕竟不是自己亲手做的案子（成绩再好也不是自己的 full credit）。就好像不是亲生的孩子，总有寄人篱下的苦处。

（2）也有的是等不到下期基金，当期就拆伙的。这就伤害比较大了。一般 5 个以内合伙人，走了 1 个，团队就会受到一连串的影响，从内部军心到外部声誉。而很多时候，离职的合伙人可能正好是处于上升阶段的“明星选手”。

理论上说，会明显影响基金投资业绩的离职事件都应触发关键人物条款，从而保护 LP 的利益。但现实中，一两个合伙人的离职往往不足以触发该条款。原因有很多：

（1）在一些合伙人较多的机构，年轻合伙人可能压根没有被列为关键人物，尽管他们可能是代表基金活跃在一线做最多项目的人；

（2）触发条件通常会基于一个比例，比如 4 位合伙人中有 2 位及以上离开，方才生效。但 LP 们往往无奈地发现，离职人员的数量“十分恰好”地卡在了触发条件设定的比例之内。这其实不难理解。GP 内部在设定每个基金的关键人物条款时，都是经过深思熟虑的，往往会尽量把那些潜在的离职风险通过各种方式排除。

LP 往往会就关键人条款与 GP 反复协商，这正是因为 LP 在信息上处于天然的劣势，而在该点上 LP 与 GP 的利益其实是冲突的。因此 LP 需要最大化条款的保护力度。

四、GP 对基金的出资额和 GP 个人财富的关系

常见的 GP 出资额（GP Commitment）为基金规模的 1% ~2% 。这对管理基金没多久、还没见到附带权益的 GP 新兵来讲还说得过去。但对管理过几十亿上百亿资金、拿到过大额附带权益的 GP 老兵来讲，1% ~2% 的标准出资比例摊到个人顶多是千万的出资，与他们的亿万身家可能相去甚远，自然也无法达到 GP 个人利益与基金绑定的效果。如果 GP 出资还可以用管理费抵扣的话，绑定就更弱了。

五、GP 跟投

GP 跟投通常是谋求利益一致化的安排，过去本土的基金要求团队强制跟投项目，可能在当时有一些历史原因，但是从长期来看，我们更加优先考虑跟投整个基金的管理人，因为跟投整个基金，比跟投项目更能体现利益的一致性。跟投项目有时候会产生一些利益冲突，到底跟投哪个项目，多了还是少了，有时候说不清楚。

国内某些 GP 用自己的钱做“天使投资”，随后再让基金接盘，这样的事时有发生。这种行为对 LP 有两层潜在伤害：一是在决定接盘价格时，GP 可能更倾向于个人利益而非基金利益，毕竟自己赚的钱是 100%，而从基金赚的钱是 20% 的蛋糕里再切出一块；第二，即使接盘价格相对公允，GP 把本应该投注到基金的时间和精力投注到个人投资上，对 LP 也是一种损失。

合伙协议是就 LP 与 GP 关系的安排，因此需要仔细评估。合伙协议的主要条款包括出资方式及安排、基金费用、募集费用、管理费用、基金期限、收益分配安排等。FOFs 与子基金的谈判主要涉及基金协议条款的谈判，主要目的是为作为 LP 的 FOFs 争取更多的权利，重要条款如表 5－8 所示。

表 5－8　FOFs 与子基金谈判要求及重点条款

合伙费用条款	√正常情况下，合伙企业应承担合伙企业的成立、运营活动及解散过程中产生和导致的成本、费用和负债（“合伙费用”），包括但不限于组建费用、管理费、投资委员会投资过程中产生的费用、法律\会计和审计\评估及其他第三方顾问费用、合伙人会议\咨询委员会相关费用、合伙企业清算\解散发生的费用等。 √应关注合伙费用包含的内容，是否超出一定范围，潜在损害 LP 权益。 √可与子基金谈判，制定合伙费用的额度上限；事前控制损害 LP 权益的风险
管理费条款	√管理费是指普通合伙人作为执行事务合伙人及普通合伙人的指定的有资质的关联方对合伙企业事务的执行和管理，合伙企业应在存续期内向普通合伙人或其指定的关联方支付管理费（“管理费”）。 √应重点关注基金管理人是普通合伙人还是指定的有资质的关联方来执行对企业事务的执行和管理；直接决定了是哪个实体收取管理费。 √应重点关注管理费的收取费率，投资期和退出期是否设置不同费率，计提基数是基金总规模还是未退出规模；计提起点是基金成立日还是首次交割日。

续表

管理费条款	√应重点关注管理费计提频率，是一年一提，还是半年一提。是自然年还是财年，是期初计提还是期末计提。 √非完整计费周期的时间段管理费的计算方式。 √应重点关注管理费覆盖的范围是否合理，是否有部分费用不合理地划归到合伙企业承担的部分。管理费覆盖的费用应包括管理团队的薪酬（工资、奖金和福利等费用），与合伙企业、普通合伙人相关的办公场所租金、物业管理费等，普通合伙人的日常运营费用，因对经过普通合伙人投资决策机构立项但最终未决定投资的目标公司的投资、持有、运营、出售而发生的法律、审计、评估及其他第三方费用，以及所有合理的差旅费、接待费等。 √有的 FOFs 希望在管理费上得到优惠，可视情况与子基金进行相关谈判
出资及资金托管条款	√认缴出资条款一般会对全体合伙人的认缴出资总额的额度做出清晰说明，也即基金规模。 √应关注此条款中是否对有限合伙人进行不同类别的划分，例如，针对个人和机构投资者的认缴出资额的起点不同。 √交付期限条款中，应关注发出交付出资通知书的时间的约定，以及普通合伙人的出资是否与有限合伙人按照统一到账日期，根据各自认缴比例交付。防止普通合伙人只是象征性认缴出资，并未实缴的现象发生。 √资金托管条款中应关注托管银行的选取、托管费率，以及托管费用承担方等要素。 √应关注逾期缴付出资条款，逾期缴款的惩罚措施，是否有豁免条款。FOFs 应当尽量与子基金谈判，获得一定程度的预期豁免，以便给 FOFs 自身资金运作留出空间
普通合伙人条款	√应关注普通合伙人执行合伙企业事务的范围是否合理，关键事项和责任是否覆盖。 √一般情况下关键事项和责任会包括：负责执行合伙企业事务，对合伙企业的财产进行投资、管理、运用、处置和回收，并接受其他有限合伙人的监督。普通合伙人的职权包括：召集和主持合伙人大会；筛选投资项目；组织投委会委员召开投资决策会，执行对投资项目的投资；管理投资项目；为合伙企业之利益，合理处置合伙企业的财产；聘任合伙人以外的人担任合伙企业的经营管理人员等
普通合伙人 关键人士条款	√应关注是否设置关键人条款。 √应重点关注关键人设置是否涵盖子基金高管团队主要合伙人，是否有高管团队不稳定的潜在风险信号。 √应关注关键人事件的触发条件，以及后续处理机制。 √应关注关键人士更换的原则
有限合伙人条款	√应关注有限责任及入伙的陈述； √应关注有限合伙人转让财产份额的条件和流程； √有限合伙人退伙、除名触发条件
合伙企业管理的条款	√应关注有限合伙治理机制，包括合伙人大会表决的事项，合伙人大会召开机制； √应重点关注投委会条款，是否明确投委会组成、表决事项、投决机制； √应重点关注咨询委员会条款，咨询委员会构成、具体职责权限、咨询委员会会议召开原则、委员更替原则等； √FOFs 一般情况下愿意争取到咨询委员会席位，一定程度上保证更多的知情权和投票权

续表

对外投资条款	√应关注有限合伙投资方向； √应重点关注对单个项目首次投资额限制； √投资限制条款中，应关注非经咨询委员会表决通过的特殊限制事项； √应关注投资机会分配条款，特别是在管理人有多支平行基金的情况下； √关联交易条款，包括投资团队成员投资的项目及其曾经管理或正在管理的其他基金已投资的项目进行投资或收购的情况，对关联基金所投资项目，或与普通合伙人的关联基金共同投资项目，本合伙企业是否为该次投资的领投方； √应重点关注循环投资条款，允许循环投资的金额的时限和总额限制是否合理，是否符合行业惯例； √过桥融资条款，是否设置了过桥融资的上限； √循环投资条款
收益分配条款	√是否设置了优先收益门槛（Hurdle Rate）；倾向于有优先收益门槛，以便给予 GP 管理人一定的压力； √是否设计分级超额收益分配及触发条件； √收益分配及亏损分配原则是否合理； √分配时间的约定是否合理； √非投资收入的分配约定是否合理； √非现金分配是否合理； √是否设置合理的回拨机制；针对不同类别的有限合伙人触发条件是否一致； √亏损承担及风险约束条款是否明确
后续募集条款	√后续募集的时限和条件，新增合伙人是否贴息及贴息计算方式，管理费是否追补等
违约责任条款	√对违约责任的认定； √对逾期交付出资的有限合伙人的违约责任的追究措施（常见追补费用且支付延期付款的利息，暂停对违约合伙人收益分配，启动仲裁程序等）； √对普通合伙人违约责任的认定及追究措施
信息披露相关条款	√季报/年报披露周期是否符合监管要求； √重大信息披露规则是否合理等
特殊有限合伙人（SLP）条款	√是否设置特殊有限合伙人（SLP），SLP 是否和其他 LP 有相同权利义务
平行投资条款	√如经普通合伙人判断认为因法律、税务或监管等因素某些投资者不能成为或继续担任本合伙企业的有限合伙人或为满足某些投资者的投资要求，普通合伙人可以在本合伙企业之外设立一个或多个投资工具吸纳该等投资人成为该等投资工具的有限合伙人、股东或类似权益持有人，并促使该等投资工具与本合伙企业共同投资于本合伙企业的投资项目（该等投资工具称为“平行投资工具”）。 √应重点关注，任何平行投资工具的组织文件中载明的经济和法律条款应与本合伙企业的相应条款实质相同。并且每一平行投资工具应由普通合伙人或其关联人士控制，并由管理公司或其关联人士管理。 √应重点关注投资机会的分配在平行投资工具和本合伙企业之间是否一致。 √应重点关注收益分配机制是否一致。 √应关注税务处理的区别。 √应关注平行投资工具和本合伙企业的普通合伙人及有限合伙人权益是否约定一致，平行投资工具的存在是否有损害本合伙企业有限合伙人权益的潜在风险

来源：宜信财富研究

除以上条款外，还需要考虑的因素包含：是否给LP提供跟投机会，缴款节奏及额度，管理费优惠，基金实体注册地偏好，税收安排与优惠，退出方式安排，平行基金融资安排等。同时还需重点关注子基金对投资项目及组合的交易定价、对企业的控制权、是否有董事席位、投资工具的种类、组合以及资本结构等，适当情况下可作为谈判筹码。

谈判参与者通常涉及FOFs及子基金的两方律师，及FOFs项目组。重大项目在必要情况下，FOFs及子基金都会聘请外部律师事务所，组成各自的律师团，所以会有双方多位律师参与谈判。

谈判结果通常在多轮商讨之后形成。子基金法务会根据具体条款在多家有限合伙人（LP）之间协调，若形成一致意见，子基金会修改合伙协议（LPA）。若给予该FOFs独特的权益和双方之间特殊的约定，在不涉及其他LP权益的情况下，双方在LPA之外签订补充协议（side letter）。

合伙协议的主要条款，一般在这些方面都有大家普遍熟知的市场惯例，通常情况下，一支新基金都会遵从这些市场惯例。所以评估合伙协议可以参照惯例，考察有别于通用条款的特别条款。举个例子，对项目的尽调费用、第三方的费用另外单算，不包含在管理费用中，这不符合市场惯例，那么LP与GP就要坐下来讨论为何如此设置。

因为信息不对称等问题，在全球范围内，有许多LP商业组织整理了LP和GP关系的约定俗成部分，并作为机构进行自律管理和监督维护LP权利的依据。其中最著名的是机构有限合伙人协会（Institutional Limited Partners Association，简称ILPA），该协会集合了全球众多大型机构投资者，于2009年9月发布了投资PE基金的指引文件《私募股权投资原则》，并在2011年进行了更新，得到了国际上大量机构投资者的认可。总的来说，该规则旨在强调GP和LP之间利益一致的价值理念。文件涵盖了“利益一致”“基金治理”“透明度”等方面的一些最佳实践概述，并针对这3方面提供了详细的投资私募股权的推荐协议条款。

详细的ILPA发布的《私募股权投资原则》（第二版）请参考本书附录一。

合伙协议中对于相关事项的约定并没有一定之规，例如，投委会席位、否决权、门槛收益率、跟投权等，都是遵循市场化原则，根据双方的实力和需要确定的。例如，关于投委会席位，有的基金确实能力比别人强的，它本身各方面的能力都已经非常完善了，没什么可以跟它谈，而有些基金非常需要你，谈判空间就比较大。这就是一个完全商业的行为，取决于大家能互相给予的价值。

第六节　跟投策略

一、跟投策略的价值

FOFs 的跟投是指 FOFs 在对子基金进行投资的同时，也参与对子基金所投资项目的直接跟投。在 FOFs 投资中，跟投策略削减了 FOFs 双层成本压力，子基金层面的管理费与业绩提成将被直接去除或者打折，并通过优质项目的跟投，显著提升私募股权投资部分配置资产的回报倍数，同时改变了整体投资组合的收益风险平衡性，在中低风险下，产生超过一般子基金的中高回报（见图 5－11）。

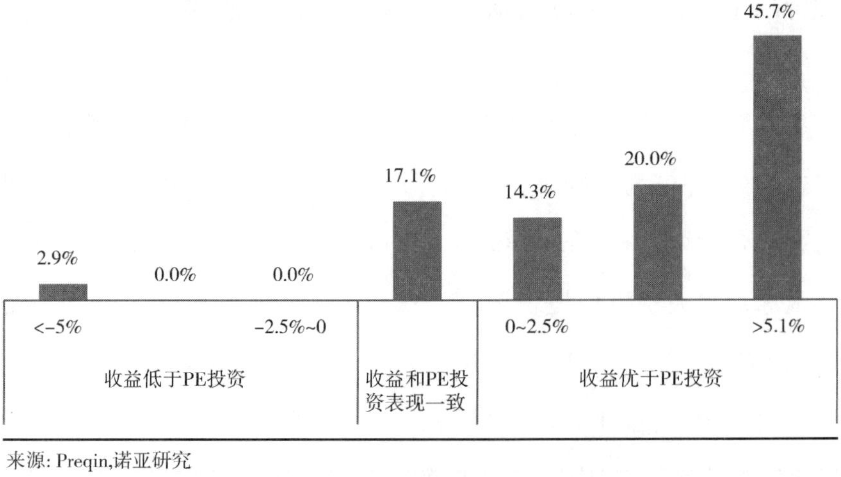

图 5－11　跟投策略与传统私募股权投资收益比较

注：数据为 Preqin 问卷调查 LP 得到的数据，柱状体下方数字区间为“跟投收益减去 PE 投资收益”，柱状体上方数字为对应的 LP 数量的占比。例如，有 45.7% 的 LP 认为其跟投收益比 PE 投资收益高 5.1% 以上。

跟投策略的成功执行有两个重要前提:首先是选择优质项目的能力,即已被市场验证的直投能力。很多基金的成功,是因为少数项目的成功带来了这个基金的成功,如果你不能在基金推荐的项目中选择到确实好的项目,则选择跟投可能就没法达到目的,这需要你有很强的投资判断能力;其次是有足够多的项目可供选择,这要求拥有良好、广泛的 GP 关系网。相较于个人投资者,专业机构能够更加便利地积累直投经验与能力,在成本控制上更易实现规模经济效益,项目获取上更加具备可持续性。

在子基金完成一些金额较大的交易时,基于自身投资集中度的限制或希望加强与投资人关系的考虑,通常会向其基金投资人提供共同投资机会。由于 FOFs 管理人可以与子基金就共同投资的项目情况单独沟通管理费和绩效分成的分配,甚至无须支付费用或绩效分成,因此可以提升 FOFs 的整体回报。共同投资机会是各基金投资人非常关注的要素,子基金在选择项目的共同投资人时,会偏向有良好品牌、行业资源、迅速决策的机构作为其共同投资人。通过共同投资项目的合作,也有助于加强母基金与子基金之间的相互了解。

对 LP 在基金中所扮演的角色,据投中信息调研数据进行推测,约 50% 的投资人倾向于进行适当比例的跟投,只有少量约 8% 的 LP 表示不会进行跟投(见图 5 - 12)。投中研究院分析,LP 在作为出资人的同时,还是很希望 GP 能够提供更多的跟投机会,直接参与到投资当中,提前获取优质项目资源,锁定回报。

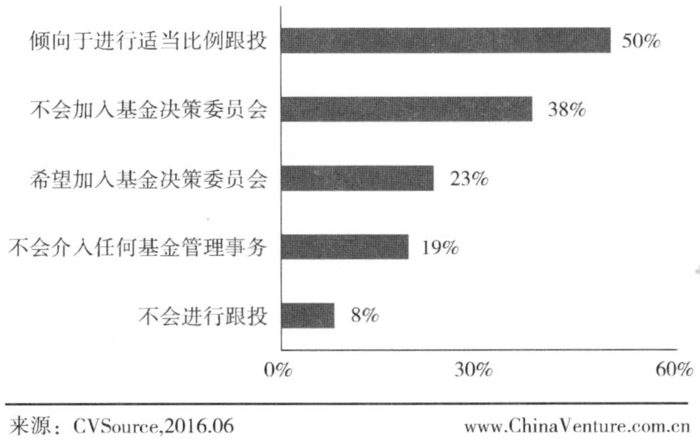

图 5 - 12　LP 在基金管理中所扮演的角色

在实际操作中，FOFs 经常和它所投资的子基金对优质的项目进行联合投资，而FOFs 在这些投资中扮演跟随/跟进的角色，让子基金作为领投方来管理这些投资。在联合投资前，FOFs 通常是从子基金那里获取尽调报告，但在必要情况下也会同子基金管理人一起对项目进行实地拜访考察。在联合投资实际执行中，FOFs 投资额度通常较小，且可能不参与投资谈判，只是跟随领投方进行投资，包括享有与领投方相同的投资价格，以及投资后的权利与义务。

联合投资能力的高低是反映 FOFs 管理人投资管理水平的一项重要指标，并对提高 FOFs 回报率、缩短现金流周期以及帮助 FOFs 更深入了解子基金管理人的投资水平具有重要的意义。同时，母基金也希望获得其他的业务机会，或者通过投资有经验的子基金来锻炼、磨炼自己的队伍。

二、跟进投资的条件

首先，FOFs 想要获得联合投资的机会，需要在投资子基金的投资协议中事先明确 FOFs 的跟投权。跟投权主要包括跟投额度、跟投价格、跟投方式以及跟投后享有的权利与义务等。拥有跟投权对 FOFs 来说是比较有利的，因为 FOFs 可以利用跟投权比较容易地获得一些优秀项目的直接投资权利。

举例来说，表 5－9 为某私募股权子基金的有限合伙协议中关于联合投资的约定。可以看出，联合投资主要由子基金管理人来主导，FOFs 管理人要获取跟投权，需事先与子基金管理人共同协商决定。

表 5－9 某私募股权子基金的有限合伙协议中关于联合投资的约定

联合投资：
在本合伙企业存续期内，普通合伙人可自主决定向其他投资载体（包括但不限于关联投资载体）提供与本合伙企业一起向被投资企业进行投资的机会（“联合投资”），联合投资金额的大小、有关时机及其他条件均有普通合伙人自行决定。除本协议关于投资限制的约定外，对于任何涉及本合伙企业的投资项目的联合投资机会，普通合伙人有权自行决策并对联合投资总额进行分配

来源：宜信财富研究

其次,联合投资应符合 FOFs 自身基金协议、投资策略、FOFs 直投项目评判标准等。一般来说,FOFs 在有限合伙协议中需明确投资到私募股权子基金中的比例,剩余部分才可用于直接投资等其他投资方式,这部分比例通常较小,要求 FOFs 管理人更加谨慎地筛选联合投资标的。

此外,有限合伙协议中通常还会约定 FOFs 的投资行业、领域等,即无论是投资于子基金还是直接投资于项目,均需在限定的投资范围内,不能单纯地因为项目优秀而进行投资。FOFs 对直投项目也有一套具有针对性的投资标准。除了投资规模有限制以外,有些 FOFs 还会考虑拟投项目所处阶段、投资风险等因素,FOFs 虽然是作为跟投方,仍需对投资企业进行全面判断,以确保联合投资的项目符合自身的投资布局及投资要求。

三、FOFs 联合投资策略

FOFs 通过在恰当的时机选择联合投资于优秀项目,可以达到减少信息不对称、缩短投资周期、提高投资收益率等效果。通常 FOFs 选择联合投资的项目要符合以下三种情况:

第一种,拟进行联合投资的项目能较好地补足 FOFs 现有投资组合的短板。在这种情况下,采取联合投资的方式比投资于子基金从而间接地投资于该项目,能更加有效地完善 FOFs 的投资组合。如已投资项目中包括某一产业链上游和下游的企业,但缺少中间环节的企业,通过直接投资于该企业,能够提高该产业链上所有企业的成长性。

第二种,拟进行联合投资的项目,能与 FOFs 的已投资项目组合形成较好的协同效应。这种情况下,FOFs 已投项目本身构成了投后增值服务的重要组成部分,通过直接投资某一优秀的协同项目,能够对该项目的发展起到极大的推动和辅助作用,在较短时间内提升企业价值,取得事半功倍的效果。

第三种,拟进行联合投资的项目可以预期在较短时间内退出并获得可观收益。FOFs 投资子基金的周期通常较长,现金回流较慢,直接投资项目可以缩短 FOFs 投资的现金流周期，减少资金压力，同时，项目获得的可观收益也能够直接体现到 FOFs 的收益水平上。

四、跟投团队的组织

前面提到，跟投策略执行成功很重要的前提是自身具备选择优质项目的能力。因此，通常当母基金筛选并投资了私募股权基金之后，在投后管理阶段会以基金为单位来划分管理权限。但从实践来看，采用了跟投策略的母基金为了锻炼、磨炼自己的队伍，往往按照行业来组织团队。

扩展阅读

歌斐资产的跟投策略①

考虑到歌斐的平台性质，歌斐现在的主要策略还是跟投，而不是直投。原因包括两点：第一，我们不会去跟我们的 GP 竞争，所以在做跟投项目的时候，第一个考虑是如何发挥平台的价值，能够跟 GP 的团队投资价值协同起来，而不是对立。基于这个出发点，我们基金选的 GP 团队主要是专注早期的投资基金。而我们跟投本身则会关注更加晚期的项目。这样在投资阶段上，二者是错开的。

第二，早期项目需要源源不断的资金。GP 投资 A 轮或 B 轮后，我们再进行跟投，这样和 GP 又有新的配合。在选择具体项目上，我们会根据四个方向（TMT、医疗、消费和先进制造）去寻找其中认为最好的项目。

同时，歌斐资产的新变化也体现在直投与跟投流程策略更为精细化上。目前，歌斐资产内部分为四个行业小组，分别是广义的 TMT、医疗、消费升级、智能制造。除歌斐资产内部的资源外，还会联合诺亚集团研究部一起，通过与 GP、企业家等行业上下游的沟通，定期在内部形成报告，每个行业小组将会在其中提出重点关注的领域。

---

① 朱筱珊. 歌斐资产这样玩转母基金：选择 GP、是否跟投皆有谱[N/OL]. 证券时报网，2016.8.

歌斐资产要求投资团队有足够多的项目覆盖，前线团队要激进，符合四个小组需求的项目都要拿进来看，歌斐资产内部每个季度都会集中讨论，每个行业细分应该怎么做，什么可以投应该投，什么不应该浪费时间，哪些是通过基金布局，哪些通过跟投、直投。在筛选过程中，会有翻牌、立项、筛选多个环节把关。

第七节 二手份额转让

二手份额转让（Secondary Investment）是指 FOFs 在私募股权投资基金二级市场进行投资，主要分为购买存续私募股权基金份额或后续出资额、购买私募股权投资基金持有的所投组合公司的股权两种情况。由于私募基金的存续期限较长，部分基金的投资人基于流动性或投资策略考虑，希望提前退出。近年来，FOFs 二级投资业务的比例不断增加，主要基于以下原因：

第一，价格折扣。由于私募股权基金缺乏流动性，转让方通常希望尽快实现资金回流，因此，二级市场的交易一般都会有一定的价格折扣，使投资二级基金往往比投资一级基金获得更高的收益。Preqin 的研究发现，2000—2005 年，私募股权投资二级市场的平均内部收益率（IRR）大约比一级市场投资高 20% ~30% 。

第二，加速投资回收。相对于重新募集的基金，拟转让基金已运作一段时间，可以缩短子基金的投资周期，平滑 FOFs 的收益曲线。因为二级基金转让往往发生在基金运行了一段时间，避免了前期的募资及筹备期，从而能更快地获得投资收益。假设一支私募股权投资基金达到盈亏平衡点需要大约 7 年时间，实现收益需要 8 ~ 12 年时间，那么，私募股权投资母基金购买存续 5 年的私募股权投资基金可以将盈亏平衡点缩短至 2 年，将实现收益的时间缩短至 3 ~ 7 年。

第三，投资于已知的资产组合，确定性相对较高。在一级投资业务中，母基金在投资时，子基金尚未进行投资，因此还不知道其投资资产组合，只是基于对子基金管理人的信任。但是在二级投资业务中，FOFs 投资的是存续基金，子基金已经进行了一定的投资，因此，FOFs 能够知道子基金的投资资产组合，并且可以更加合理地估计它的价值。

通常基金份额的转让模式是竞标或协商确定，这也对买方提出了较高要求，需要买方非常熟悉市场环境，能及时获取交易机会，并迅速、准确地为基金份额进行定价及完成交易。

与全球市场相比，人民币的二级基金市场仍处于发展初期，但根据中华股权投资协会的统计（见图 5 - 13），已有约 1/3 的投资人表示有转让基金份额的需求，并且有超过 40% 的管理人所管理的基金中出现过有限合伙人转让其基金份额的情况。

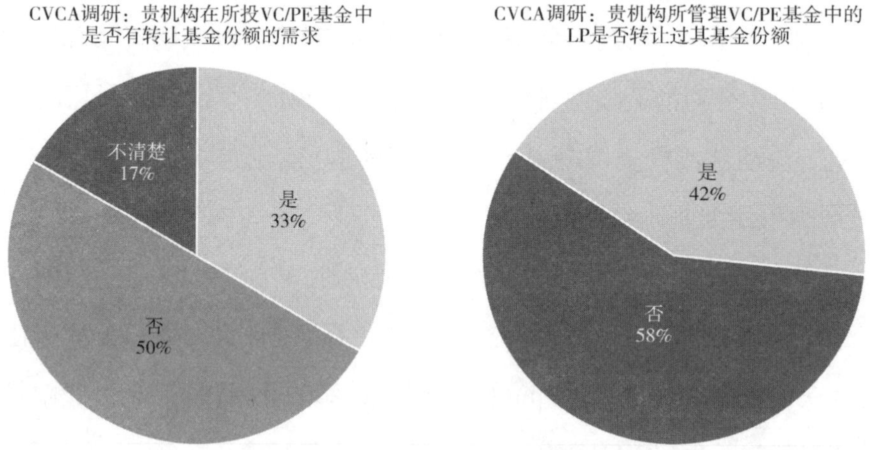

图 5 - 13　CVCA 二手基金份额转让调研结果

在欧美市场上，每年有 3% ~5% 的私募基金份额进入二级交易市场，私募母基金的鼻祖 AdamsStreet 旗下的美国市场母基金，每支母基金计划投资于 60 ~ 75 支子基金，其中 70% ~80% 的投资通过一级市场认购完成，其余 20% ~30% 通过二级市场的份额转让来完成。一些著名的二级投资母基金为投资人贡献着相对稳定的丰厚收益。二级市场作为一种新的退出渠道，较大程度地满足了现有投资人的获得流动性的需求。

从国际视角来看，二手基金份额市场在美国已经发展了很长一段时间，特别是在 2004—2007 年，美国私募业发展迅速，基金二手份额交易市场变得尤为活跃，新锐优秀基金给投资人更多的选择，因此很多投资人开始出让自己之前持有的优秀基金份额，从而腾出资金追寻更符合他们关注的新领域的基金管理者。在国内，随着中国创业创新的热潮升级，越来越多的投资者涌入早期股权投资的浪潮中，但仍有大批的潜在投资人对私募股权类基金局限的流动性和漫长的回报周期存有顾虑。

发展中国私募类基金二手市场是对国内投资结构的一种完善，而且需求是相当巨大的。首先，股权投资这块蛋糕即便诱人，但长达七八年的锁定期让人望而却步；其次，时代的发展瞬息万变，新的投资领域和新锐基金管理人层出不穷，为了跟上一个又一个风口，投资者们更偏向于提前锁定投资回报，腾出资金投放在新关注的领域；最后，对基金管理者来说，解决投资人资金流动性问题可以大幅度降低募资的难度。

因此，为了满足提前锁定收益、降低资金成本和时间成本，份额转让的需求非常之大。而在国内专注于私募股权类基金二手份额的市场尚未成型，目前还存在诸多问题亟待解决，其中最突出的问题是资产如何定价来确认二手份额转让的价格。由于市场上还没有一套公允的定价体系能够得到买卖双方的认可，即使有基金希望将份额进行转让，但是当涉及如何进行资产审计、如何定价的时候，却无法拿出一个具有信服力的评估方案能够得到买卖双方的共同认可，在谈判的过程中往往很难达到一致，导致交易无法完成。从实践来看，大部分母基金都将二手份额转让作为机会性业务，而非常态的业务板块。

第六章　管理之道

第一节　管理体系

一、母基金的组织形式

母基金的组织形式涉及基金投资人和基金管理人切身利益的一系列法律关系。采取什么样的组织形式和治理结构，很大程度上影响私募股权投资母基金的代理成本及最终受益。设计合理的基金组织形式和治理结构，可以有效降低代理成本和道德风险。私募股权投资基金的组织形式主要有公司型、有限合伙型和契约型三种组织形式。

在私募股权投资基金较为成熟的市场中，新设立的私募股权投资基金往往采用有限合伙的组织形式。但在实际操作过程中，以上几种组织模式的界限并不分明，在已建立的基金中往往同时存在。

（一）公司型

公司型的私募股权投资母基金是指由两个以上的单个投资者共同投资组成的具有独立主体资格的法人形式的企业组织，具体包括有限责任公司和股份有限公司两种形式，目前采用较多的是有限责任公司的形式。在该种组织模式中，股东以其投资额为限对公司承担有限责任，公司以其资产对债务承担有限责任。

在公司型模式中，基金公司既可自设管理团队，负责母基金的具体投资运作，也可以不设管理团队，仅设董事会负责重大决策，具体的投资决策和管理委托独立的资产管理机构进行。

(二)有限合伙型

有限合伙型的私募股权投资母基金是指按照有限合伙组织原则设立的私募股权投资母基金。基金的出资人作为 LP 以其认缴的出资额为限对基金承担有限责任。普通合伙人通常是基金的管理人,有时也雇用外部人管理基金,其需对母基金债务承担无限连带责任。实践中,基金管理人与普通合伙人通常合二为一。有限合伙企业通常有固定的存续期限,到期后,除全体投资人一致同意延长期限外,合伙企业必须清算,并将获利分配给投资人。在日常经营中,普通合伙人拥有充分的管理权,有限合伙人应按照合伙人的约定享有相应的权利和义务,但不能干涉普通合伙人对基金的日常运营。

(三)契约型

契约型基金是依据基金合同设立的基金,基金合同是规定基金当事人之间权利义务的基本法律文件。在我国,契约型基金主要依据基金管理人、基金托管人所签署的基金合同所设立,投资者自取得基金份额后即成为基金份额持有人和基金合同的当事人,依法享受权利并承担义务。契约型基金不具有法人资格。

通常认为,契约型基金法律关系是一种信托关系,《私募投资基金监督管理暂行办法》明确规定,私募投资基金可以以契约型设立,为设立契约型的私募股权投资基金提供了法律基础。

(四)不同组织形式的比较与选择

1. 公司型。

(1)主体资格:公司型基金具有独立的法人资格,它可以向银行申请贷款或为其他企业提供担保,公司股东以自己的出资额为限对公司债务承担有限责任,具有一定的风险隔离机制。

(2)优势:公司型基金稳定性较高,股权变动及人员变动不会对基金带来直接的影响;公司型基金组织架构比较完善、法律制度健全,可以较好地保护投资者的利益。

(3)劣势:公司型基金的最高权力机构为股东会,公司既可以直接对基金进行管理,也可以委托第三方进行管理。由于股东可以参与决策,所以公司投资决策的效率较为低下,不利于管理人的独立运作。另外,公司型基金在运作中应遵循《公司法》,《公司法》比《合伙企业法》对公司的约束更为严格,从而在灵活性方面与合伙企业相比有一定劣势。

税收:公司型基金在税收方面面临双重征税,一方面,基金层面作为公司需对投资收益缴纳25%的企业所得税;另一方面,公司股东作为基金的出资人,在取得基金利益分配时需缴纳20%的个人所得税,使出资人的利润空间降低。

2. 有限合伙型。

(1)主体资格:目前在实践中采用有限合伙型的基金较多,虽然有限合伙企业不属于法人,但它可以作为股东在工商管理部门登记,同时可以其名义在银行开设账户、提供担保、申请贷款等。

合伙人:有限合伙企业中主要分为普通合伙人GP和有限合伙人LP。LP作为基金的出资人,一般出资在90%以上,LP以其在基金的出资额为限承担有限责任。GP一般为基金的管理人,在基金中的出资一般为1%,GP代表基金进行日常的经营管理,对基金债务需承担无限连带责任。

组织架构:有限合伙企业形式的基金一般在组织架构方面设置合伙人会议、投资决策委员会、投资咨询委员会。合伙人会议是合伙企业的最高决策机构,主要负责对合伙人入伙、退伙、份额转让、清算等重大事项做出决策。投资决策委员会一般设在GP的董事会下,要对涉及基金投资的重大事项做出决策。投资咨询委员会一般由基金LP代表组成,对涉及基金投资关键人、涉及关联交易等重大事项进行决策,不参与基金日常运营与决策。

收益分配模式:有限合伙型基金的管理人收益主要有几个方面:第一是基金出资人分配的投资收益;第二是管理费,基金管理人一般会根据基金认缴或管理规模每年提取1% ~2%的管理费；第三是收益分成，在母基金中，一般GP和LP收益分成是超额收益的10%与90%（直投基金则GP和LP收益分成一般是超额收益的20%与80%），也可以按照阶梯形式计提分成。有的基金为了保障LP的权益，还会设置门槛收益率。LP的收益主要来自投资收益。在收益分配顺序上，LP要先于GP。

（2）优势：

①所有权和管理权分离：基金管理人具有较强的管理能力，但缺少资金，可掌握基金的管理权；LP具有资金能力，但缺少专业的管理经验，可掌握资产的所有权。

②激励机制灵活：有限合伙企业的基金管理人，在分配顺序为最后分配，只有基金收回本金，并赚取超额收益时才可以分配；GP对基金出少量资金，对基金债务承担无限连带责任。这样的安排可以避免GP的短期行为，防范因冒进而做出激进的投资决策。

③融资结构灵活：有限合伙企业可以约定各合伙人出资时间，可以分期出资或者在有项目投资时再进行出资，这样可以发挥资金的时间效益。另外，有限合伙基金也可以定期开放，分期募集，操作上更加灵活。

④税收优惠：有限合伙企业形式的基金由于其不具有法人资格，所以在收益分配时主要由各合伙人在收益分配完毕后缴纳所得税，基金层面不需要征税，可避免双重征税。

（3）劣势：有限合伙型基金在基金缴付时间和比例方面约定比较自由，如后续资金不能及时到位，基金正常运行将受到一定影响。另外，提供给投资者的权利方面相对于公司型基金稍显弱化。由于有限合伙型基金可以有较多差异化的设计，使基金的管理和分配更加复杂。

3. 契约型。

（1）主体资格：契约型基金一般不具有独立的法人资格，在工商注册中无法以契约基金的名义作为出资人或股东，一般都以管理人名义出现。契约型基金不能以基金的名义提供担保或借贷，一般由基金管理人代持被投资企业的股权，基金管理人可以以自己的名义进行担保或借贷，同时承担相应的义务。

（2）优势：

①设立操作简单：契约型基金在设立方面，由于不需要进行工商注册，因而不需要大量动产、不动产和人员投入，运营成本较低，设立较为简便。

②避免双重征税：契约型基金由于不是法人实体，所以不需要在基金层面征税，可以避免双重征税。

③运行独立性：由于契约型基金成立后，由委托人委托管理人进行管理，基金的管理更加独立，不易受委托人的干扰。

④募集基金更加灵活：由于有限合伙对投资者有不超过 50 人，契约型基金最高不超过 200 人的限制，有利于扩大募集范围。

（3）劣势：

①管理方面的道德风险：由于契约型基金在管理方面委托专门的基金管理人进行管理和运行，但相应的约束机制较弱，所以可能面临一定的基金管理人的道德风险。

②IPO 退出风险：近期，证监会要求在企业 IPO 前须清理拟上市公司的契约型私募基金、资产管理计划和信托计划股东，可能会导致股权不明晰，所以可能会有一定的退出风险。

在市场化 FOFs 的实际运作中，三种组织形式往往同时或者交叉存在，部分母基金为了扩大募集范围、简化募集程序，往往采用契约型基金分期募集，在中国基金业协会备案后，再出资到有限合伙的母基金主体中，以有限合伙母基金的名义对外进行投资。

二、母基金的管理架构

（一）管理公司的组织架构

母基金根据组织形式的不同采用不同的治理结构，其共同点是往往由 FOFs 管理机构发起，FOFs 管理机构可采用公司型或有限合伙型，目前大部分 FOFs 管理机构采用公司型,图6－1为某市场化FOFs管理机构(公司型)的组织架构图。

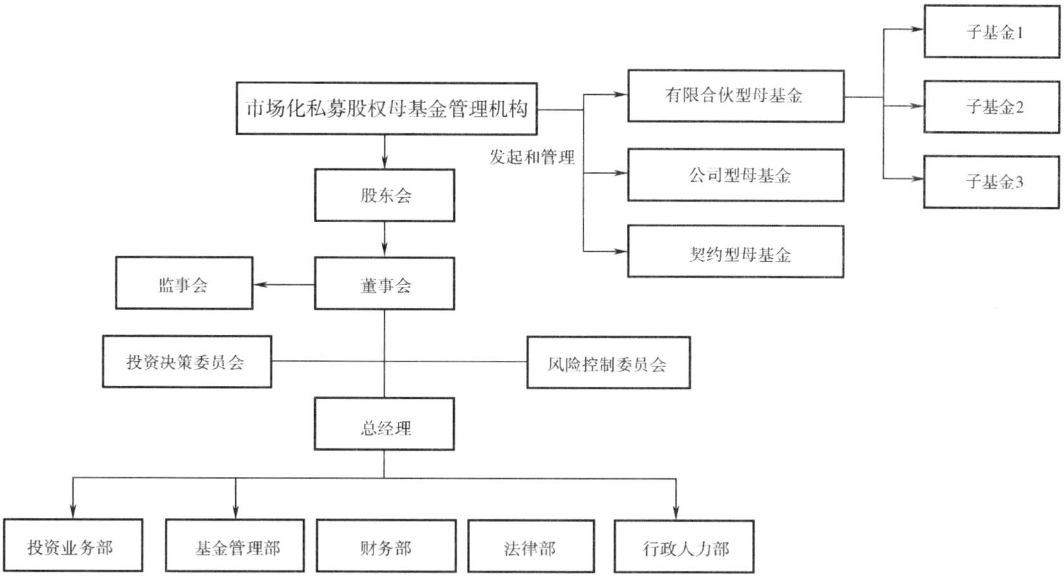

来源：宜信财富研究

图6－1　某市场化FOFs管理公司组织架构图

FOFs管理机构负责发起和设立各种类型的母基金,管理公司最高权力机构为股东会,下设董事会、监事会,总经理负责公司全面经营管理,董事会下设投资决策委员会和风险控制委员会,公司日常管理分为各业务部门和支持部门。

(二)市场化FOFs管理公司的部门分工

私募股权投资母基金管理公司设投资决策委员会和风险控制委员会,具体业务部门包括投资业务部、基金管理部、法律事务部、财务部、行政人力部等,它们的职能分工如下:

1. 投资决策委员会。投资决策委员会是市场化FOFs管理公司投资决策的最高机构,其对公司的各项投资事务拥有最高决策权。投资决策委员会主要负责决定公司所管理基金的投资计划、投资目标、投资原则、投资策略、收益分配等。

2. 风险控制委员会。风险控制委员会是市场化FOFs管理公司非常设机构,主要为投资决策委员会提供关于投资风险控制方面的独立意见，负责对基金投资的风险进行防范和评估，制定FOFs管理公司风险管理和内控制度，保证基金资产的安全等。

3. 总经理。总经理受董事长委托主持公司日常工作，并协助董事长行使下列职权：

（1）主持公司的经营管理工作，组织实施董事会决议；

（2）拟定公司的经营计划和投资方案；

（3）提出聘任或解聘公司职能部门负责人的建议；

（4）拟定公司基本的管理制度；

（5）拟定公司员工薪酬方案和奖惩方案；

（6）依法决定公司员工的聘用、升职、加薪、奖惩或辞退；

（7）审批公司日常经营活动中的各项费用支出；

（8）董事长授予的其他职权。

4. 投资业务部门。这是负责FOFs投资业务的部门，主要职责包括：

（1）负责FOFs投资策略与投资方向的规划；

（2）负责FOFs的资金募集、宣传路演等；

（3）负责挖掘和筛选优秀的管理机构与投资机会；

（4）负责FOFs的立项、尽职调查，制定立项报告、尽职调查报告、投资建议书等；

（5）负责投资子基金合伙协议的谈判和子基金的设立。

5. 基金管理部门。此部门负责FOFs的日常管理工作，主要职责包括：

（1）负责FOFs投后管理，与子基金保持沟通，定期获取季度、年度报告，参加子基金合伙人会议；

（2）负责编写FOFs季度、年度报告，定期向投资人进行信息披露；

（3）负责对所投资的子基金风险、团队、投资业绩进行监控，并对母基金、子基金的业绩定期进行评价；

（4）负责对已投资的子基金适时提出退出方案，决策通过后执行退出方案，负责

FOFs 的收益分配与清算等。

6. 财务部。财务部负责公司财务管理工作的部门，主要职责包括：

（1）负责公司会计、出纳工作的管理；

（2）对所投资的子基金进行财务监督与审计等；

（3）投资项目的前期财务尽职调查和财务分析等；

（4）单支母基金产品的财务核算等。

7. 法律部。法律部可根据公司实际情况设置，也可以委托律师事务所进行法律审核，主要职责如下：

（1）公司法律、法规和政策研究；

（2）投资谈判、投资进入与退出等全过程中的法律事项安排；

（3）公司重大合同的起草、审定等；

（4）参与对子基金投资的法律尽职调查等。

8. 行政人力部。行政人力部是负责管理公司日常行政管理和人力资源管理的部门，其主要职能包括：

（1）负责公司日常行政事务的管理；

（2）负责公司人力资源招聘、培训、薪酬与考核；

（3）制定公司的相关管理制度等。

第二节　风险控制体系

对于 LP 的运营管理，后台操作是一种容易被忽略但又非常重要的风险来源。多数 LP 的投资团队不会关注操作过程中的风险，而仅仅将注意力集中在基金的组合管理和具体战略制定。只有当出现重大经营失误时，内控问题才会引起大家的重视，这个时候往往为时已晚。

母基金一般会设立专门的风险管控部门，它是一个完全独立的部门。在公司运营及投资决策过程中，风险管控部门在重要的节点对流程进行把控，涉及任何可能的风险点，风险管控部门将根据情况提出符合公司要求的整改方案，对不能整改的工作直接行使否决权。

一、风险控制的内涵

母基金的风险管控制度涵盖了管理公司运营的方方面面，具体可以划分为投前、投中、投后三个阶段，其中，投前属于战略层面，投中、投后属于战术层面。市场化FOFs管理公司通常可以采取如下措施主动控制和管理风险。

（一）在战略层面通过适度组合投资分散风险

构建投资组合是最高层面的风险控制。市场化FOFs与普通私募股权投资基金或创业投资基金的主要区别就在于市场化FOFs的双重分散风险功能。根据组合投资原理，当投资组合的资产类别满足一定数量后，就可以很好地分散风险。

市场化FOFs在设计投资组合时，一定要遵循“适度组合投资”原则，一方面对单一子基金的投资比例和投资金额不宜太高，以保证母基金可以投资多个子基金，起到分散风险的作用；另一方面，投资子基金的数量也不是越多越好，子基金数量过多，监控难度增大，反而不利于风险控制。

（二）投前通过严格的尽职调查等筛选决策排除风险

如何筛选并投资于优秀的私募股权基金是最根本的风险控制。一方面，通过严格的筛选来事先排除风险，可以减少人为因素导致的风险。市场化FOFs在选择投资对象时，既要考察管理团队的能力、素质和投资业绩情况，更要考察管理团队的合作业绩及合作历史，稳定而业绩优秀的管理团队才是最理想的投资对象。而考察管理团队时，个人感情往往影响投资经理的判断，因此，市场化FOFs管理公司在筛选投资对象时应排除人为因素的影响，通过制定严格的、规范化的筛选流程来排除项目风险。

另一方面，通过规范的筛选程序，可以层层过滤风险。市场化FOFs管理公司在选择投资对象时，会利用其广泛的业务网络（包括投资机构、投资银行、律师、会计师、投资顾问等)，来为之提供有关子基金的信息，从众多管理团队中选择符合自己标准的管理团队，然后经过深入的尽职调查，并经投资决策委员会审查后，才能实施投资。只有经过以上多次调查、分析、评估与审查后，才能较好地克服项目筛选过程中因信息不对称可能带来的逆向选择问题。

(三)投后通过参与决策和全方位全过程监控来管理风险

由于市场化 FOFs 属于一种私募股权投资，没有强制性的信息披露约束，难以较好地解决信息不对称问题。因此，市场化 FOFs 通常采用派驻观察员或投资咨询委员会成员的方式，对子基金关键人士变化、涉及关联交易等的重大事项进行决策，对子基金运营的全过程进行监控，为子基金提供增值服务，达到风险控制的目的。

二、风险控制的原则

母基金管理公司风险管控体系的建设可以参考中国证券投资基金业协会发布的《基金管理公司风险管理指引(试行)》。该指引中提出的建立风险管理制度需要遵守的原则如下：

(1)全面性原则。公司风险管理必须覆盖所有部门和岗位，涵盖所有风险类型，并贯穿于所有业务流程和业务环节。

(2)独立性原则。公司应设立相对独立的风险管理职能部门或岗位，负责评估、监控、检查和报告公司风险管理状况，并具有相对独立的汇报路线。

(3)权责匹配原则。公司的董事会、管理层和各个部门应当明确各自在风险管理体系中享有的职权及承担的责任，做到权责分明、权责对等。

(4)一致性原则。公司在建立全面风险管理体系时，应确保风险管理目标与战略发展目标的一致性。

(5)适时有效原则。公司应当根据公司经营战略方针等内部环境和国家法律法规、市场环境等外部环境的变化及时对风险进行评估，并对其管理政策和措施进行相应的调整。

母基金管理公司可以参考以上原则，根据公司实际情况构建科学有效、职责清晰的风险管理制度和组织架构，完善与其业务特点、规模和复杂程度相适应的风险管控体系，依据一整套完备的风险管控体系来指导母基金管理公司的日常运营，及时发现运营过程中可能遇到的风险，第一时间妥善处理风险，避免各种风险对母基金管理公司造成的损失和危害。

第三节　投后管理

一、投后管理的意义

投后管理是私募股权投资母基金运作流程中的重要环节，也是私募股权投资“募、投、管、退”四个组成部分之一。投后管理的时间节点主要为对标的基金或企业尽职调查完成并实施投资之后、项目最终退出之前的阶段。投后管理工作质量的高低直接关系到所投项目的运营发展情况及最后是否能够顺利退出。优秀的投后管理能力能够降低项目的潜在投资风险，最终实现保值增值的目的。有些优秀的母基金管理团队会做到子基金所投项目层面的各种服务，包括资金、管理团队、公司战略、公司业务等诸多方面的服务。随着母基金的进一步发展壮大，投后管理及其所包含的增值服务也越来越为人们所重视。母基金对被投资子基金或企业开展投后管理，主要是为了了解投资标的的运营状况，及时跟踪监控母基金的投资风险，最大限度地保障母基金及其投资人的利益。因此，私募股权母基金投后管理对母基金的整体运作具有十分重要的意义。

二、投后管理体系

母基金关于投后管理体系的搭建，一般采取项目经理和投后管理部门AB角色的方式，通过制定投后管理流程并落实到信息管理系统中来协调和控制。所谓AB角色，即一个人具体做，另外一个人检查。投后管理的制度或者流程是由投后部门来负责落实,相当于监管,然后由投资经理或者前面的项目端去执行。基本上这些流程都会体现在信息管理系统中,假如投资经理哪个东西没有做,投后管理部门系统会知道,大家都看得到,这个东西没有完成。

从这种安排角度来说,投后管理部门主要是起到一个汇总组织和协调的作用,负责跟踪投资组合的情况以及投资项目的进展。但是在执行方面,主要依赖项目团队,由各方面有资源的专家和投资经理去执行。投后管理部门的人们不直接对接企业,它所需要的各种信息由投资经理报上来,然后投资经理需要什么资源,再通过投后部门反映上来。

扩展阅读

与人力资源体系结合

广州城发投资基金管理有限公司过往的做法是投后管理与人力资源体系紧密关联起来,整个团队运营会有日常考核要求,考核指标包括募资金额、投资项目数量、投资效果以及退出数据等,每周、每月都会有投后部门人员来统计,相当于人力资源考核职能放在投后管理部门,最后反映在奖惩上面。更有意思的是,通过这种机制发挥人才培养作用,比如说,某一团队或者个人经常在某一方面或环节犯错误,诸如对财务不熟悉或者对某一行业理解不够深入等,投后部门会提炼出来,及时反馈业务团队,督促团队重视短板区域,加强培训学习等。

三、日常管理的主要内容

母基金对被投子基金或企业的投后管理工作主要包括 3 个方面:定期/不定期报告的获取;参加投资标的的会议以及开展其他形式的交流沟通;依据协议约定对被投子基金或企业的运营进行监督,如发现有违反约定的行为,依法采取措施保障自身权益。由于母基金对被投子基金和被投企业的日常管理工作理念基本一致,而且母基金的主要投资标的为私募股权基金，故以下以讨论母基金对被投子基金的日常管理为重点，母基金对被投企业的日常管理与此类似。

（一）定期/不定期报告的获取

根据有限合伙协议的约定，被投子基金通常需要在每季度或每半年或每年结束之后的一定时间内，向母基金管理人提供完整的上一季度/半年/年的信息披露报告，使母基金管理人能够及时跟踪投资标的的运营情况。

被投子基金的信息披露报告内容通常包括：①被投子基金的基本情况。即基金规模、存续期限、人员构成、目前已投项目总数、已投规模及其他一些基本条款等。②被投子基金的投资组合及企业发展情况。通常需具体罗列出已投资企业名称、投资时点、投资成本及截至本报告统计周期最后一天的公允价值等。依据有限合伙协议，有些被投子基金会对每一个投资项目都进行详细介绍，主要包括公司主营业务、所属行业、经营情况、近几年的财务状况、融资情况、投资亮点、基金的投资轮次、股权占比、其他投资方介绍、后续投资计划及项目退出计划等，此外有的子基金还会对正在投资、尚未完成交割的项目也进行介绍。③被投子基金的资金使用情况和财务数据。依据不同基金订立的有限合伙协议，资金使用情况和财务数据的披露程度会有较大不同，甚至有些子基金并不会在每季度/半年度的报告中披露财务数据，只会介绍截至该统计时点，基金的认缴出资额、实缴出资额、投资项目金额、提取管理费、项目分红或基金分红等数据。有些信息披露较全面的子基金则会在每季度/半年度的报告中附上资产负债表、利润表、现金流量表等详细财务信息。④其他需说明的情况，尤其是被投子基金的一些重大变动事项等。这一点也是依据不同基金的有限合伙协议而各不相同。如在统计时段内，被投子基金管理人中有较高层级的合伙人离职或加入，通常也需要在信息披露报告中向 LP 进行呈现。

此外，根据有限合伙协议，有的被投子基金将财务数据从信息披露报告中独立出来，根据一定的频率定期向母基金管理人提供未经审计的财务报告。每一个完整会计年度结束之后的一定期限内，被投子基金还需向母基金管理人提供上一年度的年度审计报告,由独立审计机构对合伙企业的财务报表进行审计。子基金年度审计报告通常是和子基金的年度信息披露报告一起提供。母基金管理人通过被投子基金的年度审计报告了解被投子基金在过去一年的资金使用情况和财务状况,可对子基金的资产价值进行合理评估,同时对资金流转起到跟踪和监督的作用。

另外,母基金作为被投子基金的机构有限合伙人,母基金管理人除了向被投子基金获取定期报告之外,根据有限合伙协议,也有权因其他事由向子基金获取不定期报告或其他信息,如自行或委托代理人查阅被投子基金的会计账簿等。

母基金管理人在取得被投子基金的报告后,应对被投子基金提交的投资信息及财务数据进行分析研究,结合国家政策、行业趋势、市场格局等因素,与被投子基金的历史资料进行分析对比,及时发现被投子基金出现的问题,并要求子基金做出解释以及给出相应的解决和应对办法,最终形成投资分析报告。

(二)参加被投子基金会议以及开展其他形式的交流

根据有限合伙协议的约定,被投子基金通常每年召开一次合伙人会议。年度合伙人会议由被投子基金的管理人来召集,由母基金管理人代表母基金作为有限合伙人列席会议。其内容主要是子基金管理人与各有限合伙人进行面对面沟通,向有限合伙人进行年度汇报,主要包括子基金在过去一年的运营情况、基金的好消息以及未来的动向等,同时也提供给母基金等其他有限合伙人一个双向互动的渠道,认识子基金团队新入职员工,与子基金进行答疑解惑的沟通,以及与被投子基金建立更紧密的合作关系。母基金作为出资金额较大、资源优势较为明显的机构有限合伙人,通常也能在参与被投子基金会议的过程中,针对子基金遇到的困难提供帮忙和建议。

除了每年定期的合伙人会议之外,根据有限合伙协议,被投子基金管理人也可召开临时合伙人会议,通常由会议召集人提前 15 日向全体合伙人发出会议通知。临时合伙人会议的召开通常是由于某项事宜需要有限合伙人进行表决,与被投子基金的运营发展紧密相连,因此重要性并不亚于每年的合伙人会议。如是否延长合伙企业的期限、是否同意将普通合伙人持有的合伙权益转让给其他非关联方等、是否决定将子基金提前解散或清算等，被投子基金的诸多重大事项变动都需经临时合伙人会议表决通过后方可执行。母基金作为较大的有限合伙人，在临时合伙人会议中拥有较多的话语权，地位举足轻重，很多母基金还是其所投资的子基金的咨询委员会成员，能够在一些关键事项上对子基金的发展走向起到一定的引导作用，而非听之任之，从而保障母基金投资人的利益。

除了会议形式以外，母基金管理人还应采取电话、邮件、定期走访等方式与被投子基金保持日常的沟通，以确保信息的畅通。在子基金提出投后支持的需求时，母基金应及时予以响应。如当被投子基金所投企业准备上市或退出时，母基金管理人应协助提供有限合伙人的相关材料、配合工商变更等事宜。由于母基金的双重身份——不仅是子基金的有限合伙人，同时自身也是一个基金主体，母基金管理人也应确保母基金整体运营良好、合规，从而不会对子基金的投资业务及日常运营等造成不良影响。如母基金应参照子基金的相同标准，及时在基金业协会进行基金管理人登记和管理基金的备案、备案更新，以及确保满足证监会对子基金所投企业上市退出时的投资人穿透核查要求等。

母基金管理人通过与被投子基金开展多种形式的交流，在获取报告的基础上直接参与到被投子基金的运营发展中去，对子基金的动态做到及时知晓，减少信息不对称，同时对子基金的发展方向进行监控，也是双方加强沟通与合作的重要桥梁。

（三）反哺投前，检验投资逻辑

这一点承载了投前投后互相辅佐的价值。在投前部门短期内完成子基金公司的投资后，投后人员通过长期的跟进回访，对当初投资团队的投资逻辑进行检验。在必要的情况下，投后部门要对子基金亮起红灯，帮助重新梳理投资策略的同时，及时地反馈给投前项目负责人。投前人员一方面解决当前子基金存在的问题，另一方面在考察类似子基金时可规避这类风险。

(四)依据协议约定对被投子基金的运营进行监督

对被投子基金的运营依据协议约定进行监督,发现有违反约定的行为,依法采取措施保障自身权益。根据有限合伙协议,母基金作为被投子基金的出资人,应对子基金的运营发展进行监督,如发现子基金管理人有违反基金协议约定的地方,应及时予以纠正,情节严重的,应按照基金协议和法律法规的要求进行处理。

由于母基金与被投子基金之间存在信息不对称,有可能导致母基金在投资前以及投资的过程中,被投子基金出现逆向选择的问题,在母基金实施了投资行为后,这种信息不对称又可能导致被投子基金出现道德风险。这些道德风险主要表现为:①资本滥用:被投子基金可能将投资人的资金用于其他地方,而非事先约定的投资领域;②不当投资:被投子基金在得到投资后,没有进行合理地规划或节制使用资金,没有慎重考虑及验证其投资规模是否合理、所投项目是否最优以及是否符合原先制定的投资策略等问题;③财务造假:被投子基金在获得投资后,运营过程中可能隐瞒了子基金遇到的财务问题,并制造虚假财务信息,向母基金及其他有限合伙人提供虚假的财务报表;④职务消费:被投子基金可能挪用投资人资金进行不必要的职务消费,如大举宴客、租用高档写字楼、购买豪华轿车等;⑤消极怠工:被投子基金在获得投资之后,有可能出现不积极寻找投资标的、不主动学习新的业务技能、不努力改善现有业绩水平等不思进取、消极怠工的现象;⑥未经合伙人表决同意的其他擅自处理的事项,如转让或者处分合伙企业的知识产权和其他财产权利、以合伙企业名义为他人提供担保、聘任合伙人以外的人担任合伙企业的经营管理人员等。

以上这些问题都是子基金运营过程中可能出现的风险,会对母基金及其投资人的权益造成极大损害。因此,母基金管理人应当督促被投子基金建立和完善各项投资、财务、内控等管理制度,确保子基金募、投、管、退的各个环节均是有制度可依且合法合规的,降低被投子基金在运营过程中的随意性和暗箱操作的可能性。

根据有限合伙协议,母基金管理人虽然不得执行合伙事务,但应当承担起对被投子基金管理人的监督职责。当被投子基金的管理人怠于行使权利时,应当督促其行使权利；当母基金利益受到侵害时，应当向被投子基金的管理人主张自身的权利，要求改正并赔偿，必要时可提起诉讼。

举例来说，某私募股权子基金的有限合伙协议中涉及母基金管理人日常管理的报告获取、参加合伙人会议条款如表 6-1 所示。

表 6-1 某私募股权子基金的有限合伙协议中涉及母基金日常管理的主要约定

审计：
合伙企业应于每一会计年度结束之后，由独立审计机构对合伙企业的财务报表进行审计。首轮募集完成日后，审计机构由普通合伙人从具有较高声誉的会计师事务所中选聘。当合计持有合伙企业 51% 以上实缴出资额的有限合伙人提议更换审计机构时，普通合伙人应召集合伙人会议，按合伙人会议决议办理审计机构更换事宜。
财务报告：
一、首轮募集完成日后第一个完整会计年度结束时起，普通合伙人应在会计年度结束后 90 日内以信件、传真、电子邮件或其他方式向有限合伙人提交经审计的下列财务报表（"年度财务报表"），并在每半年结束后的 45 日内提交未经审计的财务报表（"半年度财务报表"）： 1. 资产负债表； 2. 损益表； 3. 现金流量表（仅年度报表适用）； 4. 各合伙人在本合伙企业中的资本账户余额及在报告期间的变化。 二、普通合伙人除了向本合伙企业提交财务报表以外，还应提交关于本合伙企业的投资项目季报，包括： 1. 本合伙企业在该季度内完成的新的投资项目； 2. 本合伙企业的所有投资项目的概况。
合伙人会议：
一、年度会议 1. 合伙企业每年召开一次合伙人年度会议（"年度会议"），由普通合伙人召集并主持，经合计持有 50% 以上实缴出资额的有限合伙人出席方为有效召开。 2. 年度会议的内容为普通合伙人向有限合伙人进行年度报告。普通合伙人应汇报本合伙企业在过往年度的投资业绩，并与各有限合伙人进行充分沟通。有限合伙人可在合伙人年度会议上，就合伙事务执行等问题向普通合伙人提问，在不违反适用法律的规定以及本协议的约定的前提下，普通合伙人应最大程度回答有限合伙人所提问题。年度会议不讨论合伙企业潜在投资项目，且有限合伙人不应通过年度会议对合伙企业的管理及经营活动施加控制。召开合伙人年度会议的费用将作为合伙企业自身开销。 二、临时会议 1. 经普通合伙人提议或经合计持有 50% 以上实缴出资额的有限合伙人提议，合伙企业应召开合伙人临时会议（"临时会议"，与年度会议统称"合伙人会议"）。 2. 合伙人会议可以讨论和决议的事项包括： （1）本合伙企业的合并、分立或组织形式的变更事宜； （2）普通合伙人的除名及接纳新的普通合伙人； （3）经普通合伙人提议，讨论更换管理公司事宜； （4）法律法规规定或本协议约定需要由合伙人会议讨论和决议的相关事项。

资料来源：宜信财富研究

母基金作为被投子基金中出资较大的有限合伙人时，还可能成为子基金咨询委员会成员，对子基金的运营管理提出重要的指导意见。表 6－2 为某私募股权子基金的有限合伙协议中关于咨询委员会的相关约定。

表 6－2　某私募股权子基金的有限合伙协议中咨询委员会相关条款

咨询委员会的组成：
普通合伙人将在首次交割日后尽快组建咨询委员会，作为本合伙企业的咨询机构，其成员由普通合伙人邀请有限合伙人的代表担任。普通合伙人可任命一位咨询委员会会议召集人，会议召集人无表决权，负责组织召开及主持咨询委员会会议。
咨询委员会的职能和运行机制：
一、咨询委员会的职能包括： 1. 就本协议约定由咨询委员会讨论的或普通合伙人提请咨询委员会讨论的存在潜在利益冲突的投资事项进行讨论，并向普通合伙人提供建议； 2. 讨论合伙企业超过本协议约定的投资限制的投资事项； 3. 根据前述约定讨论投资期的提前终止情形； 4. 在普通合伙人根据前述约定征询咨询委员会意见的情况下，讨论合伙企业的延期事项； 5. 根据前述约定讨论普通合伙人对没有上市价格或公开交易价格的证券的估值事项； 6. 根据前述约定讨论管理人的更换及继续委任事项； 7. 根据前述约定讨论普通合伙人或其关联方、任何关联基金与合伙企业的关联交易事项； 8. 就其他本协议约定应由咨询委员会评议之事项或普通合伙人征询咨询委员会意见的事项进行评议并给出同意或指导性意见。 二、对于咨询委员会所议事项，有表决权的成员一人一票，会议决议由参与会议的有表决权的成员过半数通过方可做出。 三、咨询委员会会议根据需要可随时安排召开。咨询委员会由普通合伙人召集，会议通知期为 5 个工作日，但咨询委员会成员参与会议即可视为其放弃任何关于通知期的要求。 四、咨询委员会会议可以采取现场会议、电话会议或通讯表决方式进行。过半数有表决权成员参与的会议方为有效会议。咨询委员会亦可不召开会议，经全体成员出具书面同意文件而做出其职权范围内的决定。 五、对于本协议约定应经咨询委员会同意的事项，未经咨询委员会同意，普通合伙人不得从事；对于其他事项，咨询委员会所做意见及建议，普通合伙人应予以慎重考虑，但并无义务依咨询委员会之意见行事。尽管有前述约定，咨询委员会及其成员在任何意义上均不应被视为参与合伙事务的管理及执行，其在任何情况下均不应以合伙企业之名义开展活动或进行可能对合伙企业构成约束力的行为。咨询委员会的相关工作规则将根据合伙企业登记部门和监管部门的意见及相关法律法规的要求适当制定。

资料来源：宜信财富研究

四、日常管理原则

母基金对被投子基金的投后日常管理应当遵循以下几项原则：

（1）持续性原则。投后管理工作需保持持续性、连贯性，当某投资标的已完成投资实施环节，母基金管理人即需对该投资标的开展投后管理工作，期间持续跟进项目的发展进程，直至该投资项目成功退出或投资终结。

（2）全方位原则。母基金管理人必须全方位监控投资项目的进展情况，包括子基金经营管理、团队稳定性、财务状况等，以及可能会对投资业绩产生影响的全球经济形势、国家政策环境、私募股权投资行业动向、市场竞争格局情况等。

（3）谨慎性原则。对可能会对投资业务产生负面影响的任何风险因素，母基金管理人均需予以高度重视并认真分析研究，针对所存在的问题尽早采取有效的解决或防护措施，以确保最大限度地降低投资风险。

（4）及时性原则。首先，母基金管理人需按照投后管理的相关规定对投资标的及时开展各项投后管理、检查、监督工作；其次，当母基金管理人在投后管理的过程中发现问题，需及时与投资标的进行沟通，视问题程度及时给予预警提示并采取相应措施。

（5）真实性原则。母基金管理人在进行投后管理的过程中，需将投资标的的所有运营发展情况如实记录并留档保存，以确保投后管理工作的真实性和连贯性，也有利于后续投后人员的有据可查及开展分析研究。

（6）互相监督原则。母基金的投后管理人员在对投资标的的运营发展状况进行检查、记录时，必须保证有两名或两名以上的人员同时在场，进行共同检查、相互监督，并在检查文件上做到两人或以上人员签字，检查结果方可视为有效。

五、信息管理系统建设

随着近年来私募投资业务的蓬勃发展，投资规模的不断扩大，以及监管部门的监管力度不断加强，对母基金在投资业务的管理上提出了更高的要求。母基金领导层在对投资业务全局信息的把控、业务层面就基金运作情况定期或不定期的信息披露等方面，还停留在传统的手工统计和维护投资数据的管理方式上，该方式面临着较大的考验。不同类型业务的开展产生的大量数据继续使用人工统计不仅浪费了人力，还存在反馈低效、工作推进缓慢的情况，更存在数据丢失的风险，以上问题对基金的管理以及投后管理工作的开展都是较大的挑战，也无法适应新的监管要求。

对于一个典型的母基金来说，管理的项目量级是非常大的，一年会增加大概20个左右子基金，每个子基金都得投资，即使一年投10个项目，一年就几百个项目，而这些项目都至少要持续5年，项目不断积累，只需3年左右时间在管的项目就超过1 000个了。在这种情况下，项目管理必须通过IT系统来解决，单纯依靠人力跟踪不过来。所以母基金需要上线信息管理系统，能自动化的一定要自动化，能信息化的一定要信息化。

管理信息系统的核心在于能够捕捉子基金的每一个动作。比如说我投了项目，我的项目增值、项目以后融资，都能够被这个系统捕捉。通过这套信息系统，业务人员可以看到每个子基金在干什么，项目进展情况怎么样，它新投资了哪个项目。目前对子资金管理存在的难点之一，就是没有一个信息披露标准，子基金信息披露可能只提供一个PPT的年报，有的详细一点，有的含糊一点，有的甚至根本经不起推敲，所以就需要通过这套信息系统来规范，要求每个子基金报告的数据格式是统一的，以确保子基金的每一个动作都会被捕捉到，确保从源头上把握住信息。

另外，对母基金来说，自己的LP也需要定期披露信息。每个LP披露都有不同的要求，比如政府引导基金要求披露解决就业人数，保险机构要求披露不同的信息，每个格式都不一样。作为一个基金的管理者，要保证有一套完善的底层数据，这套底层数据能够满足所有LP的披露要求。

信息管理系统不仅能满足管理机构对母基金信息的管理，还能满足项目投资决策、投后、退出等项目投资全流程全信息的管理，且配套有三方机构的管理、OA办公模块的管理，结合移动办公服务，对投资业务的开展提供全方位的无缝支持。通过信息管理系统的建设，将大大提升母基金管理公司的效率，降低风险发生的概率，随着投资规模的不断扩大，投资子基金和项目的数量不断增加，信息系统将成为每一家母基金管理公司的管理利器，并发挥越来越重要的作用。

从实践来看，基本上所有的母基金都上线或者准备上线信息管理系统。目前信息系统的建设有两种方式，一种是直接采购第三方信息管理系统，然后根据自身的需求做二次定制化开发；另一种是自主开发信息管理系统。从访谈来看，每家母基金在投资决策、内部管理体系等诸多方面存在个性化差异，对这些第三方信息管理系统提供商来说，在系统架构层面上足够灵活，能够低成本、快速通过二次定制化开发满足母基金的个性化需求是一项挑战。为了满足个性化需求，以及出于数据保密性的角度，很多母基金都采用自主开发信息管理系统的方式。

表 6－3 某地政府出资引导基金主要需求①

应用系统功能模块	覆盖的业务需求	详细描述
1. 管理驾驶舱		
1.1 基金投资情况	就各方关注的内容和数据进行统计和展示	• 季度投资个数/认缴进度柱状图 • 季度实缴进度柱状图 • 已出资额、认缴金额占收到资金、总规模比例的柱状图 • 按投向已设子基金、行业资金、创投子基金、直投项目、市场化子基金等的投资额划分的饼图 • 按各子基金投资项目所在行业划分的饼图 • 各子基金投资项目所在省市划分的饼图
1.2 基金投资回报	就各方关注内容和数据进行统计和展示	• 季度估值（增值）情况柱状图 • 季度收回资金情况柱状图 • 项目退出个数/金额统计柱状图
1.3 基金资金到位情况	就各方关注内容和数据进行统计和展示	• 代持机构季度资金到位进度柱状图 • 引导基金季度资金到位进度柱状图 • 各托管银行账户余额柱状图
1.4 基金吸引社会资本	就各方关注内容和数据进行统计和展示	• 财政资金吸引社会资本的数额/倍数
2. 投资管理		
2.1 母基金管理	对引导基金自身信息进行统计汇总，了解母基金运营情况	• 母基金基本信息（注册地、规模、投向、执行事务合伙人、管理人、代持机构、GP、期限、合伙人权益、核心条款等） • 投资管理（投资流程各节点的计划开始和完成时间、投资决策各阶段报告内容、中介聘请情况等） • 投资管理（投资子基金及直投项目名称、行业、简介、出资时间、出资金额、认缴比例或股比、分红金额、退出金额、公允价值、回报倍数、IRR 等） • 资金管理（资金到账信息、使用信息等） • 财务信息（资产负债表、利润表、现金流量表、科目余额表） • 专家库（专家姓名、联系方式、擅长领域、合作情况等） • 文档查阅（LPA、附属协议、营业执照、季度报告、财务报表、合伙人权益变动表等文件的上传）

① 由安信立融公司提供。

续表

应用系统功能模块	覆盖的业务需求	详细描述
2.2　子基金管理	对引导基金投资的已设子基金、行业子基金、创投子基金、市场化子基金进行信息统计汇总，开展投后管理和投后监督	• 基金基本信息（注册地、规模、投向、执行事务合伙人、管理人、代持机构、GP、期限、合伙人权益、主要条款等） • 投资管理（投资流程各节点的计划开始和完成时间、投资决策各阶段报告内容、中介聘请情况等） • 投后管理（委派人员信息、会议召开议案/决议、走访会议纪要等） • 投资组合（被投项目的名称、行业、简介、投资额、股比、董事会席位、财务数据等） • 投资策略（基金投资方向、资金配置比例等） • 信息披露（基金季报、半年报、年报、合伙人会议材料、顾问委员会会议材料等） • 基金缴款（时间、金额、用途等） • 收益分配（时间、金额、性质等） • 出资人信息（其余合伙人名称、出资额等） • 退出事件（项目退出时间、方式、收回资金、回报等） • 储备项目（项目名称/简称、行业、简介、预计投资额等） • 文档查阅（LPA、附属协议、营业执照、季度报告、财务报表、合伙人权益变动表等文件的上传）
2.3　直投项目管理	对引导基金投资的直投项目进行信息统计汇总、投后管理和投后监督	• 项目基本信息（名称、简介、投资额、股比、法人、注册资本、最新估值、主要条款等） • 投资管理（投资流程各节点的计划开始和完成时间、投资决策各阶段报告内容、中介聘请情况等） • 投后管理（委派人员信息、会议召开议案/决议等） • 融资管理（项目历次融资金额、投资人等） • 信息披露（公司重大经营变化、管理层/董事会/股东变化、公司上市/收购进展等） • 公司董监事情况 • 公司管理层情况 • 公司股东情况 • 公司经营情况（季度经营简报、财务情况等） • 文档查阅（投资协议、公司章程、审计报告等）
2.4　代持机构管理	对引导基金投资的已设子基金、直投项目和其他项目的代持机构信息进行汇总，并就运作合规性开展投后监督	机构基本信息（名称、法人、注册资本等） • 收款及拨付进度 • 文档查阅（阶段报告、代持协议等）

续表

应用系统功能模块	覆盖的业务需求	详细描述
2.5 管理公司管理	对引导基金投资的已设子基金、行业子基金、创投子基金、市场化子基金的管理人信息进行汇总并就运作合规性开展投后监督	• 公司基本信息（名称、法人、注册资本等） • 公司董事、监事人员情况 • 公司管理层人员情况 • 公司股东构成情况 • 投委会人员情况 • 投资团队人员情况（投资项目情况、成功/失败案例） • 管理费收取标准和收取情况
2.6 投资人管理		• 主要投资人情况汇总（投资项目情况、成功/失败案例、离职情况）
2.7 中介机构管理	对潜在或已聘请的专项和常年中介机构信息进行统计，供日常联系和比选使用	• 已聘请的常年法律顾问、审计师、税务顾问等信息 • 已聘请的专项中介机构的信息（面向项目） • 潜在中介机构信息
3. 基金定期报告		
3.1 母基金阶段报告	按照基金业协会要求及相关法律文件规定提供定期报告	• 文档查阅（季报、简报、财务报表等）
3.2 子基金阶段报告	按照基金业协会要求、引导基金投后管理要求及相关法律文件规定提供定期报告	• 文档查阅（季报、财务报表等）
3.3 直投项目阶段报告	按照引导基金投后管理要求及相关法律文件规定提供定期报告	• 文档查阅（季报、财务报表等）
4. 规章制度		
4.1 基金管理制度	基金最新制度的更新和查阅	• 文档查阅
4.2 管理公司管理制度	基金管理公司最新制度的更新和查阅	• 文档查阅
5. 联系人管理		
5.1	记录市财政局、引导基金管理公司及投资项目相关联系人的联系方式	• 按单位/公司列示全部业务相关联系人的联系方式

第四节　增值服务

母基金的投资对象包括私募股权投资(子)基金和企业。专业的母基金不仅能够对子基金和企业提供资金支持,同时也在子基金运营和被投企业成长过程中发挥着不可替代的作用。母基金在贯穿整个投资过程中所提供的除资金投入以外的一切附加服务,我们都可看作增值服务。

母基金管理人拥有广泛的社会资源、丰富的管理经验、娴熟的资本市场运作能力,对提高被投子基金的盈利能力、被投子基金管理团队的运营管理能力、被投项目的价值成长等各方面均有十分重要的意义。总的来说,母基金管理人对被投子基金和企业的增值服务是一个价值提升的过程,其目的是帮助被投子基金和企业获得更好的发展,进而实现较高回报的顺利退出,提高母基金自身投资人的收益水平。

母基金管理人提供的增值服务在面向被投子基金和企业时有所不同。面对子基金提供的增值服务主要包括:募资过程中帮助被投子基金构筑更优化的 LP 组合,投资过程中向子基金管理人推荐好的投资项目,运营过程中提供行业政策、战略布局等信息支持,退出过程中提供项目退出建议、帮忙对接中介资源等。面对被投企业提供的增值服务与普通私募股权基金对企业提供的服务类似,主要包括:后续融资服务,战略规划与经营管理服务,业务开拓支持服务,企业落地、税收优惠政策、企业授信、政府资源对接服务。

一、对被投子基金提供的增值服务

(一)募资过程中帮助被投子基金构筑更优化的 LP 组合

母基金管理人由于本身也是基金管理人,会接触到很多的有限合伙人资源,且对私募股权投资行业也比普通投资人有着更加深刻的理解和认识。因此,在被投子基金的募资过程中,母基金首先作为出资人参与其中,是子基金稳定且理性的资金来源。其次，可以根据子基金的策略、偏好，以及基于子基金现有投资人构成的特点，向其推荐合适的新投资人。如某些市场化母基金会与一些政府引导基金、险资等类型的出资人进行交流，如果这些出资人的投资策略恰好比较契合母基金所投子基金的投资策略，如投资方向是政策鼓励支持的新兴科技行业，则母基金可以推荐给相应的子基金管理人，帮助解决该子基金的部分融资难题。对子基金而言，直接接触到这类投资人并不容易；对政府引导基金等 LP 而言，也同样苦于找不到合适的投资标的。而市场化母基金则正好可起到牵线搭桥的作用。

此外，现在越来越多的市场化私募股权投资基金正在开展私募股权二级市场业务，即某基金的原份额持有人因某些原因决定退伙，并将其持有的基金份额转让给其他合格投资人所产生的业务。由于存在信息不对称的风险，基金转让方和受让方往往对基金份额的价值持有不同的评估，使交易难以达成，或达成效率较低。而母基金在给子基金推荐合适的二级份额受让方时，凭借自己在私募股权投资行业的深厚积淀，对交易结构的设计可以提供十分专业的意见。另外，由于母基金本身也有出资，某种程度上为子基金起到了一定的背书作用，增加了新投资人的信任度，对撮合交易有很大帮助。

（二）投资过程中向子基金管理人推荐好的投资项目

一方面，母基金管理人因拥有私募股权投资行业内的较多资源，是被投子基金项目信息来源的一个重要渠道。首先，母基金管理团队有着多年的私募股权投资经验，在行业内积累了大量人脉资源，可从其他母基金、子基金、已投项目、投资人、中介机构等多种渠道获得项目信息。其次，母基金在业务开展过程中会接触以及合作大量的子基金，对不同子基金的投资策略和投资风格十分了解，从而推荐项目时也更加有的放矢，帮助子基金大大降低项目筛选成本，提高项目投资的成功率。

另一方面，母基金管理人自身也拥有较强的投研能力和资本运作能力，对项目的判断非常专业。在整个私募股权投资行业产业链上，母基金一头连接行业内的众多子基金，另一头连接投资人，拥有 LP 和 GP 双重身份，母基金管理人在行业分析、投资交易、投后管理、退出计划等方面都有着丰富的研究和实操经验，甚至很多市场化母基金管理人团队之前都拥有丰富的直投经验，对投资项目的价值评估能提供专业的参考意见。

（三）运营过程中提供行业政策、战略布局等信息支持

母基金在投资过程中需要对宏观政策、行业资讯等方面的信息进行追踪研究，以对投资起到支撑作用，其本身就具有较为扎实的投研能力，可作为子基金信息来源和研究工具的一个辅助。而且母基金在整个产业链中站在比子基金更高的高度，从而对整个私募股权投资行业有更全面的认识，也能提供给子基金不同角度的参考意见。此外，由于母基金掌握着大量的子基金数据及信息，对私募股权市场非常了解，从而经常受到政府部门或监管机构的邀请，参与到行业标准制定和政策讨论中去，因而对整个行业的政策走向和发展形势也较子基金有更强的感知力，这些信息对被投子基金未来的整体发展方向将起到非常关键的指导作用。

（四）退出过程中提供项目退出建议、帮忙对接中介资源

母基金通过投资子基金，能够比直接投资辐射到更多的项目身上，这就使得母基金拥有非常广泛而丰富的项目信息库，而且相比单支基金来讲，母基金的项目信息库跨越了更多行业、地域和阶段。子基金通常会对项目的退出方式提前做好规划，主要是基于自身对市场、行业环境和项目发展情况的判断，而母基金可借助自己的项目信息库，将拟退出的项目与历史退出项目的情况进行比对分析，提出强有力的数据支撑，给子基金的项目退出提供非常重要的补充建议。

此外，母基金深耕行业多年，在行业内拥有广泛的券商、会计师事务所、律师事务所等中介资源，且对不同的中介机构运作特点十分了解，在有项目退出的时候可以有针对性地推荐给子基金管理人，尤其是对成立不久或业务模式相对单一的子基金而言，这样的资源对接与业务支持就显得更为重要。

（五）内部猎头的职能

设立“内部猎头”的职能，意图搜罗高层次人才，涵盖高级基金管理人员、行业研究人员、行政管理人员、资本对接、财务法务顾问等。母基金如果能建立庞大的人才资源库，不管是对子基金公司的团队稳定，还是对子基金已经投资的项目，都可以提供高端人才方面的服务，保证项目不会因为人才出现经营方面的问题，确保最终的投资收益。

二、对被投企业提供的增值服务

（一）后续融资服务

目前来说，提供后续融资服务是母基金对被投企业提供的最为重要的增值服务之一。早期项目融资几乎是在项目自身还没有良好“造血”能力的情况下保证项目资金链稳定持续发展的必要支撑。对能够“造血”的项目来说，前期的资本介入仍然有利，可以缩短产品的周期，“催熟”产品，更快地面向市场。在项目融资之初就定好规划，比如项目的运营状况达到某一层级时，启动某轮融资，而不是因为需要钱才融资。帮助项目持续稳定地获得融资是项目成功的保障，这是帮助子基金获得稳定投资收益非常重要的一项投后管理内容。母基金对所投企业的战略规划、经营状况、市场及行业态势等有着细致而全面的把握，同时拥有行业内的众多资源，因此能够有效地将企业的后续融资需求与其他投资人的投资需求进行匹配与对接，其中包括其他的私募股权投资母/子基金、银行、大型企业集团等战略投资者。从历史案例来看，拥有较为有名的母基金或子基金的投资背书，对被投企业降低后续融资难度大有帮助。由于投入精力大，对业务团队的人员能力和公司积累的资源有非常高的要求，目前市场上只有一些具备一定人员积累和资源积累的母基金管理公司能够做到这种程度的投后管理。

（二）战略规划与经营管理服务

相比被投企业，私募股权投资基金机构，尤其是具有更高视角的大型母基金，往往对政策环境、企业所处行业、市场格局的理解更加深刻，以及拥有基于横向比较其他被投企业而积累的丰富经验，这都对被投企业的发展有十分重要的借鉴意义。母基金协同子基金在向企业提供战略规划与经营管理服务时，将对所投企业经营战略规划的制定、执行与调整，帮忙引入优秀的职业经理人，进一步提升公司的规范化管理等方面提供更为专业的支持。

（三）业务开拓支持服务

母基金不仅能够帮助被投企业注入丰富的发展资源和先进的经营理念，同时也帮助其开拓业务，提升企业的整体市场竞争力，从而提高其盈利水平。被投企业通常只能关注到自己所处的行业，而母基金则在其他行业及领域有着更广泛的资源和人脉，能够帮助被投企业在产业链上下游取得更多的合作和开拓空间，大大增强了企业的实力。同时，母基金已投的众多企业间也能产生较强的协同效应和事半功倍的效果。在业务开拓方面，母基金能够为企业提供销售渠道开拓、引入供应商和战略合作伙伴、拓展国际市场等方面的支持；在品牌建设方面，母基金能够提供包括企业市场定位分析、品牌设计与推广等方面的支持与服务。

（四）提供企业落地、税收优惠政策、企业授信、政府资源对接服务

母基金可以借助与地方政府的良好关系，帮助一些企业在当地园区以优惠甚至免费条件拿到办公场所或者厂房用地；当企业落地后，还可以帮助企业申请相应的税收优惠政策，减轻企业发展初期的困难。对相对优质的企业，政府还能够提供授信服务，使企业能够通过银行拿到发展所需要的资金，助力企业进入快速发展的道路；政府可以利用产业资源，帮助企业在业务方面提供更多的机会，促进企业之间的相互交流学习，互通有无，在企业发展过程中提供方方面面的服务。

第五节 退出管理

母基金的退出机制是指母基金机构在其所投资的子基金或企业运营发展到一定阶段时,将其持有的权益资本在市场上变现,以收回投资并实现投资收益的过程。母基金投资的目的是获得收益,而收益的实现则是通过从所投资子基金或项目中退出来实现。

鉴于母基金既投资子基金也直接投资于项目,但投资子基金占据母基金投资业务的较大比重,且投资项目的退出机制也与其他私募股权投资机构类似,故我们接下来主要集中讨论母基金从所投子基金中退出的情形。

一、退出时机的选择

母基金的退出时机选择受到客观因素和主观因素的双重影响,综合来看,一般受到 3 个方面因素的影响:宏观因素、所投子基金因素以及母基金自身因素。

(一)宏观因素

无论是母基金还是所投子基金的运营发展,都离不开宏观经济及政策环境等大背景的影响,如国内外宏观经济景气状况、资本市场的活跃及成熟度、私募股权投资行业发展趋势以及特定产业的相关政策法规等。良好的宏观经济环境能在一定程度上保障创业企业的发展壮大与持续融资,从而影响私募股权投资基金以及母基金自身的企业权益估值水平。一般来说,宏观经济处于向上循环周期时,积极的宏观环境能够给予创业企业良好的成长环境,促进企业的持续经营扩张,从而有利于提高企业的整体估值水平。同时,对整体经济向好的预期、外部资金的充裕、投资者信心增强也对创业企业获得后续融资和较高估值有所帮助。

另外,资本市场活跃度和成熟度的提高也使母基金和子基金有更多的退出渠道选择,这些都可以促使母基金以较高的效率实现投资退出。如在 2014 年国内 IPO 关闸时期,各私募股权投资基金的 IPO 退出受阻,只能转而寻求登陆境外资本市场或采取并购等方式退出,而 2015 年上半年国内 IPO 市场异常活跃,牛市行情的出现也吸引众多企业选择在此阶段上市融资。

私募股权投资行业及其他特定产业的政策变动也会对母基金的退出产生较大影响。在当前政策鼓励创新创业的大环境下,创业企业获得了良好的生长环境,同时私募股权机构也得以快速发展,某些地区还颁布了针对私募股权投资的相关优惠政策,如税收优惠等,不仅极大地提高了母基金的投资热情,同时也有利于提高母基金的收益水平。其他特定产业的政策变动则会影响到母基金投资标的的估值水平,如许多母基金按行业划分为 TMT 行业母基金、医疗行业母基金等,主要投资于专注 TMT 行业或医疗行业的私募股权子基金,政策层面对这些产业的大力扶持和倾斜将引导更多的优秀资源注入这些行业的标的企业,从而提高了标的企业的价值水平,也就提高了母基金所持有的子基金份额的价值水平。

(二)所投资子基金因素

私募股权投资子基金作为母基金的投资标的,其运营发展直接影响到母基金的最后退出结果,因此,掌握子基金的动态而择机退出也十分关键。

对母基金退出时点的选择较为重要的关于所投资子基金的几点要素:子基金管理团队情况、子基金运营状况以及子基金财务状况等。

首先,同投资机构在筛选项目时非常看重企业创始人相似,母基金机构在选择子基金时,对其管理团队也非常关注。一支优秀的管理团队能够带领子基金取得较好成绩,一支相对稳定的管理团队也更能获得市场与投资人的信任,从而有更好的投资机会。如果随着所投子基金的发展,管理团队的能力不足以支撑所投项目的持续壮大时,母基金要么应督促子基金调整完善管理团队结构,要么就应当考虑退出。

其次,子基金的运营状况也会影响母基金管理人对退出时点的选择。一个高效、稳健,且各方面合规经营的子基金能够被预期可以给母基金创造更高的回报,而一个运营管理混乱的子基金则会对母基金的权益造成较大伤害,母基金管理人应选择及时止损，尽早退出。

最后，子基金的财务状况也是影响母基金管理人选择退出时机的重要因素。虽然从短期来看，子基金的财务报表并不能说明子基金的实际价值，但能够从一定程度上看出子基金的资本运作水平。从长期来看，子基金盈利水平的高低直接影响了母基金的退出收益，因此，如果子基金的财务状况持续表现不佳，对母基金来说即应尽早退出，以控制损失。

（三）母基金自身因素

母基金管理人是私募股权投资母基金退出活动的实际执行者，在退出时机的选择方面起主导作用。母基金管理人有可能因为母基金自身的某些因素而选择提前退出。

首先，母基金管理人通常对自己的投资组合会事先制订退出计划，以符合自身对投资收益的预期。优秀投资业绩有助于母基金募集新的基金，吸引其他优秀的投资标的，以及提高自身的声誉。与此同时，母基金管理人也要兼具流动性和收益性，以选择合适的退出时点进行平衡。

其次，如果母基金因外部环境恶化导致筹资困难，或经营状况不佳等导致现金流紧张时，首先要考虑的就是尽快退出一些项目，以收回部分现金，维持公司的正常经营。

最后，如果母基金发现了其他更好的投资机会，由于短期内其管理的资金供给一般是相对固定的，则母基金管理人可能会改变原先制订的退出计划，选择从现有的投资组合中进行部分或全部退出，以获得资金，投入新的投资机会中。

二、退出方式的选择

我国私募股权投资基金的退出模式大致分为 IPO、并购、股权转让、回购和清算 5 种。母基金既投资于子基金也直接投资于项目，直接投资于项目的母基金退出方式与一般的私募股权投资基金一致，为上述 5 种方式；而投资于子基金的母基金退出方式有两种,第一种是随着所投子基金的退出而实现退出,第二是在子基金退出之前将其原有的基金份额转让给其他投资人,也可以实现退出。

(一)私募股权基金的退出方式

1. IPO。IPO 即企业首次公开发行股票。企业一旦上市之后,股票可在二级市场进行交易,私募股权投资基金根据对该企业股票价值的评估,选择恰当的时机将其持有的公司股票部分或全部卖出,从而实现资本回收,并获得投资收益。

目前来看,IPO 是私募股权投资基金最为理想的退出渠道。因为对投资机构而言,上市退出所拥有的一、二级市场价差可以帮助投资者获得较高的投资回报,同时也可以借助公开市场提升机构的知名度;对企业而言,IPO 不仅可以提高企业知名度,进而提升企业的整体价值,也能获得二级市场后续融资的便利性。

但 IPO 退出方式也有一些缺点。首先,IPO 退出方式的时间成本和资金成本相对较高,3 ~5 年的准备及排队时间和动辄百万的上市费用是很常见的;其次,IPO 的退出门槛较高,登陆国内资本市场的条件相较国外更加严苛,对企业的盈利能力也提出了较高要求,满足该要求的仅有少数非常优秀的企业;最后,IPO 的形势受宏观环境的影响较大,发行政策变化、宏观经济波动等因素对企业是否能够顺利登陆资本市场均有较大影响,从而加大了投资回报的不确定性。

2. 并购。并购(M&A)即兼并和收购的简称。兼并是指由第三方实力较强的公司与被投公司合并组成新的公司,由实力较强的公司占主导地位。收购是指第三方公司通过有关市场购买目标公司的股份,或者购买目标公司的产权,从而达到控制目标公司的行为。并购通常出于企业长期发展战略目的。

对私募股权投资基金而言,并购退出方式具有时间和资金压力较小、门槛较低、操作灵活、资金回收较快等优势。私募股权机构只需和市场中的一家或几家企业进行沟通协商,即可一次性全部退出,尽管估值可能低于 IPO,但通常会比后者更快地实现退出,且在时机的选择上具有更大弹性,减少投资机构的流动性压力。此外,并购退出不会像 IPO 一样容易受到宏观环境的影响。由于企业发起并购通常出于战略目的，故能够相对隔离外界干扰，保证退出过程与退出收益的稳定性。

并购退出方式的弊端在于：寻找战略协同的并购标的可能需要一定的时间，市场上合适的匹配者也相对较少，并且需双方对并购条款达成一致后才可发起并购，虽然操作空间较大，但也增加了更多的不确定性因素。

3. 股权转让。股权转让（Trade Sale）是指私募股权投资机构将所持有的被投企业股权转让给其他投资者的行为。当某项投资采取股权转让的方式来退出时，退出收益的高低与所其选择的退出时机有非常大的关系。在企业发展的上升期，投资机构应尽量避免退出，直到判断企业已发展到某个阶段的高点之后，再进行股权转让。

股权转让的优点在于：操作简便自由、退出成本较低。股权转让的缺点在于：对投资机构而言，判断企业的发展状况从而选择最佳的退出时机存在一定的难度，且合适的股权受让方可能难以找到，对股权定价又缺少相对统一的衡量标准，需双方协商决定，可能拉长退出流程。

4. 回购。回购是指被投企业发展到一定阶段后，如果私募股权投资机构尚未通过 IPO、并购等其他方式顺利退出，则被投企业的管理层从投资机构手中重新购回企业股份，以使投资者完成退出的行为。回购通常会在投资机构对该企业的投资合同中事先予以约定，是投资机构保障自身权益的一种做法。另外，在原有的投资人准备退出时，如果引入新的投资人，可能会给企业带来新的磨合期、丧失企业控制权等问题。

回购退出方式的优点是风险较低、流程较短。由于回购交易条款通常已经是事先约定好的，且是发生在企业内部的产权转移，所以会极大地提高交易进度，同时减少退出过程中的不确定性。回购退出方式的缺点是收益率相对较低。在企业发展状况不佳或者发展背离了投资机构最初的投资目标时，投资机构通过回购的方式从企业中抽身，故回购的选择通常是私募股权投资机构的无奈之举。

5. 清算。清算通常是私募股权投资机构在投资失败时采取的退出方式，即企业发展状况堪忧，价值出现较大贬损，对投资人已经造成了投资损失且后续基本无法改善时，唯有通过将企业进行破产清算来帮助投资机构回收部分的投资成本。在私募股权投资基金的几种退出方式中，清算退出是投资机构最不希望看到的情况，只有在企业长期经营不善且确实无力回天时才会采用。在清算退出的方式下，私募股权投资基金通常面临的结果是投资资金的部分亏损，只有在极少数情况下可以收回全部的投资成本。私募股权投资基金选择清算退出的时点也十分重要，若认定企业的发展只会持续走弱，则应当尽早启动清算，以最大限度地减少投资损失。

（二）母基金退出方式

当母基金直接投资于企业时，其退出方式与上述私募股权投资基金的5种退出方式类似。需要指出的是，有些母基金直接投资于项目往往是采取跟随所投子基金管理人投资的做法，作为跟投方，通常不主动制定项目退出方案，而由所投子基金来主导退出。但现在市场上也有越来越多的母基金采取"子基金＋直投"的投资策略，且直投的比重正在上升，这种情况下母基金管理人则需要综合考虑自身的投资布局、现金流管理、项目特点、宏观环境等主客观因素来确定项目退出方案。

母基金投资于子基金时，其退出的顺利与否与子基金退出的顺利与否紧密相关。子基金的退出方式通常是由子基金管理人结合实际情况从上面讨论的5种方式中进行选择，母基金管理人也会参与讨论，对项目的退出方案提出自己的专业意见或建议。当某一子基金的全部投资标的均实现退出时，则该子基金完全退出，投资该子基金的母基金也实现了退出。但如果该子基金的投资组合只是部分完成了退出，则母基金持有的子基金份额并未完全变现，也只能算部分退出。

除去伴随子基金的退出而实现退出的情形，母基金自身也有两种退出方式：清算和股权转让。若在母基金的存续期内，母基金所投子基金均实现了退出，此种情况是最理想的情况，有限合伙可提前终止并清算，从而实现退出。母基金还有另一种清算的情形是，母基金的存续期满且不可再延期时，尚有子基金没有退出，必须对基金财产进行清算，从而实现退出。前者是积极的清算退出，后者是消极的清算退出。

股权转让是母基金的另一种退出方式。在存续期内，母基金管理人出于现金流压力或者发现了更好的投资标的等原因，决定在子基金退出前终止对其的投资，则需要通过股权转让的方式提前退出。母基金意欲转让的其持有的私募股权投资子基金份额，也即我们通常所说的私募股权二级市场份额。子基金份额的新受让方可以是子基金的原有其他投资人，也可以是新加入的合格投资人。母基金作为子基金的有限合伙人转让其合伙企业份额应符合子基金有限合伙协议的相关规定。

母基金通过股权转让的方式提前退出，相比清算主动性更强，不只是单纯作为子基金的 LP 等待退出，时间更具灵活性，不用等到存续期满或所有子基金均已退出。同时股权转让的方式也让母基金管理人对母基金收益水平的操作空间更大，母基金可根据所投子基金的运营状况来决定是否继续投资。若母基金管理人判断子基金已发展充分、价值得到了最大体现，此时选择股权转让方式来退出，可使母基金的收益最大化。若子基金的经营状况堪忧且发展背离母基金的投资目标，母基金管理人则应做出及时转让基金份额、尽早止损的选择。

股权转让退出方式的缺点在于，首先，私募股权二级市场在中国尚处于发展初期，涉足二级市场的投资者仍是少数，故寻找合适的基金份额受让方存在一定困难；其次，市场上仍缺乏较为成熟的交易定价模型，使份额转让方与受让方在交易架构的设计中需要较长时间的磨合与沟通，无形中增加了交易成本；最后，母基金管理人对子基金发展的判断可能会出现偏差，因而有可能因为提前退出而错失了良好的投资机会。此外，股权转让最佳退出时点的选择也受到宏观经济环境、国家政策等诸多因素的影响，从而增加了母基金退出收益的不确定性。

表 6 – 4 为某私募股权投资子基金的有限合伙协议中关于有限合伙人份额转让的约定，作为有限合伙人的母基金在进行股权转让时必须遵循的原则。

表 6 –4　某私募股权投资子基金的有限合伙协议中关于有限合伙人份额转让的约定

有限合伙人权益转让：
除依照本协议之明确规定进行的转让，有限合伙人不应以其他任何方式转让其在有限合伙当中的任何权益，包括但不限于对于出资、收益及接受分配的权利。不符合本协议规定之权益转让可能导致普通合伙人认定该转让方为违约合伙人，并使其承担违约责任。 有限合伙人未经普通合伙人事先书面同意，有限合伙人不得将其持有的全部或部分有限合伙权益转让给他人。但有限合伙人提供能够证明其继续参与有限合伙极有可能违法的法律意见且该法律意见令普通合伙人满意时，普通合伙人不应拒绝同意。

续表

有限合伙人权益转让：
有限合伙人转让权益的条件：①转让方和/或受让方应承担本次转让引起的有限合伙及普通合伙人所发生的所有费用；②有限合伙人应提前至少30天向普通合伙人发出转让请求或书面通知；③拟议中的受让方应签署本协议，并签署和向普通合伙人提交普通合伙人认为适宜的其他文件、证件及信息；④该转让不会违反任何法律法规，或者增加有限合伙商业及运作上的限制。若普通合伙人认为拟议中的转让符合有限合伙的最大利益，则可以放弃上述一项或数项条件。 有限合伙人对其关联人之外的人士转让有限合伙权益的，普通合伙人享有第一顺序优先受让权，其他有限合伙人享有第二顺序优先受让权。 有限合伙权益的受让人应同意承继转让权益的有限合伙人之后续出资义务

资料来源：宜信财富研究

三、收益分配

当母基金实现投资退出时，需将投资收益在母基金的合伙人之间进行分配，收益分配的方法通常在母基金的有限合伙协议中进行了约定，按照相关条款执行即可。根据市场上的惯常做法，母基金有限合伙人与母基金管理人之间的收益分成通常采取以下3种方式之一。

（一）按基金进行分配，先收回全部本金，再进行收益分配

许多私募股权投资基金要求先收回所有的投资本金，即每一笔退出的资金第一步先按照合伙人的出资比例分配给全体合伙人，直到所有合伙人的投资成本已全部覆盖。在此之后退出的资金刨去基金费用成本以外，再在全体合伙人或有限合伙人之间按照比例进行分配，即为投资盈利。此种分配方式需考察整个基金的运营情况，而非以单个项目为分配节点。

超额收益分配也有几种处理方式，在实际操作中，许多母基金的有限合伙协议中约定了有限合伙人的门槛收益率（Hurdle Rate），即在返还全体合伙人的投资本金之后，仅向有限合伙人进行优先收益分配，直至有限合伙人的投资年化收益率达到该门槛收益率，才向母基金管理人执行超额收益分配。显然，这种分配方式使母基金管理

人的收益更大程度地与有限合伙人的利益绑定，有利于保护母基金有限合伙人的利益。表 6－5 为某典型 FOFs 的有限合伙协议中关于收益分配的约定。

表 6－5 某典型 FOFs 的有限合伙协议中关于收益分配的约定

收益分配与亏损分担的原则：
对有限合伙取得的项目投资收益，普通合伙人将根据本协议的约定获得收益分成。 有限合伙投资收益以外的收益，按照本协议的相关约定在合伙人之间分配。 有限合伙的亏损由所有合伙人根据认缴出资额按比例分担。
取得现金收入时的分配：
有限合伙经营期间取得的现金收入不得用于再投资，应于取得之时按照本协议约定进行分配，但有限合伙因投资中止或终止等原因取得的投资组合退回的投资款项不在此列。 来源于某一投资组合所得的可分配现金应在所有参与该投资组合的合伙人之间按以下顺序进行分配： 第一步，返还合伙人之累计实缴出资额：100% 返还截至分配时点各合伙人的累计实缴出资额，直至各合伙人均收回其累计实缴出资额； 第二步，支付各有限合伙人优先回报：如在完成第一步返还合伙人的累计实缴出资额之后仍有余额，则应 100% 向各有限合伙人进行分配（该项分配称为“优先回报”），直至各有限合伙人之实缴出资额均实现 8% 的年度收益率（单利）（按照从实缴出资到账之日起算到各次分配时点为止）； 第三步，弥补普通合伙人回报至达到上述第二步所述之优先回报除以 90% 再乘 10% 的金额； 第四步，80/20 分配，即以上分配之后余额的 80% 按照各自的实缴出资比例归于各实际出资的有限合伙人，20% 归于普通合伙人。 如果处置某投资组合所得的可分配现金不足以全额支付以上第一或第二步中全部合伙人的对应部分，则在所有合伙人之间按照各自实缴出资比例进行分配。 有限合伙从任何投资项目中取得的现金或其他形式收入，除另有约定外，应尽快分配，最晚不应迟于该应收款项发生之会计年度结束之后的 90 个工作日

来源：宜信财富研究

（二）按单个项目进行分配，预留整个母基金的风险准备金

母基金管理人将获得的每一笔退出资金按照单个项目来进行分配，同时将每个项目中母基金管理人的部分收益分红先不予分配，而是作为风险准备金留存起来，以备其他项目出现亏损的情况。预留金通常占管理分红的 40% ～50% ，也就是说，当母基金所投的某个子基金或者企业退出时，母基金管理人会将该投资标的属于母基金管理人的退出收益分成的 40% ～50% 作为风险准备金留存起来，在母基金续存期满时进行整体核算，对其他亏损项目进行差额补偿。

（三）核算单个项目成本，按单个项目分配

除上述两种分配方式以外，还有些私募股权基金的收益分成是根据单个项目的成本核算来进行的，而不考虑母基金整体的经营状况。在某投资项目有了退出资金后，即按照合伙人的出资比例在全部合伙人之间进行分配，不过在此过程中会扣除每一位合伙人应予以承担的该项目的管理费用等基金成本，剩余部分即为该项目的投资收益分成。在这种分配方式下，项目之间的收益分配是完全隔离的，一个项目的超额收益并不会用以补偿其他项目的亏损。

以上 3 种母基金有限合伙人与母基金管理人之间利益分成的方式，母基金管理人在实际操作过程中可根据自身侧重的因素加以选择，如要顾及基金整体运营的稳健性，应当按照基金来进行分配，若要满足有限合伙人对短期分红的期望，则应当按照单个项目来进行分配。

（四）清算

从市面上大多数母基金的有限合伙协议来看，通常情况下，当下列情形之一发生时，有限合伙企业应被终止并清算：

（1）普通合伙人提议并经合计持有实缴出资总额 2/3 以上的合伙人表决通过；

（2）有限合伙企业的经营期限已满，且根据母基金的有限合伙协议约定不能进行延长；

（3）有限合伙人一方或数方严重违约，使得普通合伙人认定该有限合伙企业无法继续经营；

（4）有限合伙企业被吊销营业执照、责令关闭或者被撤销；

（5）有限合伙所有投资基金及企业均已退出，其债务已全部清偿，且剩余财产均已被分配给各合伙人；

（6）出现《合伙企业法》及有限合伙协议规定的其他解散原因。

清算人通常由母基金全体合伙人担任，其他情况下，也可经由全体合伙人过半数

同意，在上述有限合伙企业终止清算的事由发生后的一定时间内（通常为 15 日），指定一个或数个合伙人，或者委托其他第三方，来担任母基金的有限合伙企业清算人。

在确定有限合伙企业的清算人以后，所有有限合伙未变现的资产由清算人负责管理，但如清算人并非母基金普通合伙人，则普通合伙人有义务帮助清算人对未变现资产进行变现，清算期内有限合伙不再向普通合伙人支付任何管理费或其他费用。

清算人的主要职责包括：

（1）清理有限合伙企业财产，分别编制资产负债表和财产清单；

（2）处理有限合伙企业与清算相关的未完结事务；

（3）清缴有限合伙企业所欠税款；

（4）清理有限合伙企业的债权、债务；

（5）处理有限合伙企业清偿债务后的剩余财产；

（6）代表有限合伙企业参加诉讼或者仲裁活动；

（7）清算结束后，负责编制有限合伙企业清算报告，并经由全体合伙人签字、盖章，在约定时间内向企业登记机关报送清算报告，办理有限合伙企业的注销登记。

清算期通常为一年，清算期结束时未能变现的非货币资产按照母基金有限合伙协议中非现金分配约定的相关分配原则进行分配。在有限合伙企业到期或终止从而清算时，清算人在清理完毕有限合伙企业的财产之后，通常按照以下顺序来进行清偿及分配：

（1）支付清算费用；

（2）支付职工工资、社会保险费用和法定补偿金（若适用）；

（3）缴纳所欠税款（若适用）；

（4）清偿有限合伙企业债务；

（5）清偿上述（1）（2）（3）（4）之后的剩余财产根据有限合伙协议约定的收入分配原则和程序在所有合伙人之间进行分配。

需要指出的是，清算人在执行上述第（4）项时，应与债权人协商确定清偿方式。如果出现有限合伙企业的财产不足以清偿有限合伙债务的情形，则应由母基金普通合伙人向债权人承担无限连带清偿责任。

第七章　市场化母基金发展中的问题

在发展过程中,市场化母基金面临着如下几个问题。

一、募资难度比较高

对于母基金,投资人主要对3个问题心存疑虑:①双重收费问题。母基金收取一次管理费和附带权益(Carried Interest),基金又要收取一次管理费和附带权益,投资人认为收取了两次管理费和附带权益,不划算。②母基金在私募股权的基金类型里属于低风险、低收益但收益稳定的一类。同时,相比风险投资可能带来的高收益,母基金在收益较低的情况下需要的存续时间更长,通常在10年左右。这是母基金在一开始的产品设计上就必须要面对的问题,却也难以规避。③母基金的存续期一般时间比较长,缺乏流动性的短期回报,而险资很关注短期的回报,如果做股权投资基金,短的期限可能5+年,长的期限7+年,以他们现阶段的认识,可能还不愿接受这么长的时间期限。

目前国内各类资金来源都存在各种限制。大批的富裕个人过分追求短期利益,希望能早收益早退出,造成投资者与基金管理运作之间的矛盾;在机构化的母基金中,政府引导基金和国有资本占了3/4,政府引导基金有出资比例限制和投资地域限制,国有资本在一个基金中占的比例过高,可能会在IPO的时候要转持、利润上缴;民营资本单体出资不够稳定;类似国外的长钱资金,如养老金、公益组织等,在中国很少;保险、银行、社保资金对股权投资的参与还在试水阶段,社保对股权投资行业的投资只占很小的比例。银行出资现在也面临问题,监管部门会问,银行的钱是自有资金还是理财的资金?如果是理财的资金,期限、对象、出资人能不能完全匹配?如果是自有资金,等于把资本金百分之百的消耗,可能影响它的信贷规模。如果监管部门不做一定的调整，可能后期出资比较困难。

总体来讲，我们缺少真正对股权投资有充分了解的长钱来支持股权投资，所以母基金会遇到资本募集的问题。

扩展阅读

本土 LP 参与人民币 FoFs 投资涉及的政策法规

在我国，由于《基金法》的有关规定，基金财产不得买卖其他基金份额，银行也不得进行直接投资。这意味着，公募基金公司、银行都无法直接发行 FOFs。之前银行参与的 FOFs 都是由券商或者信托直接发起，由银行、券商等作为代销单位，只能算是“准 FOFs”。然而 2010 年 7 月中国银监会下发《关于规范银信理财合作业务有关事项的通知》，规定商业银行和信托公司开展投资类银信理财合作业务，其资金原则上不得投资于非上市公司股权。“银信合作”的叫停进一步封闭了银行参与私募股权投资的通道。

保险资金的投资 PE 政策不断放开。2010 年 9 月，保监会发布《保险资金投资股权暂行办法》，允许保险公司投资股权投资管理机构发起设立的股权投资基金等相关金融产品。保险资金投资 PE 首度开闸。

与保险资金运营整体的监管政策类似，保险投资 PE 的监管也是一个逐步放开、不断市场化的过程（表 7－1）。

根据《保险资金投资股权暂行办法》和《关于保险资金投资股权和不动产有关问题的通知》，保险资金在投资股权投资基金时，保险资金投资股权投资基金的投资规模不高于该基金资产余额的 20%。对基金管理机构资格的规定，主要包括如下几点：①注册资本或者认缴资本不低于 1 亿元人民币；②管理资产余额不低于 30 亿元；③拥有不少于 10 名具有股权投资和相关经验的专业人员，已完成退出项目不少于 3 个；④募集或者认缴资金规模不低于 5 亿元；⑤保险资金投资的股权投资基金，非保险类金融机构及其子公司不得实际控制该基金的管理运营,或者不得持有该基金的普通合伙权益。根据《中国保监会关于保险资金投资创业投资基金有关事项的通知》,VC母基金首次被纳入险资可投资范畴。与保险资金投资股权投资基金类似,保险资金投资单只创业投资基金的余额也不得超过基金募集规模的20%。其他对基金管理机构资格的规定,主要包括:①具有5年以上创业投资管理经验,累计管理创业投资资产规模不低于10亿元;②拥有不少于5名专业投资人员,成功退出的创业投资项目合计不少于10个;③保险资金投资的创业投资基金,应当不是基金管理机构管理的首只创业投资基金;④单只基金募集规模不超过5亿元;⑤单只基金投资单一创业企业股权的余额不超过基金募集规模的10%。

表7-1　保险资金主要监管政策

发布时间	发布机构	政策名称	投资PE相关要点
2010.9	保监会	《保险资金投资股权暂行办法》	允许保险公司投资股权投资管理机构发起设立的股权投资基金等相关金融产品,险资投资PE开闸
2012.7	保监会	《关于保险资金投资股权和不动产有关问题的通知》	明确了险资投资PE,包括成长基金、并购基金、新兴战略产业基金和相应母基金;将投资未上市企业股权、股权投资基金账面余额由两项合计不高于本公司上季末总资产的5%调整为10%
2014.8	国务院	《国务院关于加快发展现代保险服务业的若干意见》	允许专业保险资产管理机构设立夹层基金、并购基金、不动产基金等私募基金
2014.12	保监会	《中国保监会关于保险资金投资创业投资基金有关事项的通知》	保险资金可以投资创业投资基金
2015.9	保监会	《关于设立保险私募基金有关事项的通知》	支持保险资金设立成长基金、并购基金、新兴战略产业基金、夹层基金、不动产基金、创投基金及相关母基金

随着2011年3月备受瞩目的《证券投资基金法(修订草案)》(征求意见稿)下发至基金公司等相关机构,私募股权等基金品种被纳入法律框架。《证券投资基金法》(修订草案)扩大了监管范围,私募基金、PE(私募股权投资基金)、VC(创业投资基

金）、券商集合理财计划、信托投连险等机构都将纳入监管；同时引入竞争机制，专为非公开募集基金开辟了一个章节，表示私募基金在符合一定条件之后，可以开展公募业务。此外，在基金的组织形式上添加了公司型和合伙型。《证券投资基金法》（修订草案）填补了目前实施的《证券投资基金法》的空白，为规范私募股权市场从募集到投资管理提供了依据。其他形式的 FOFs 正摩拳擦掌，静待时机开启。

表 7－2　本土 LP 参与人民币 FOFs 投资涉及的政策法规

类别	相关法律法规	日期	发布机构	重要内容
基金资管计划（基金子公司）	关于进一步加强基金管理公司及其子公司从事特定客户资产管理业务风险管理的通知	2014/5/4	中国证券监督管理委员会上海监管局	二、（二）单独管理、建账和核算。对子公司专户产品实行单独管理、建账和核算；专户产品募集的资金应按照合同约定的投资范围、投资策略和投资标准进行投资，不得开展资金池业务，切实做到资金来源与运用一一对应，确保投资资产逐项清晰明确并定期向客户披露投资组合情况；子公司不得通过“一对多”专户开展通道业务
基金资管计划（基金子公司）	中华人民共和国证券投资基金法	2015/4/24	全国人民代表大会常务委员会	第八十七条非公开募集基金应当向合格投资者募集，合格投资者累计不得超过 200 人
基金资管计划（基金子公司）	全国中小企业股份转让系统机构业务问答（一）——关于资产管理计划、契约型私募基金投资拟挂牌公司股权有关问题	2015/10/16	全国中小企业股份转让系统	资产管理计划或契约型私募基金所投资的公司申请挂牌时，主办券商在《公开转让说明书》中将资产管理计划或契约型私募基金列示为股东，并在《公开转让说明书》充分披露资产管理计划或契约型私募基金与其管理人和管理人名下其他产品的关系。同时，主办券商就以下事项进行核查并发表明确意见：一是该资产管理计划或契约型私募基金是否依法设立、规范运作并已履行相关备案或者批准手续；二是该资产管理计划或契约型私募基金的资金来源及其合法合规性；三是投资范围是否符合合同约定，以及投资的合规性；四是资产管理计划或契约型私募基金权益人是否为拟挂牌公司控股股东、实际控制人或董监高

续表

类别	相关法律法规	日期	发布机构	重要内容
信托计划	信托公司集合资金信托计划管理办法	2015/10/12	银监会	第五条(三)单个信托计划的自然人人数不得超过 50 人,合格的机构投资者数量不受限制
信托计划	信托公司集合资金信托计划管理办法	2015/10/12	银监会	第六条前条所称合格投资者,是指符合下列条件之一,能够识别、判断和承担信托计划相应风险的人: (一)投资一个信托计划的最低金额不少于 100 万元人民币的自然人、法人或者依法成立的其他组织; (二)个人或家庭金融资产总计在其认购时超过 100 万元人民币,且能提供相关财产证明的自然人; (三)个人收入在最近三年内每年收入超过 20 万元人民币或者夫妻双方合计收入在最近三年内每年收入超过 30 万元人民币,且能提供相关收入证明的自然人。
保险	关于加强组合类保险资产管理产品业务监管的通知	2016/6/22	保监会	四、(二)管理人开展产品业务,禁止出现以下情形: 1. 发行具有“资金池”性质的产品,主要是指投资于非公开市场投资品种,且具有滚动募集、混合运作、期限错配、分离定价、未单独建账或未独立核算等特征的产品。 6. 未明确产品投资的基础资产具体种类和比例,笼统规定相关资产的投资比例为 0 至 100%
保险	关于设立保险私募基金有关事项的通知	2015/9/11	保监会	六、保险资金设立私募基金,基金管理人由保险资产管理机构担任的,应当具备相应的投资管理能力,且实际投资的项目不少于 3 个。

续表

类别	相关法律法规	日期	发布机构	重要内容
保险	关于设立保险私募基金有关事项的通知	2015/9/11	保监会	七、保险资金设立私募基金，基金管理人由保险资产管理机构下属机构担任的，应当符合下列条件： （一）保险资产管理机构及其关联的保险机构在下属机构的股权占比合计应当高于30%。 （二）具有稳定的管理团队，核心决策人员不少于3名，且具有8年以上相关经验；团队成员已完成退出项目合计不少于3个。 （三）具有独立的、市场化的管理运作机制，包括但不限于股权激励机制、收益分成机制、跟投机制等。 （四）中国保监会规定的其他审慎性条件
保险	关于设立保险私募基金有关事项的通知	2015/9/11	保监会	九、保险资金设立的私募基金，应当符合下列条件： （一）已完成立项的储备项目预期投资规模应当至少覆盖拟募集规模的20%； （二）发起人及其关联的保险机构出资或认缴金额不低于拟募集规模的30%； （三）配备专属投资管理团队，投资期内具有3年以上相关经验的专属投资管理人员不少于3名； （四）明确约定投资策略、投资方式、投资领域、投资限制、共同投资、投资集中度、投资流程、决策流程、投后管理、退出机制等； （五）建立由主要投资人组成的投资顾问委员会，重点处理关联交易，利益冲突等事项； （六）建立托管机制，托管机构符合规定条件。 保险资产管理机构、其关联的保险机构不得为私募基金提供担保，不得以任何方式为私募基金的投资收益或赔偿投资损失向私募基金的投资者做出承诺

续表

类别	相关法律法规	日期	发布机构	重要内容
保险	关于保险资金投资创业投资基金有关事项的通知	2014/12/15	保监会	二、保险资金可以投资创业投资基金。保险资金投资创业投资基金的基金管理机构应当符合下列条件： （一）依法设立，公司治理、内控机制和管理制度健全有效，具有5年以上创业投资管理经验，历史业绩优秀，累计管理创业投资资产规模不低于10亿元； （二）为创业投资基金配备专属且稳定的管理团队，拥有不少于5名专业投资人员，成功退出的创业投资项目合计不少于10个，至少3名专业投资人员共同工作满5年；投资决策人员具备5年以上创业投资管理经验，其中至少2人具有3年以上企业管理运营经验
保险	关于保险资金投资创业投资基金有关事项的通知	2014/12/15	保监会	三、保险资金投资的创业投资基金，应当不是基金管理机构管理的首只创业投资基金，且符合下列条件： （二）单只基金募集规模不超过5亿元； （三）单只基金投资单一创业企业股权的余额不超过基金募集规模的10%； （四）基金普通合伙人（或基金管理机构）及其关联方、基金主要管理人员投资或认缴基金余额合计不低于基金募集规模的3%
保险	保险资金投资股权暂行办法	2010/9/5	保监会	第十条保险公司投资股权投资基金，发起设立并管理该基金的投资机构，应当符合下列条件： （二）注册资本不低于1亿元，已建立风险准备金制度； （四）具有稳定的管理团队，拥有不少于10名具有股权投资和相关经验的专业人员，已完成退出项目不少于3个，其中具有5年以上相关经验的不少于2名，具有3年以上相关经验的不少于3名，且高级管理人员中，具有8年以上相关经验的不少于1名；拥有不少于3名熟悉企业运营、财务管理、项目融资的专业人员；

续表

类别	相关法律法规	日期	发布机构	重要内容
保险	保险资金投资股权暂行办法	2010/9/5	保监会	（五）具有丰富的股权投资经验，管理资产余额不低于 30 亿元，且历史业绩优秀，商业信誉良好； （九）最近 3 年未发现投资机构及主要人员存在重大违法违规行为
融资租赁	融资租赁企业监督管理办法	2013/9/18	商务部	第十条，融资租赁企业开展融资租赁业务应当以权属清晰、真实存在且能够产生收益权的租赁物为载体。融资租赁企业不得从事吸收存款、发放贷款、受托发放贷款等金融业务。未经相关部门批准，融资租赁企业不得从事同业拆借等业务。严禁融资租赁企业借融资租赁的名义开展非法集资活动
商业保理	商业保理企业管理办法（试行）（征求意见稿）	2015/3/6	商务部	第十九条，禁入范围商业保理企业不得从事下列活动： （一）吸收存款； （二）发放或受托发放贷款； （三）受托投资； （四）国家规定不得从事的其他活动

扩展阅读

前海母基金的募资策略[①]

前海方舟资产管理有限公司董事长靳海涛在论坛上表示，中国母基金刚刚开始，母基金的收益率和风险度缺乏历史的数据。前海母基金依据中国投资人的状况、中国管理人的情况、国际国内做母基金的经验教训做了一些商业模式的创新，主要集中

① 江晓川. 靳海涛详解前海母基金模式：直投紧密配合母基金[OL]. 腾讯财经，2016.8.

在3点：

一是投基金和投项目结合起来，母基金将其中一半的资金投向母基金业务，另一半则从事直接投资业务。靳海涛进一步说明，这个直投与VC、PE的直投机构有区别，注重子基金投资项目的选择性跟投、已投资项目的后一轮融资及联合投资，而领投的只是个别项目。这样做的目的在于，在最大限度节省精力的情况下保证收益，“不需要我去找项目，只需要选择合适的，也不需要开展投后的直接管理和服务”。

二是商业模式的创新，就是投股权和投项目以及投债权结合起来，股权投资配合总资金约15%的债权投资，实质上类似于夹层投资，“在收益率和流动性中要做一个平衡”。在获得比传统债权投资更高收益的同时，增加股权投资的流动性。靳海涛说，2017年10月，要启动第一次分红，有一定的比例，流动性的问题就能解决，而如果不做债权投资，这个目标就达不到。从多年投资的情况来看，股债结合起来投资可能更方便做，有些项目就适合股债结合。前海母基金不是一个一般意义上的债权投资人，而是围绕资本运作这个过程做夹层的一种投资，解决了流动性问题，会让投资人更喜欢。

三是在全世界母基金里面首次宣布不重复收费。这一表态意味着出资人交由前海母基金管理的资金，无论用于母基金业务，还是直投基金业务，均收取同样的管理费用。换言之，当母基金所投资的子基金向出资人收取管理费时，母基金将不再收取管理费用。

靳海涛说，通过这三个商业模式，前海母基金已经成功募集到215亿元。

二、投资者人数穿透审查限制

为规范在中华人民共和国境内设立的从事非公开交易企业股权投资业务的股权投资企业（含以股权投资企业为投资对象的股权投资母基金）的运作和备案管理，国家发展改革委办公厅于2011年11月发布了《关于促进股权投资企业规范发展的通知》(〔2011〕2864号)。其中特别指出：“投资者人数限制。股权投资企业的投资者人数应当符合《中华人民共和国公司法》和《中华人民共和国合伙企业法》的规定。投资者为集合资金信托、合伙企业等非法人机构的，应核查最终的自然人和法人机构是否为合格投资者，并计算投资者总数，但投资者为股权投资母基金的除外。”根据“非法人机构穿透原则”的要求，即如果一个基金的合伙人或股东是一个合伙企业或信托等非法人机构，需要打通该非法人机构，核查其背后的法人或自然人，计算投资者人数，且该等被打通后的最终投资人亦须满足单个投资人 1 000 万元的最低出资要求。

非法人机构穿透原则目前唯一的例外是在发改委备案的股权投资母基金，但在实际执行时还是会遇到穿透审查的障碍，当其中有公司上市或办理各种 ICP 等证，就会涉及穿透契约基金审查，还按照这个股权投资基金的要求来限制母基金，母基金要穿透，穿透到它的 LP，LP 再穿透，整个下来会很容易超过 200 人的限制。

三、二级市场不健全，资本缺乏流动性

在退出渠道方面，目前国内的 FOFs 退出方式和私募股权投资基金类似，主要通过所投项目 IPO 或并购进行退出，缺少其他通道。这与国内私募股权基金二级市场尚不发达也有关系。但如果退出渠道不通畅，势必会影响对投资者的吸引力。

私募股权投资基金的一个显著特征是流动性差，这主要是由于股权投资的标的都是具体的企业，需要一定的成长时间来实现公司运营的突破，这也使私募股权往往需要等待较长时间，并且需要花费较大精力找到下家“接盘”。在一些私募股权投资发展较为成熟的市场，如美国和欧洲，私募股权二级市场的存在使私募投资机构交易手中的私募股权成为可能，大大提高了私募股权投资基金的流动性。私募母基金的鼻祖 Adams Street（Adams 目前的管理资产总额达到了 270 亿美元）旗下的美国市场母基金，每只母基金计划投资于 60～75 只子基金，其中 70%～80% 的投资通过一级市场认购完成，其余 20%～30% 通过二级市场的份额转让来完成。二级市场不健全的问题，需要国家从政策、法规层面推动，完善二级市场交易机制和从业资格审核，促进私募股权在市场上的流通，从而拓宽国内 FOFs 的退出渠道。

第 三 篇

中国政府引导基金的实践

第八章　政府引导基金运作模式概览

第一节　政府引导基金的设立目的

作为创业投资领域的重要主体之一,政府对一国的经济发展和产业推动起到了非常重要的作用,它应充分发挥宏观指导与调控职能,保障创业投资的良好外部环境,为创业投资提供政策、法律上的支持,克服"市场失灵"问题,防止"挤出效应"的发生。同时,作为资本的提供主体之一,政府也会参与资本市场的运作,通过直接或间接参与的方式,引导并规范资本市场的投资行为。

近年来,政府参与设立创业投资引导基金,引导更多的民间资本进入创业投资领域,充分发挥政府财政资金的杠杆放大作用,克服单纯通过市场配置创业投资资本的市场失灵问题,扶持创新型中小企业的发展。

具体来说,政府设立引导基金的意义主要表现在以下几个方面:

(1)引导社会资金集聚,形成资本供给效应。引导基金的设立能够有效地改善创业资本的供给,解决创业投资的资金来源问题。创业投资的投资期长,风险大,流动性差,它不像股票等证券投资,可以迅速变现、流动性好。民间资本偏好于证券市场,而创业投资等股权投资整体资金供给不足,完全依靠市场机制无法有效解决资本供给不足问题。因此,政府设立引导基金,通过政府信用,吸引保险资金、社保资金等机构投资者的资金以及民间资本、国外资本等社会资金聚集,使资本供给进入创业投资领域,为创业投资提供一个很好的资金来源渠道。

(2)优化资金配置方向,落实国家产业政策。政府引导基金的投资对象是以创新型企业为主体,从而起到引导和带动社会资本对高科技创新企业的投资。目前,我国创业投资者偏好于投资期短、见效快的IT、教育、餐饮等领域项目，而对成长期较长的生物医药、节能环保等领域的项目投资偏少，这与国家科技发展规划所鼓励的方向不协调，创业投资不能有效地发挥其对产业调整和发展的促进作用。

通过设立政府引导基金，以政府信用吸引社会资金，可以改善和调整社会资金配置，引导资金流向生物医药、节能环保、新能源与新材料等战略性新兴产业领域，培育出一批以市场为导向、以自主研发为动力的创新型企业，有利于我国产业结构的调整升级。

（3）引导资金投资方向，扶持创新中小企业。政府引导基金有一个较强的政策导向——扶植极具创新能力的中小企业。目前，国内很多创业投资机构及海外基金均显现出投资企业阶段不均衡的特点，多倾向于投资中后期的项目，特别是已经能看到上市前景（Pre－IPO）的企业。而由于处于种子期与初创期的企业具有很高的风险，正处于生死存亡的关键时刻，很难吸引到资金的投入。创业早期企业存在融资困难，而创业中后期企业则资金供给相对过剩。

通过设立政府引导基金，引导社会资金投资处于初创期的企业，从而可以培养一批极具创新能力、市场前景好的初创期企业快速成长，为商业化创业投资机构进一步投资规避一定的风险，引导其后续投资，用“接力棒”方式将企业做强做大，建立政府资金和商业资金相互促进、相互依赖的创业投资体系。

（4）引导资金区域流向，协调区域经济发展。市场机制的作用会扩大地区间的创业投资资源不平衡现象，经济条件优越、发展条件越好的东部地区，越容易获得创投资本；而经济条件恶劣、发展越落后的中西部地区，越难获得创投资本。创业投资资本分布的不平衡进一步扩大了区域经济之间的差距。通过设立政府引导基金，引导社会资金投资于中西部地区，争取更多的中西部投资项目，有利于缓解区域间经济发展不平衡，对促进区域经济协调发展有好处。

第二节　政府引导基金的运作模式

从上节可看到，政府引导基金是指由政府设立并按市场化方式运作的政策性基金，其核心目标是发挥财政资金的杠杆放大效应，增加创业投资资本的供给，克服单纯通过市场配置创业投资资本的市场失灵问题。因此，相对于市场化母基金，政府引导基金在设立、募资、管理、投资及退出等方面有自己的特性。本节将对政府引导基金的运作模式做总体性介绍。

一、政府引导基金的设立模式

（一）政府引导基金的资金来源

根据2008年10月由国家发展改革委、财政部、商务部联合制定的《关于创业投资引导基金规范设立与运作的指导意见》（以下简称《指导意见》）的要求，政府引导基金的资金来源主要为：支持创业投资企业发展的财政性专项资金；引导基金的投资收益与担保收益；闲置资金存放银行或购买国债所得的利息收益；个人、企业和社会无偿捐赠的资金等。

早期国内的政府引导基金资金来源主要有两种：一是地方政府通过财政出资独立完成，二是政府与政策性银行联合出资设立。绝大多数已设立的引导基金资金均来源于政府财政出资，只有少数的早期政府引导基金资金来源于政策性银行，比如，由地方政府联合国家开发银行共同出资设立的苏州工业园区创业投资引导基金、天津滨海新区创业投资引导基金、吉林省创业投资引导基金以及山西省创业风险投资引导基金；由地方政府联合中国进出口银行共同出资设立的成都银科创投及重庆市科技创业投资引导基金等。

目前，随着政府引导基金的设立越来越市场化，资金来源也越趋于多元化。例如，中关村协同创新基金的资金一部分来自中关村发展集团（国企），另一部分来自银行。中关村并购母基金除了政府，还有来自上市公司、券商、银行的资金。

扩展阅读

北京市小企业创业投资引导基金运作及出资模式

2008年，北京市政府出资8亿元设立“北京市中小企业创业投资引导基金”。北京市中小企业服务中心代表北京市政府，作为引导基金的名义出资代表和日常管理机构。北京市创业投资引导基金不直接投向中小企业，而是采取三部曲办法，以参股支持方式引导创业投资机构共同设立创业投资企业，重点投资于符合北京城市功能定位和相关产业政策的创业期科技型、创新型中小企业。第一步是由北京市政府出资8亿元，纯财政资金设立母基金，第二步是与社会投资机构合作，与社会投资机构的投资结合，构成若干子基金，完成资金的第一次放大。第三步由合作子基金直接向企业投资，并且按照《公司法》的要求，设立投资类有限责任公司。

北京市中小企业创业投资引导基金规定：引导基金出资参股创投企业总额不超过参股创投企业实收资本的30%，且不成为第一大股东；参股创投企业投资于创业期中小企业的资金额度不低于引导基金出资额的2倍；参股创投企业投资于北京区域内企业的资金额度不低于引导基金出资额的两倍。

（根据相关资料整理. www. bjeit. gov. cn/ztzl/zxgycytzydjj）

（二）政府引导基金的法律结构

在政府引导基金设立的法律结构上，《指导意见》指出：引导基金应以独立事业法人的形式设立，由有关部门任命或派出人员组成的理事会行使决策管理职责，并对外行使引导基金的权益和承担相应的义务与责任。

目前，各地引导基金的运作主体除了独立事业法人之外，亦有部分引导基金以企业法人制（公司制）设立，在不同的法律结构下，引导基金的运作模式、监管模式以及考核激励体制均有所不同。

独立事业法人制引导基金，因其事业单位的性质，更加强调“社会服务”“让利于民”的特点，其基金管理多委托第三方管理机构，少数成立事业编制基金管理团队，对管理团队的考核与同级国有企业类似，相对缺乏有效的利益驱动。

企业法人制引导基金多采用公司制，由于对国有资产负有保值增值的义务，它一般会按照同股同权的原则获取基金收益，对管理团队的激励机制相对市场化，某些地方已在实行参股激励方式，已经在向专业的市场化 FOFs 转型。

二、政府引导基金的管理模式

对政府引导基金的管理运作，地方政府一般会成立引导基金管理委员会（或投资决策委员会）作为基金的最高投资决策机构，行使引导基金决策和管理职责。管理委员会一般不直接参与引导基金的日常运作。

管理委员会主要是由地方政府及相关职能部门的负责人组成，比如，深圳市创业投资引导基金管理委员会主任由分管科技工作的副市长担任，市发改委、经贸信息委、科技创新委、财政委、前海管理局等作为成员单位。各地引导基金管理委员会的成员构成、职务分配等均有区别，其权利重心也不相同，发改委、经贸信息委、科技创新委、财政委、前海管理局等职能部门在不同的引导基金中会扮演不同角色，并对引导基金的投资决策及管理模式等产生影响。总体来看，引导基金的管理主要归口发改委和科技部门两大系统，前者的主要导向是推动本地创投业的发展，后者则主要致力于推动中小科技企业融资。

对日常管理及投资运作，各地引导基金的管理模式亦有很大差别：有的会新设引导基金管理机构，或以公司制设立并对其自行管理，有的则委托相关事业单位或外部机构管理。目前，引导基金的管理方式主要有以下几种：

一是成立独立的事业法人主体作为基金的管理机构。比如，深圳市创业投资引导基金专门成立了深圳市创业投资引导基金管理委员会办公室（市创投办），负责引导基金的日常管理工作；南京市创业投资引导基金的日常管理运作，也是由专门成立的南京市创业投资发展中心负责。

二是委托地方国有资产经营公司或政府投资平台公司负责引导基金的管理运作。比如，石景山区创业投资引导基金是以石景山区国有资产经营公司作为受托管理机构，负责引导基金的运作；石家庄市创业投资引导基金委托石家庄发展投资有限公司负责具体投资运作。

三是委托地方国有创投企业负责引导基金管理运作。如苏州工业园区创业投资引导基金的管理机构为苏州元禾控股集团，上海市创业投资引导基金由上海创业投资有限公司作为管理机构，广州市创业投资引导基金则委托广州市科技风险投资公司管理。

四是成立引导基金管理公司或者由公司制引导基金自行管理。前者如北京股权投资发展基金管理有限公司、浙江省创业风险投资引导基金管理有限公司，此类公司并非引导基金的出资主体，而仅作为受托机构负责基金管理运作；后者如上海浦东科技投资有限公司、成都银科创业投资有限公司等，由公司内部团队负责基金管理运作，内部治理按照《公司法》执行。

五是委托外部专业管理机构负责引导基金管理。如上海杨浦区人民政府引导基金委托美国硅谷银行，金山区、闵行区创业投资引导基金委托盛世投资，绍兴市创业投资引导基金委托凯泰基金等。此外，2009年成立的安徽省创业（风险）投资引导基金、2012年成立的荆州市创业（产业）投资引导基金均曾委托浦东科投作为其管理机构，也可算作委托专业机构管理的典型代表。

在基金管理费方面，对引导基金管理机构来说，一般会得到2%左右的固定管理费。由于多数引导基金出于政策导向，主要以带动社会资本参与创业投资为主要目的，并无营利要求，因此，管理机构获得业绩分成的情况并不常见。

少数引导基金为鼓励基金投向本地，会设置一些奖励机制，比如，深圳市创业投资引导基金规定，按照市场通行规则，在各出资人收回对子基金实缴出资的前提下，将子基金投资净收益的20%奖励给子基金管理机构，其余80%部分由各出资人按照出资比例进行分配。为鼓励子基金更多投资深圳本地项目，子基金到期清算时，对来自深圳本地初创期项目的子基金净收益，引导基金对子基金管理机构的奖励比例由20%提高至50%；对来自深圳本地早中期项目的子基金净收益，引导基金对子基金管理机构的奖励比例由20%提高至30%。

另外，部分引导基金决策机构通常会招标或指定一家境内商业银行，作为引导基金的资金托管银行，具体负责资金保管、拨付、结算等日常工作，并对基金运作负有一定的监管职责；大部分引导基金的资金的监管、拨付等工作划归当地财政局，引导基金管理机构的资金账户仅起到资金中转的作用，如深圳市创业投资引导基金。此外，有的引导基金理事会委托第三方机构对引导基金运作绩效进行评估，日常运作中会聘请中介机构对所参股创业投资机构进行尽职调查及各类审计工作。

三、政府引导基金的投资方式

根据《指导意见》的要求，引导基金应按照“政府引导、市场运作，科学决策、防范风险”的原则进行投资运作，其扶持对象主要是按照《创业投资企业管理暂行办法》规定程序备案的在中国境内设立的各类创业投资企业。引导基金本身不直接从事创业投资业务。

目前来看，我国引导基金的主要投资方式有阶段参股、跟进投资、风险补助、融资担保及投资保障等。

（一）阶段参股

阶段参股是引导基金目前主要的运作模式，是指引导基金向创业投资企业进行股权投资，并在约定的期限内退出，主要支持发起设立新的创业投资企业。在该模式下，引导基金按照创投母基金（FOFs）的方式运作，与创业投资机构合作成立子基金，然后子基金投向创业企业，在此过程中，引导基金不参与子基金的日常管理，仅仅充当出资占股角色。子基金中引导基金的认购比例一般不超过25%，且不能成为第一大股东。该运作方式能够通过发起设立创业投资基金引导民间资本投资初创期企业，从而起到对政府资金的杠杆放大作用。

（二）跟进投资

跟进投资是指对创业投资机构选定投资的初创期科技型中小企业，引导基金与创业投资机构共同投资。一般来说，创业投资机构在选定投资项目后或实际完成投资一年内，可以申请跟进投资。

（三）风险补助

风险补助是指引导基金对已投资于初创期科技型中小企业的创业投资机构予以一定的补助。财政部、科技部印发的《科技型中小企业创业投资引导基金管理暂行办法》规定，引导基金按照最高不超过创业投资机构实际投资额的 5% 给予风险补助，补助金额最高不超过 500 万人民币。风险补助资金主要用于弥补创业投资损失。

（四）投资保障

投资保障是指创业投资机构将正在进行高新技术研发、有投资潜力的初创期科技型中小企业确定为“辅导企业”后，引导基金对“辅导企业”给予奖励。《科技型中小企业创业投资引导基金管理暂行办法》规定，引导基金可以给予“辅导企业”投资前资助，资助金额最高不超过 100 万元人民币，资助资金主要用于补助“辅导企业”高新技术研发的费用支出。

四、政府引导基金的投资条件

对于参股基金，政府引导基金均要求尽量不参与子基金管理运作，尊重创投机构的决策程序及市场化管理运作。但是，部分引导基金还是会在参股子基金中扮演一定的决策角色，比如，黑龙江省引导基金要求在所扶持创投机构的董事会或决策部门中至少须有 1 个席位，并行使相应的权利；河北省中小科技企业引导基金以及石家庄市引导基金，均要求投资对象为公司制基金，并按股东权利执行管理。

（一）参股基金的注册与投资策略限制

出于“政府引导”目的，引导基金对参股基金的注册及投资策略有诸多规定。多数引导基金要求参股基金在本地注册，部分地市级引导基金仅要求基金注册于本省。基金注册资本要求在3 000万至1亿元不等，上海市创投引导基金甚至要求新参股设立的创投基金规模不少于2亿元（种子期基金规模原则上不少于1亿元）。

对于子基金的法律形式，多数引导基金可接受公司制和有限合伙制两种，少数引导基金仅限公司制基金，如河北省中小企业创投引导基金、青海省中小企业创投引导基金等。对基金管理公司，部分引导基金要求在本地注册，如深圳市创业投资引导基金及安徽省创业（风险）投资引导基金，多数则未作要求。

（二）参股基金的投资范围限制

首先，在投资区域上，多数基金要求参股基金主要投资于本地辖区，要求投资比例不尽相同。例如，北京市中小企业引导基金要求投资于北京区域内创业期中小企业的资金额度不低于引导基金出资额的2倍；安徽省引导基金要求参股基金投向安徽省早期创新型企业的投资比例不得少于年投资总额的50%；湖北省创业投资引导基金要求投资湖北省内企业的资金总规模不得少于注册资本的60%。

不过，由于地域投资比例要求对投资机构项目源有较大限制，在实际运作中，部分引导基金在参股之后逐步放宽了投资限制。比如，苏州工业园区引导基金在最初发布的管理办法中，要求参股基金对园区企业的投资总额不低于引导基金出资额的2倍，实际上该引导基金基本实现了市场化运作，参股基金并未受限于这一规定；2010年成立的青岛市创投引导基金，最初要求参股基金投资于青岛辖区企业的比例不低于基金总额的70%，而目前仅要求其中引导基金出资部分投资于青岛。

（三）参股基金的投资行业限制

在行业方面，引导基金的限制并不严格，包括新兴产业、高科技产业、地方优势产业等都在鼓励范围内。如深圳市创业投资引导基金要求，参股基金应重点投向深圳市政府确定的生物、互联网、新能源、新材料、文化创意、新一代信息技术等战略性新兴产业及其他重点鼓励发展的产业，且每支参股子基金投资与上述约定产业领域的资金比例不低于基金注册资本或承诺出资额的60%，投资于初创期项目和早中期项目的资金比例不低于基金注册资本。由于这些行业与创投基金自身投资策略较为契合，因此，行业要求很少对创投基金构成障碍。

（四）参股基金的投资阶段限制

在投资阶段方面，引导基金作为政府服务功能的一个载体，其服务中小企业发展的政策导向十分明显，因此，多数引导基金对其参股基金投资中小企业的比例有明确要求，比如，江苏省新兴产业创投引导基金、浙江省创投引导基金等要求投资初创期创业企业的投资额比例不得低于全部投资额的30%；湖北创投引导基金要求子基金投资于种子期、初创期、早中期投资对象的资金规模不得少于注册资本的60%；北京市文化创意产业引导基金要求投资于创业早期文化创意企业的金额不低于引导基金出资额的2倍；深圳市创业投资引导基金要求投资于初创期、早中期项目的投资比例不低于引导基金出资额的2倍。

五、引导基金的退出方式

由于引导基金是一种不以盈利为目的的政策性基金，引导基金退出及利益分配过程中，通常遵循“保障政府资金”和“让利于民”的原则。根据《指导意见》的要求，引导基金可以通过上市减持、股权转让、企业回购等多种途径实现退出。目前来看，引导基金的退出方式主要有两种：一是引导基金在所投资的创业投资企业存续期内将其所持股份有限转让给其他社会投资人或公开转让，但原始投资者在同等条件下具有优先购买权；二是引导基金投资的创业投资企业在到期后清算退出。引导基金投资形成股权的退出，应按照公共财政的原则和引导基金的运作要求，确定退出方式和退出价格。一般来说，引导基金的参股期限为5～10年。

扩展阅读

优势与制约共存，政府引导基金对于GP而言是把双刃剑[①]

募资对于GP而言是一个绕不开的坎，特别是对人民币的GP。我跟一些投资机构接触，它们说基本上每年都在募资，甚至一年要募集两期以上的基金，人民币基金存续期基本上都是4+3或者更短的3+2，每只基金规模不可能太大，所以募资对GP而言是个常态。

政府引导基金的优势有以下几点：

第一，资金来源比较稳定。政府引导基金由财政负责出资，根据需求安排，没有额度限制。政府如果确定给某个GP出资的话，只要GP不出现违约违规情况，这笔资金从财政角度来看就一定是要安排的，所以其资金来源是确定的，不存在某些社会LP第一期出资后，第二期没法出资的情况。

第二，如果GP能申请到政府引导基金，在对外宣传及品牌形象上有一定的加分因素。

第三，政府引导基金不以追求高收益为目标，但比较看重保本。换句话说，在保本前提下，政府引导基金的投资收益是可以向GP或LP去让渡的，这对GP募集其他社会LP有一些帮助。

当然，政府引导基金也存在对GP的制约：

第一，政府引导基金比社会LP在基金监管方面要求更严格。比如说，在基金投向方面就有领域、地域、阶段等限制。同时，因为政府引导基金是国有资产，必然会受到国资委监管或是审计延伸检查。近期某个地方的政府引导基金参股基金在项目退出过程当中被要求去产权交易所进行招拍挂，增加了很多工作量。此外，政府引导基

---

① 孟兆辉．申请政府引导基金必须要知道的三个关注点［OL］，2016．11．http://www．jiemian．com/article/949765．html．

金参股基金不允许进行债权投资，闲置资金要求存入银行或购买国债，不能去买理财产品，这对整体基金的收益水平都会有一定的影响。

第二，政府引导基金的存续期一般在8~10年，期间政府部门领导可能会有变化，不变的情况比较少。在领导变更的背景下，后续接任的负责人有可能对基金监管的方式进行一些调整。对GP而言，换人以后还需要有个磨合过程。

第三，政府引导基金有放大倍数的要求，目前大部分都是做1:5的杠杆。这种情况下，GP需要有所取舍，因为你拿到的钱只占到10%或者20%，但是政府引导基金的监管会影响到整个基金的投向。要不要政府引导基金，需要GP内部去讨论和决策。

概括地说，如果GP拿到政府引导基金，一方面是被认可，另一方面是被监管，这是一把双刃剑。在确定去拿引导基金之前，对此要做一个仔细的分析和判断，看究竟值不值得。

政府引导基金适合哪些GP去申请呢？

第一种是新GP，没有过往业绩。比如说，某几个投资负责人，或者是项目经理，志同道合去组建一个新GP，这时候去申请引导基金是一个比较好的选择。

第二种是以前用自有资金或者是朋友资金去投天使项目，后面开始做VC阶段投资的GP。

第三种是大企业。上市公司也好，新三板企业也好，它们申请政府引导基金，出资比较确定，同时有投资关联产业上下游相关项目的需求，拿到政府的钱对自己的产业投资有一定帮助。

申请政府引导基金的三大关注点

如果GP经过分析和判断，决定去申请政府引导基金，需要了解政府引导基金在审核GP提交方案时的关注要点。

第一个关注点是社会出资的确定性。政府引导基金比较看重社会资金的出资承诺和出资能力，会关注社会LP的审计报告和财务报表，证明它能够出资。

政府引导基金不希望出现某一个或者某几个社会LP不能出资的情况，这样的话会影响政府后续资金的出资。

第二个关注点是团队的过往业绩。很多申请政府引导基金的GP是新组建的，政府引导基金会关注团队成员在过往GP中的投资业绩，同时对团队成员过往合作经历也比较看重。

我们遇到过这种情况，几个在不同GP的人跳出来组成一个新的GP，然后去申请引导基金，申请成功以后，因为以前这些人没有合作过，在对项目的判断或投资理念上有分歧，最后分道扬镳。

第三个关注点是基金的组织架构。核心还是看LP如何参与到投资决策过程当中。现在国内创投基金大部分都会有LP要求在投委会占有一定席位的情形，除非是特别牛的GP可以跟LP去进行谈判或者博弈，一般的二线、三线GP都会遇到LP要参与投委会的需求。

对于LP要参与投委会的要求，要具体情况具体分析，其实还是希望LP和GP之间有制衡，LP的话语权不能太大，但是LP如果参与，对政府引导基金也是一个保护，我们可以躲在后面去看LP和GP之间的平衡。我们不希望LP一股独大控制基金投向。

申请政府引导基金的方案现在有很多，大家如果想申请，相应的模板也可以拿到，如果把前面几个问题解决好了，去申请引导基金不是太困难。

第九章 投资及管理实践

第一节 与市场化母基金的差异

政府引导基金的主要资金来源于政府财政，正是由于资金来源的不同，决定了政府引导基金与市场化母基金有本质的不同，主要表现在以下几个方面：

第一，设立主体不同。引导基金一般由政府部门主导设立，带有一定的政策目标，而市场化 FOFs 一般由商业机构按市场原则设立。

第二，设立目的不同。市场化 FOFs 作为母基金，是为了获得最大收益并最大限度地分散风险而设立，以赢利为目的；而相对于经济效益，政府引导基金的产业引导目的更强，基金管理方希望通过引入社会资本带动区域内产业的发展和升级，以及引入有良好发展前景的新兴产业，并通过这些方式实现振兴区域经济的目的。在收益分配上，政府引导基金往往带有税收返还、让利等优惠政策。

第三，投资原则不同。政府引导基金为了实现其引导放大的功能，一般规定了所能投资的子基金的投资领域和投资阶段，以保证其符合政策要求，同时对子基金投资阶段、投资标的规模、单笔投资规模有一定要求，因此限制较多；而市场化 FOFs 则没有这样的要求，完全是以收益最大化原则进行投资，在控制风险的前提下，可以投资于政策允许的任何领域，以保证投资者获得最大的收益。

上述差异决定了政府引导基金在投资和管理的各个层面，包括投资策略、基金筛选标准、基金监控、激励机制以及退出方式等，均与市场化 FOFs 存在差异。在接下来的章节中，我们就这些具体的差异化进行探讨。

第二节　投资实践的差异

总体上说，政府引导基金的投资框架也遵循市场化母基金的同样原则，在战略层面上首先是基金的整体投资组合的设计，在战术层面上落实到对优秀 GP 的筛选和投资，但是具体的内涵和侧重点会非常不同。

一、构建投资组合

政府引导基金发布的申报指南中，对子基金投资的行业、阶段、区域都有非常明确的要求。通常我们将这理解为“投资限制”，但从某种意义上来说，对行业、阶段、区域的规定，也是政府引导基金设计的投资组合。我们从这个角度与市场化母基金进行对比。

从行业来看，政府引导基金主要集中在战略新兴产业，或者当地优势产业，是当地政府急欲发展的产业。例如，北京高精尖产业发展基金主要投资战略新兴产业，但是结合北京地区优势和未来发展规划，IT 会多一点，生物医药是其次，而新能源、新材料、节能环保、高端装备，这些比较少，在北京大疏解的背景下，很多的生产环节在北京是没法做的。中关村协同创新基金定位服务科技，主要投资大信息、大健康、大环保、大制造四大方向，大信息包括大数据、云计算、AR/VR，大健康包括药、器械、医疗服务，大环保包括新能源，大制造包括工业 4.0、智能制造。

从阶段来看，政府引导基金设立的初始目的之一是为了克服单纯通过市场配置创业投资资本的市场失灵问题，补充创业资本的不足，引导更多的民间资本进入创业投资领域。因此，政府引导基金更多配置在早期阶段。以深圳市政府投资引导基金为例，其规定“创新创业类子基金投资于初创期、早中期创新型企业的资金额不低于子基金可投资金总额的 60%；新兴产业发展类子基金可对企业的各个阶段进行投资”。

根据投中研究院 2016 年政府引导基金调研数据，目前政府引导基金倾向于投资的子基金类型仍以早期基金、创投基金、成长基金为主，此三类基金合计占比超过60%（图 9－1）。

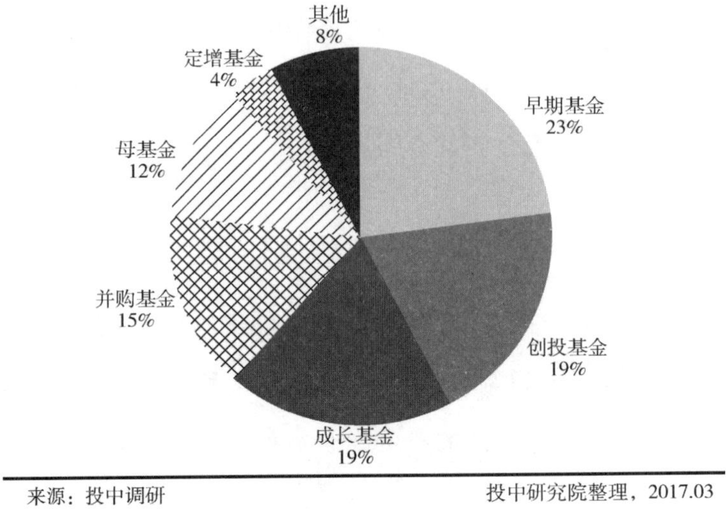

图 9－1　2016 年政府引导基金倾向投资的子基金类型

目前的发展趋势是，政府引导基金不再局限于创投基金，而是呈现多元化趋势，开始在企业发展全生命周期、企业发展全产业链以及支持国家及地方发展战略等方面提供全方位的支持作用。

从区域来看，政府引导基金一般都规定了双注册，即基金管理公司和基金都注册在当地，并且一般都规定了反投比例。

从基金类别上看，实践中很多政府引导基金甚至大部分配置到了新设立的基金上，但往往这不是主动配置的结果。政府引导基金诸多方面的限制，使那些募资能力比较强的白马基金不愿意接受政府的资金。而一些新成立的基金，本身还缺乏长期的业绩记录，他们更愿意接受政府资金作为自身成长的跳板。政府引导基金变成了“GP 孵化器”的角色。

以上种种，虽然从最终结果上来看，政府引导基金的选择可能与市场化母基金的选择有所重合，但是政府引导基金设定这些条件的出发点是引导，目的是为了引入有良好发展前景的新兴产业,并通过这些方式实现振兴区域经济。与市场化母基金完全以追求财务回报为目标而考虑的资产配置完全不同。

这一差异突出表现在对资产配置的动态调整上。市场化母基金会追踪市场的变化,主动发掘市场机会和热点的变化,从而调整相应的主动资产配置的重点。而政府引导基金要么缺乏这样的机制,要么比较被动地响应。

二、筛选及投资基金的流程

一般而言,政府引导基金筛选合作对象的流程有以下几个:公开征集、初审立项、尽职调查、预审复核、投资决策、社会公示。在这些流程中,公开征集、专家评审、社会公示这些环节与市场化母基金明显不同,后者更是私密运行,没有公开的过程。

(一)公开征集

在确定参股子基金、参股子基金管理机构的要求后,一般由政府引导基金管理委员会或引导基金受托管理机构按照政府引导基金管理委员会批准的政府引导基金年度资金安排计划,面向社会发布申报指南,并征集参股政府引导基金合作私募股权投资基金管理机构。有合作意向的投资机构向基金管理公司提交合作设立子基金方案或增资方案,以及政府引导资金《申报指南》规定的其他材料。政府引导基金受托管理机构根据发布的征集工作方案和申报指南,受理合作设立子基金申请,对符合申报要求的子基金管理机构进行初步筛选。政府引导基金受托管理机构依据相关文件对申请机构提供申报材料的真实性、完整性、准确性、合规合法性进行初步审查,以确定申报机构是否符合申请资格。

(二)初审立项

根据政府引导基金管理委员会制定的投资规则及投资策略,基金管理公司对已提交的子基金设立申请进行初步调查与审核,对子基金设立方案通过初步筛选的,由基金管理公司对其进行正式立项,通过筛选的子基金管理机构按要求提交立项报告和投资方案。

引导基金需设立独立的评审委员会，对符合申报要求并通过形式审查的股权投资机构（基金）及其投资方案进行专家评审。评审委员会可以由引导基金管理委员会直接组织专家建立，也可以委托引导基金的管理机构代为组织专家建立。各评审专家秉持公平公正的原则对各股权投资机构（基金）给出评分结果和评审意见。

（三）尽职调查

对通过评审的股权投资机构（基金），管理机构需自行或委托第三方中介机构进行尽职调查，并提交尽职调查报告，为投资方案提供建议。国家级引导基金一般出资金额较大，对资金安全性要求较高，大多会邀请商业机构、会计事务所、律师事务所三方同时入场，对拟合作的机构进行深入且细致的调查；由于政府出资态度趋于谨慎，部分省级引导基金也开始参照国家级引导基金的标准，邀请三方机构同时入场；而对于一些区县级的引导基金，其出资金额较少，承担的风险较小，所以更多地只会选择邀请商业机构入场。

（四）预审复核

尽职调查结束后，由基金管理公司核实、审查尽职调查报告，提出投资建议，组织召开预审会，对子基金申报方案进行复核，确定拟上会子基金名单。

（五）投资决策

引导基金管理委员会根据评审意见和尽职调查报告，召开决策会议，在认真审查、充分讨论的基础上，对股权投资机构（基金）进行表决，形成最终决策意见。参见表 9－1。

表 9－1　某创业投资基金合作机构专家评审会评分表①

申报机构名称：

序号	评价指标	分值	评分
1	创投机构的投资能力	40	
1.1	发起人在业内的声誉	10	
1.2	管理团队（投资决策委员会成员）投资管理经验	10	
1.3	管理团队（投资决策委员会成员）的投资业绩	20	
2	创投机构管理、运作制度	15	
2.1	项目遴选、投资决策机制	5	
2.2	激励约束机制	5	
2.3	风险控制机制	5	
3	基金设立方案	45	
3.1	发起人对投资领域的认识与理解	10	
3.2	设立方案的合规性（是否符合国家和北京市相关规定，并提供公开征集通知中的材料）	10	
3.3	设立方案的可行性（社会出资来源是否明晰）	15	
3.4	投资领域项目储备质量	10	
总分		100	
对申报方案的综合评价及意见建议： 专家签名：			

（六）社会公示

对最终审核通过的股权投资机构（基金），通过政府网站或其他网络媒体、电视、

① 由北咨基金提供。

广播媒体，报纸、杂志或其他便于社会各界知晓的途径进行社会公示，接受社会各界的监督。公示有异议的，启动相关调查程序；公示无异议的，进入子基金合伙协议或公司章程等各项法律文件的起草、谈判环节，形成最终版本后申请签署盖章和资金拨付。

三、筛选管理人

2016 年 12 月 30 日，国家发展改革委公布了《国家发展改革委关于印发〈政府出资产业投资基金管理暂行办法〉的通知》，对私募股权基金管理人做了如表 9 – 2 所示的特别规定。

表 9 – 2

序号	事项	要求
1	实收资本	实收资本不低于 1 000 万元人民币
2	高级管理人员数量	3 名以上
3	高级管理人员经验	具备 3 年以上资产管理工作经验
4	违法行为禁止	政府产业基金管理人及其董事、监事、高级管理人员及其他从业人员在最近三年无重大违法行为

这从法规层面规定了政府引导基金筛选 GP 管理人最基础的条件。各地政府引导基金在发布申报指南时，都会明确 GP 管理人申报的具体条件。

扩展阅读

深圳市政府引导基金申报指南

深圳市政府投资引导基金（以下简称“市引导基金”）是由市财政资金出资设立，并按市场化方式运作的政策性基金。市引导基金的宗旨是发挥市场的资源配置作用和财政资金的引导放大作用，引导社会资本投向创新创业、新兴产业发展、城市基础设施建设、民生事业发展等领域，培育新兴企业，促进产业转型升级，提升民生事业和城市基础设施建设水平。

深圳市政府投资引导基金2017年度拟参股子基金申报指南及管理机构遴选办法节选如下。

一、子基金管理机构应具备的条件

（一）运营资质

子基金申请机构应是在中国大陆工商注册，实缴资本不低于1 000万元人民币，且已取得私募投资基金相关登记备案资质的机构，最近三年不存在重大违法违规行为。

子基金管理机构可由子基金申请机构自行担任，此种情况下子基金申请机构应在深圳市工商注册，实缴资本不低于1 000万元人民币且不低于其在子基金中认缴出资额；子基金管理机构还可由子基金申请机构新设，子基金申请机构应为新设管理机构的主要股东（公司制）或普通合伙人（有限合伙制），新设子基金管理机构必须在深圳市工商注册，实缴资本不低于1 000万元人民币且不低于其在子基金中认缴出资额，而且必须在市引导基金实际出资前取得私募投资基金相关登记备案资质。

（二）管理团队

创新创业类子基金管理机构应至少有3名具备3年以上早期项目投资经验或相关行业经验的高级管理人员，彼此之间有3年以上合作经历；新兴产业发展类子基金管理机构至少有不少于10名专业投资人员，其中具有5年以上相关经验的不少于3名，彼此之间有3年以上合作经历；各类子基金管理团队关键人在基金运作期间不得中途退出，核心成员变动须经合伙人大会或股东会表决通过；管理团队主要成员无受过行政主管机关或司法机关处罚的不良记录。

（三）投资能力

创新创业类子基金管理机构或其主要股东（公司制）、普通合伙人（有限合伙制）累计管理创业投资基金规模不低于2亿元人民币，所管理的创业投资基金中至少有3个以上初创期、早中期企业的成功投资案例（项目回报率不低于50%，基金整体不亏损）；新兴产业发展类子基金管理机构或其主要股东（公司制）、普通合伙人（有限合伙制）累计管理股权投资基金规模不低于 20 亿元人民币，所管理的股权投资基金中成功退出的项目不少于 5 个（项目回报率不低于 50%，基金整体不亏损）。

（四）资金募集

子基金管理机构应向符合《私募投资基金监督管理暂行办法》（证监会第 105 号令）、《政府出资产业投资基金管理暂行办法》（发改财金规〔2016〕2800 号）等规定的合格机构投资者募集资金；申请新设子基金的，子基金管理机构在提交基金申报方案时，应至少已经募集到拟设立子基金总规模 80% 的资金（含市引导基金出资部分），并提供拟出资人的出资承诺函、出资能力证明等材料（子基金申报方案获得通过后，在签署合伙协议或公司章程时，该申报方案中已承诺出资的社会出资人变动调整不得超过 50%）；申请市引导基金增资的子基金注册时间应不超过 6 个月，同时应提供现有子基金全体出资人同意申请市引导基金出资且以平价增资并豁免市引导基金罚息的合伙人会议决议或股东会决议。子基金申请机构必须承诺自市引导基金投资决策机构作出有效投资决议之日起 6 个月内完成子基金的全部募资工作。

（五）管理制度

子基金管理机构的公司治理、内控机制等管理制度健全，有规范的项目遴选机制、投资决策机制、激励约束机制、跟进投资机制、资产托管机制和风险控制机制。

二、子基金的设立要求

（一）组织形式和类型

子基金组织形式为公司制或合伙制，主要分创新创业类和新兴产业发展类两大类。

创新创业类子基金指以中小微企业为主要投资对象，主要以股权投资方式投资于初创期、早中期创新型企业的股权投资子基金。

初创期创新型企业是指符合如下条件的企业：成立时间不超过 5 年，职工人数不超过 300 人，直接从事研究开发的科技人员占职工总数的 20% 以上，资产总额不超过 3 000 万元人民币，年销售额或营业额不超过 3 000 万元人民币。

早中期创新型企业是指符合如下条件的企业：职工人数不超过 500 人，资产总额不超过2亿元人民币，年销售额或营业额不超过2亿元人民币。

新兴产业发展类子基金指主要以股权投资方式投资于符合深圳市产业发展规划的战略性新兴产业、未来产业和其他市政府重点发展产业的股权投资子基金。

（二）注册地址

深圳市。

（三）规模及出资

创新创业类子基金单支规模不低于5 000万元人民币，申请市引导基金出资占比不超过30%，新兴产业发展类子基金单支规模不低于5亿元人民币，申请市引导基金出资占比不超过25%。子基金管理机构在子基金中的出资比例不低于1%，子基金管理机构与其关联方在子基金中合计出资比例超过1%的，子基金管理机构的出资比例可放宽至不低于0.5%。子基金中各层次、各级别的财政资金和国有成分资金出资总额占子基金认缴出资总额的比例不超过49%。市引导基金有权在其他出资人的出资款实际到位后再行出资。

（四）存续期限

创新创业类子基金存续不超过10年，新兴产业发展类子基金存续不超过8年。

（五）投资领域

各类子基金应主要投资于深圳市扶持和鼓励发展的战略性新兴产业、未来产业和其他市政府重点发展的产业，其中新兴产业发展类子基金投资于此类企业的资金额不低于子基金可投资金总额的60%。

（六）投资阶段

创新创业类子基金投资于初创期、早中期创新型企业的资金额不低于子基金可投资金总额的60%；新兴产业发展类子基金可对企业的各个阶段进行投资。

（七）投资地域

各类子基金投资于深圳市注册登记企业的资金应不低于市引导基金出资额的2倍，其中新兴产业发展类子基金可包含投资后企业注册地迁往深圳或主要生产研发基地落户深圳所对应投资额。

（八）投资决策

子基金采取市场化机制运作，由管理机构依据合伙协议或公司章程等相关约定进行投资决策。市引导基金不干预子基金日常运营管理，但有权委派1名代表作为观察员或外部委员列席基金投资决策会议，对基金拟投资项目是否符合法律法规及相关规范性文件、子基金合伙协议或公司章程等进行合规性审核，对不符合规定的拟投资项目享有一票否决权。

（九）管理费

参照市场惯例，以子基金认缴或实缴出资总额扣除已退出项目投资本金的余额为计算基数，创新创业类子基金每年最高不超过2.5%，新兴产业发展类子基金每年最高不超过2%，鼓励投资期后降低管理费率，子基金所有出资人均适用统一的管理费标准；所有与投资项目相关的考察和尽调等费用均由子基金管理机构承担。

（十）收益分配及亏损承担

原则上采取“先回本后分利”方式，投资收益先按照子基金各出资人实缴出资比例分配给各出资人，剩余的投资收益再按照子基金合伙协议或公司章程等约定的方式予以分配。按单个项目进行收益分配时，对子基金管理机构获取的利润分成应设置相应的钩回机制，即应将其获取的收益分成在分配时按50%比例留存在子基金，待确保其他出资人收回出资后再行分配；若其他出资人在基金清算时不能收回投资，子基金管理机构应将其已获取的收益分成退回其他出资人，以弥补其他出资人的投资损失。

子基金清算出现亏损时，应首先由子基金管理机构在基金中的出资承担，不足部分再由子基金各出资人按出资比例承担，市引导基金承担金额以其出资额为上限。

（十一）风险控制

1. 投资限制

子基金对单个项目的投资金额不得超过子基金总规模的20%，如超过则需经子基金合伙人大会或股东会表决。子基金存续期内，投资回收资金不得再用于对外投资。

子基金不得从事以下业务：

(1)投资二级市场股票、期货、证券投资基金、评级AAA以下的企业债、信托产品、非保本型理财产品、保险计划及其他金融衍生品；

(2)从事担保、抵押、房地产(包括购买自用房地产)等业务；

(3)用于赞助、捐赠等支出；

(4)吸收或变相吸收公众存款，或向任何第三人提供贷款和资金拆借；

(5)进行承担无限连带责任的对外投资；

(6)国家法律法规禁止本类基金从事的其他业务。

2. 专注度要求

子基金合伙协议或公司章程应对子基金管理机构的关键人进行锁定，关键人在子基金投资期内不得中途退出，在子基金完成70%的投资进度之前，关键人不得参与同类型投资策略的基金，不得作为其他基金的关键人，具体内容应在子基金合伙协议或公司章程中详细约定；子基金完成可投资金总额70%的投资之前，子基金管理机构不得募集、发起、设立相同投资领域或投资策略的其他基金。

3. 资金托管

子基金资产应委托一家商业银行进行托管，托管银行由子基金管理机构选择并经子基金全体出资人一致同意。托管银行接受子基金委托并签订资金托管协议，按照托管协议开展资产保管、资金拨付和结算等日常工作，对投资活动进行动态监管，确保子基金按约定方向投资，按约定提交季度、年度资金托管报告。

4. 市引导基金强制退出权

市引导基金有权在符合以下条件时强制退出子基金：

(1)子基金未按合伙协议或公司章程的约定进行投资且未能有效整改的；

(2)市引导基金与子基金管理机构签订投资或合作协议后，子基金管理机构未按规定程序完成子基金设立手续超过一年的；

(3)市引导基金出资资金拨付子基金账户后，子基金未开展投资业务超过一年的；

(4)子基金投资项目不符合深圳市政府产业政策导向的；

(5)子基金运营有违法违规行为的；

(6)子基金管理机构发生实质性变化且未经子基金相关权力机构审议通过的。实质性变化包括但不限于:①子基金管理机构的主要股东(公司制)或普通合伙人(有限合伙制)发生实质性变化;②子基金管理机构核心成员半数(含)以上发生变化等情况。

5. 信息披露

子基金管理机构应严格履行信息披露义务,除按规定向有关部门、行业自律组织报送子基金信息外,还应在每季度初向市引导基金提交上季度子基金运营和资金托管报告,每会计年度结束后4个月内向市引导基金提交子基金年度运营报告、年度资金托管报告和经审计的年度财务报告;子基金发生重大事项的,应及时向市引导基金报告。

事实上,各地政府引导基金发布的申报指南基本上是入围的标准。在具体筛选时,政府引导基金也同样非常看重市场化引导基金所关注的主要要素。

投中信息 2015 年政府引导基金调研情况显示,在投资前期,引导基金评估子基金是否能成为其投资标的时,主要聚焦于子基金的 GP 团队情况、风险控制、投资策略、GP 治理结构、GP 股东背景、基金 LP 背景等几个方面。其中,对 GP 团队情况的考察是政府引导基金关注的重中之重。

团队的稳定性、团队整体的激励机制与利益分配、成员的精力分配、团队成员的核心素质、过往业绩、团队成员之间是否具备在一个完整的投资周期内管理基金的经历等,都是政府引导基金在评估子基金时对 GP 团队情况考察的重要关注点(图 9－2),这些也都是 GP 团队能成功运作一支基金的基础。同时,政府引导基金在评估子基金时,对子基金的风险控制以及投资策略也较为关注,虽然政府引导基金并不以营利为目的,但需要保证所投资金的安全性;而且政府引导基金关注子基金的投资地域以及投资行业,从而确保政府引导基金可以发挥撬动社会资本、带动当地经济的效果。政府引导基金对 GP 的治理结构、GP 股东背景以及基金 LP 的背景在评估过程中也会有所关注。

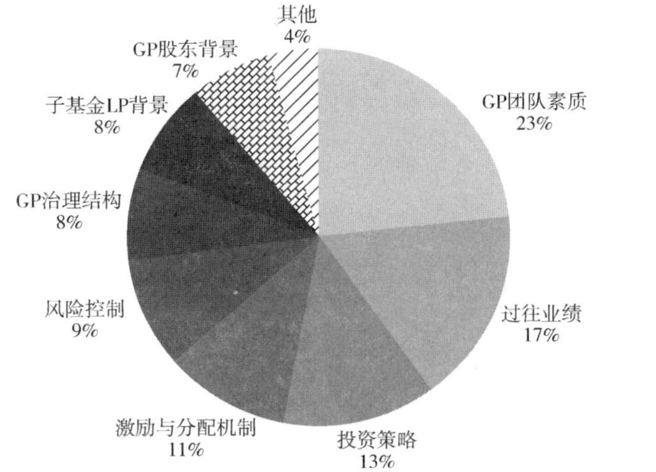

来源：投中调研　　投中研究院整理, 2017.03

图 9－2　2016 年政府引导基金评估子基金主要指标

但政府引导基金多数来源于财政资金，往往将安全性排在首要位置，同时它不以营利为目的，要兼顾政策性需求，对基金的投资行业、区域和投资阶段有限制，因此，政府引导基金选择合作对象时一般遵循“安全性 > 政策性诉求 > 流动性 > 收益性”的原则。在最终决策时，与市场化母基金相比，在侧重点上还是有明显的差异。

首先，强调 GP 管理团队与政府引导基金的匹配度。这表现在过往和未来的投资方向与引导基金规定的产业方向具有一定匹配度；理解、认同并执行政府引导基金政策意图，能够平衡商业利益和政府引导基金政策意图。落实到具体层面上，政府引导基金可能会详细考察 GP 管理人的一些背景，一些成功案例，对这个行业的一些资源，比如储备项目，其所处阶段、行业、成熟度，都是我们会验证的重要方面。说到底，政府引导基金需要考察 GP 管理人是否有能力完成引导的目标，这一点是政策性诉求的表现。

扩展阅读

盛世投资筛选 GP

各个政府引导基金设立的原理可能并无明显不同，但不同区域政府引导基金的诉求有所差异。结合盛世投资的经验，张洋表示，盛世投资在筛选 GP 的过程中，会结合当地产业规划及产业环境，通过大量实地调研、前期摸底，选择专注相应细分行业的 GP，盲目追求 GP 品牌无益于良好的投资效果。一个优秀的 GP 应当在“募”“投”“管”“退”四个环节有所建树。第一，募资角度，一支优秀的基金要有多元化的资金来源，而不能依托于某个单一的渠道；第二，投资角度，基金需要有自己的行业属性和心得，以及充足的市场经验，没有失败过的未必是好基金，什么都投、没有行业方向的也不是好基金，要有自己比较鲜明的行业和阶段特色；第三，管理方面，基金对外要有投后管理的能力、产业协同能力，对内，除了团队、过往业绩等，我们还比较看重基金本身的管理结构、公司股权、投资决策机制、团队激励手段、凝聚力、权益分配等；第四，退出方面，所投基金需要有完善的退出机制。

其次，政府引导基金比较看重社会资金的出资承诺和出资能力，会关注社会 LP 的审计报告和财务报表，去审查社会 LP 的出资能力，证明它是不是能够出资。政府引导基金不希望出现某一个或者某几个社会 LP 不能出资的情况，这会影响基金后续的投资。而且政府引导基金要求社会资本先出资，然后才会打款，担心政府资金一旦进去，其他的资金不到位。

最后，关注基金的组织架构，核心还是看 LP 如何参与到投资决策过程当中。现在国内创投基金大部分都会有 LP 要求在投委会占有一定席位的情形。对 LP 要参与到投委会当中的要求，需要具体情况具体分析，其实还是希望 LP 和 GP 之间有制衡，LP 的话语权不能太大，政府引导基金不希望 LP 一股独大，控制基金投向。

后两点是政府引导基金安全性需求的表现，这种安全性需求的表现不仅体现在筛选 GP 管理人上面，在签署合伙协议以及投后监管方面也会有很多的细节。正是因为这些政策性目标和安全性需求，好的 GP 管理人可能不要政府引导基金的钱，他们不想要那么多的约束，导致引导基金发展中的问题。这一点，我们在“政府引导基金发展中的问题”章节中再详细探讨。

四、合伙协议的重要条款

关于合伙协议中对相关事项的约定，市场化母基金通常没有一定之规，例如，投委会席位、否决权、门槛收益率、跟投权等，都是遵循市场化原则，由双方的实力和需要确定的。

但是政府引导基金出于安全性和政策性考虑，在合伙协议中通常会有一些强制要求条款，主要是观察员席位、一票否决权、强制退出权。

以深圳市政府投资引导基金为例，它要求“市引导基金不干预子基金日常运营管理，但有权委派 1 名代表作为观察员或外部委员列席基金投资决策会议，对基金拟投资项目是否符合法律法规及相关规范性文件、子基金合伙协议或公司章程等进行合规性审核，对不符合规定的拟投资项目享有一票否决权。”要求观察员席位主要出于了解工作进展和监控的需求，而一票否决权也主要针对投资项目是否符合政府引导基金规定的投资方向、投资阶段和投资区域进行判断，并对项目本身进行业务上的实质性判断。

在政府引导基金的申报指南中规定了强制退出权条款，但是在实践中有些情况不是 GP 管理人造成的，这种风险来自政策变动本身。举个例子，ICO、电动自行车等遭到行业监管，政府引导基金参与子基金中如果有涉及 ICO、电动自行车的，就得清理，如果子基金不退或者退不出，政府引导基金就需要从子基金中退出。

五、跟投策略

根据投中研究院的统计，对于政府引导基金在投资管理中的角色，约有 44% 的引导基金管理机构倾向于适当比例跟投(图 9－3)。对于能否跟投,主要是体现引导基金与子基金份额的协商和谈判能力。通常来讲,省级或北京、深圳等地的引导基金因话语权强,能较容易地拿到优质企业份额。

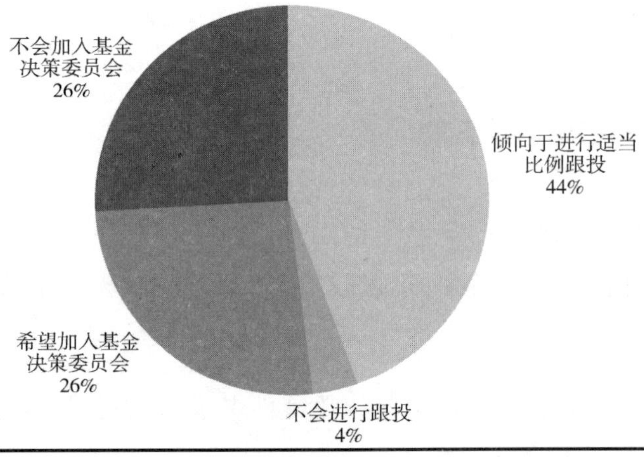

来源：投中调研　　投中研究整理，2017.03

图 9－3　2016 引导基金在投资管理中的角色

但是从实践来看,政府引导基金做跟投有 3 个方面的挑战:

第一,跟投的前期需要有很好的投资判断能力,而对政府引导基金来说,其基金管理人往往缺乏直投项目的经验,在对项目的风险判断经验不足时,不适合参与项目直投。

第二,政府引导基金的决策体系往往比较复杂,流程比较长,投资决策需要上报高层领导,而这些领导本身并不在第一线,他不可能深入了解项目,无法做出投资判断。

第三,和政府引导基金的性质相关,政府引导基金需要接受来自发改委、财政、审计等各个层面的监管。总体来说,政府引导基金通过分散投资私募股权基金,几乎不会亏损。而直投项目的风险是很大的,一旦直投项目亏损,如何解释投资决策的合理性? 是否有利益输送等因素在里面? 故政府引导基金也无法承担决策的风险。

因此在操作层面上,跟进投资更多的是给予被投子基金一项扶持政策,而不是出于主动的资产配置。

六、二手份额转让

从理论上来说，政府引导基金的核心关注的是助力当地产业发展，当政府引导基金投资了一个子基金并实现了阶段性目标之后，可以从子基金中撤资，然后投入新的子基金中，实现滚动出资，因此政府引导基金应该会面临大量的二手份额转让的需求。

从实践上来看，目前政府引导基金涉足二手份额转让的并不多，包括向外转让或者承接其他基金的份额。原因一方面是目前大部分政府引导基金刚刚设立，还处在发展的早期，对二手份额转让的需求并不明显，另一方面还有体制机制方面的原因。

首先，无论是向外转让或者承接其他基金的份额，都面临着定价的问题。而如何定价是合理的？特别是在当前强监管的环境下，无人敢承担涉及国有资产流失的责任。

其次，政府引导基金份额的转让需要在产权交易所挂牌转让，程序复杂，目前仍缺乏明确的政策指导。

扩展阅读

上海市创业投资引导资金

《上海市创业投资引导基金管理暂行办法》规定，“引导基金投资形成的股权可采取上市、股权转让、企业回购及破产清算等方式退出，退出价格按照公共财政的原则和引导基金运作的有关要求确定。引导基金参股创业投资企业形成的股权，在有受让人的情况下可随时退出。自引导基金投入后4年内转让的，转让价格可按照引导基金原始投资额与股权转让时人民银行公布同期的存款基准利率计算的收益之和确定；超过4年的，转让价格以市场化方式协商确定。”

目前已有4个投资团队按照政策实现了基金份额的回购，是全国地方引导基金当中最早操作完回购的政府引导基金。在落实政策的过程中，也涉及和政府部门以及产权交易所反复沟通。最后在产权交易所层面没有走招拍挂程序，而是以备案的方式来实现。

第三节 管理实践的差异

一、管理体系

典型的政府引导基金的组织结构如图9-4所示。

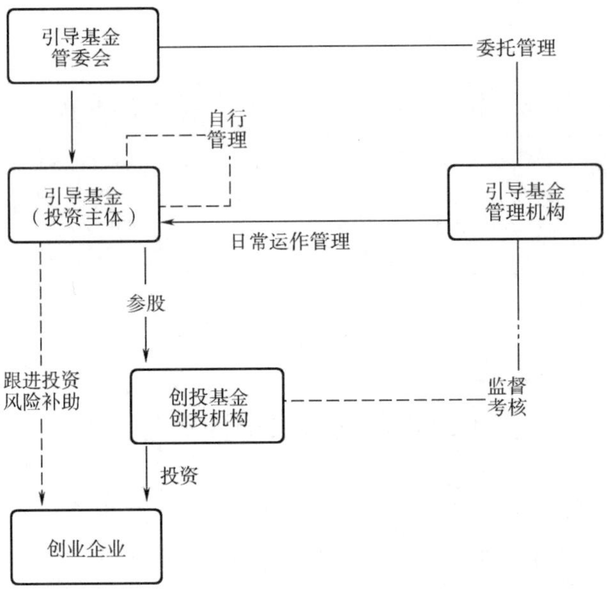

来源：投中研究院

图9-4 政府引导基金组织结构图

(一)政府引导基金管委会

对于引导基金的管理运作,地方政府一般会成立引导基金管理委员会(或投资决策委员会)作为基金的最高投资决策机构,行使引导基金决策和管理职责。管理委员会一般不直接参与引导基金的日常运作,主要由地方政府工作人员及相关部门负责人组成。

(二)政府引导基金管理机构

《关于创业投资引导基金规范设立与运作的指导意见》中指出,“引导基金可以专设管理机构负责引导基金的日常管理与运作事务,也可委托符合资质条件的管理机构负责引导基金的日常管理与运作事务”。同时也明确了引导基金实行“项目评审、决策与执行相互分立”的管理体制。引导基金主要采取自我管理与委托管理两种方式。

1. 自我管理模式。自我管理模式就是在相关政府部门下专设管理机构负责,以临时财政账户形式设立的一般采用自我管理,如科技型中小企业创投引导基金主要由科技部进行自我管理。这种管理形式存在一定的弊端,可能会导致出资主体和管理主体合二为一,产生管理职责不清晰的风险隐患。

2. 委托管理模式。委托管理就是使符合资质条件的管理机构负责引导基金的日常管理与运作,应当选择引导基金相关行政事业单位或政府出资平台作为引导基金的名义出资代表,对引导基金参股的创业投资基金/创投企业(子基金)行使股东权利,承担股东义务。采取这种出资人与投资管理运作、资金托管相互分离的组织结构,决策、评审和日常管理相分离的管理体制,管理架构清晰、职责分明,能够发挥专业管理机构的作用,是比较常见的管理模式。

(三)评审委员会的组建

引导基金设立独立的评审委员会,对引导基金支持方案进行独立评审,向管理委员会提出评审意见，以确保引导基金决策的民主性和科学性。评审委员会成员一般包括政府部门、创业投资行业自律组织代表以及社会专家，其中，创业投资行业自律组织的代表和社会专家必须过半数。引导基金拟扶持项目单位的人员不得担任评审委员会成员。引导基金管理委员会根据评审委员会的评审结果，对拟扶持项目进行决策。引导基金建立项目公示制度，接受社会对引导基金的监督，以确保引导基金运作的公开化、透明化。

二、风险控制体系

政府引导基金的风险控制重在合规性，主要是核查子基金的运作是否遵循了约定的约束条件，包括投资限制、信息披露等方面。

三、投后管理

政府引导基金的投后管理主要涉及两个层面：一个层面是要求政府引导基金对其投资计划、投资运作以及资金使用等情况进行定期汇报；另一个层面是政府相关部门委托社会中介机构对政府引导基金运作情况以及参股基金的运作情况进行审计，并实施绩效考核制度。

定期汇报是引导基金暂行管理办法中的标配内容，一般是每个季度汇报一次；在暂行管理办法中提及要实施绩效考核制度的，都只有笼统的一句话，并无具体的实施细则。

政府引导基金每年接受审计，严格按照法律法规来审查。实践中，有两个方面的审查对政府引导基金的约束性比较大：一是财政部发布的《政府投资基金暂行管理办法》，其中规定“政府投资基金在运作过程中不得从事以下业务：1. 从事融资担保以外的担保、抵押、委托贷款等业务；2. 投资二级市场股票、期货、房地产、证券投资基金、评级 AAA 以下的企业债、信托产品、非保本型理财产品、保险计划及其他金融衍生品；3. 向任何第三方提供赞助、捐赠（经批准的公益性捐赠除外）；4. 吸收或变相吸收存款，或向第三方提供贷款和资金拆借；5. 进行承担无限连带责任的对外投资；

6. 发行信托或集合理财产品募集资金;7. 其他国家法律法规禁止从事的业务。”以上规定限制了以可转债方式投资。二是闲置资金一般存放于银行或购买国债,不能对其他类产品进行投资。这可能会降低政府引导基金的收益回报。

扩展阅读

审计工作内容指引①

一、明确审计思路,提高审计效率与效果

基本思路是从政府引导基金管理的内部控制制度、流程管控、资金管理、效益分析4个方面入手进行客观评价。具体来看:从内部控制制度入手,了解制度建设的适宜性和有效性;从项目的归档资料入手,了解项目的管控现状;从资金管理入手,了解其财务管理规范性;从效益分析入手,了解产品研发的经济性和效益性。通过对以上4个方面的分析评价,发现基金管理中存在的问题和不足,提出改进管理的建议,促进下一步提升。

二、了解制度建设健全性和可操作性,评价引导基金管理现状

通过查阅有关规章制度、方针及政策等文件,查看组织机构系统图,询问有关人员,进行实地观察等方法,了解、掌握基金管理制度的实际情况,具体包括:是否建立相应的内部控制制度,内部控制是否健全完善,是否形成了一个完整的内部控制体系,各项内部控制制度之间有无矛盾和漏洞。在此基础上,分析评价内部控制制度基本内容的严密性、科学性、时效性和合理性。审计中,重点明确基金管理的相关内容,如基本原则、年度经费预算、项目支持范围、组织机构及管理职能、审批程序及验收、财务核算内容及范围、检查和监控等方面的内容。同时,审计对上述内容是否具有可操作性、能否为基金的管理使用提供基本的规范和依据,应进行全面调查。

① 广州市城发投资基金管理有限公司. 中国私募股权投资母基金业务操作手册[G],2016. 11.

三、审阅和汇总留证资料，评价引导基金项目的过程管控情况

通过现场审阅、实地查看和汇总分析创新基金项目留证资料，主要审核3个方面：一是对项目在申报、立项、实施和验收阶段的全流程资料（主要包括投资项目工作计划、可行性论证报告、计划书、工作合同或协议、验收报告、评审意见书、财务决算报告等）进行复核性测试，测试其是否符合规定标准，有无缺项，实际执行情况是否符合规范等。二是对资料的留证情况进行审核，检查是否按项目流程保存过程资料，资料的内容是否完整齐全，是否存在部分项目留证资料不全面、可追溯性不强的情况。总体来说，内部控制制度执行越好，项目立项、申报、实施、验收评审等环节的管控就会越符合制度规范。

四、分析基金财务管理现状，评价资金管控情况

重点关注3个方面：一是查阅基金财务管理相关制度规定。二是基金预算拨付及核销情况。三是审计过程中重点分析基金项目总预算累计金额、下拨预算指标累计金额、研制单位借款累计金额、已核销项目核销金额、未核销项目未核销金额，是否存在个别项目借款时间过长仍未验收核销的情况等。

五、分析项目可行性报告预测与实效，评价其社会效益性

主要对基金各项目可行性研究报告的效益预测值与实际已实现效益进行对比分析，通过分别计算各项目已实现收入、成本费用、毛利率等，总结市场优势和管理经验，避免盲目投资的措施。

在绩效评价方面，财政部颁布的《政府投资基金暂行管理办法》要求，各级财政部门应建立政府投资基金绩效评价体系，按年度对基金政策目标实现程度、投资运营情况展开评价，有效应用绩效评价结果；政府投资基金应当接受财政、审计部门对政府投资基金运作情况进行年度检查。建立全面绩效评价制度是我国政府引导基金在投后监督管理方面的发展方向，定期汇报不会再作为主要的投后监管手段。

在财政部颁布《政府投资基金暂行管理办法》之前，山东省率先出台了《山东省

省级股权投资引导基金绩效评价管理暂行办法》（以下简称《办法》），这是我国第一个针对政府引导基金投后管理的地方政策。该《办法》对引导基金的绩效评价分为两个方面，一方面是年度评价，即引导基金在每一预算年度结束后开展年度评价工作，主要从业务开展方面考核年度引导基金及其参股子基金管理运作的市场化程度，及运作的有效性和规范性等。原则上引导基金杠杆撬动作用越大、投资进度越快、政府调控意图体现得越好，得分相应就越高。其中，为调动子基金管理机构投资运作的积极性，基金的投资进度将被作为重要考核内容并被赋予较高的权重。另一方面是综合评价，即引导基金退出子基金后 2 个月内，对引导基金的整体运行效率和业绩进行评价，主要从效益和财务两个方面考核引导基金的政策效果，包括财政资金的放大效应、引导基金投向特定领域及特定企业的导向效应、对山东省相关重点行业发展的促进和带动作用及引导基金资产保全状况及市场化运作效果。同时，引导基金绩效评价纳入公共财政考核评价体系，积极引入第三方机构对引导基金投资情况进行风险评估和重点绩效评价，确保绩效评价结果的公平公正。

根据《办法》对绩效评价结果及运用，山东省财政将实施有效的激励约束措施。第一，对年度评价得分较低的引导基金将相应减少以后年度预算安排规模，并会同引导基金管理机构约谈相关引导基金参股子基金管理机构主要负责人，要求限期制定整改措施，提交整改报告；对年度评价得分较高的则会增加预算安排规模。第二，对综合评价得分较高的引导基金，其子基金管理机构可获得引导基金收益 5% ~15% 不等的额外业绩奖励。第三，对当年子基金投资进度超过一定比例的，会给予子基金管理机构一定的奖励；对年内未能完成投资业务或投资业务比例较低的子基金，原则上不再给予滚动参股扶持。

全面的绩效考核制度开始强调投后管理在我国政府引导基金中的重要意义。在我国政府引导基金的实际运行中，多数能够通过与其他 LP 合作设立新基金或投资基金，引导资金投资于既定的地域或领域，从而实现政府引导基金的职能。但是还存在部分政府引导基金在运作过程中，因地区资源有限无法满足约定的投资方向，这就需要政府加强投后管理，及时提供必要的帮助。绩效考核制度也是意图鼓励子基金可以有效利用政府资源，从而真正实现对地区经济的促进作用。

对政府引导基金而言，它不以营利为目的，但注重所投资金的安全性问题，而且对政策性目的存在一定的诉求，所以为了建立科学有效的绩效考核制度，不能以单一的经济指标为主，还要考虑其对政策导向以及经济发展做出的贡献。故绩效考核制度要求定期对基金政策的目标、政策效果及其资产情况综合进行评估。对政府引导基金的评估，不仅要考核其在业绩上的指标，同时更要考虑其政策导向性和财政资金的放大效果；对引导基金参股的子基金，应着重考察其资金的投资进度，同时也要保证其投资方向不违背引导基金的政策目标。

四、增值服务

政府引导基金拥有得天独厚的政府平台和政策资源，可以直接引入大量资源，可以及时帮助被投资对象获得税收优惠等。例如，北京市高精尖产业发展基金，北京市经济和信息化工作委员会作为发展基金的管理机构，每个季度会召开汇报会，通过整合自身的资源以及与其他机构合作举办沙龙、冷餐会等一系列活动，为被投资对象进行产业对接。他们拥有十家战略合作银行，可以为所投资的机构及项目提供一些投贷联动，或者是一些融资方面的帮助。北京市相关政策也可以建立充分的信息沟通渠道。

但总体来看，政府引导基金在对被投资对象提供增值服务上做得还不够，仍然存在以下两个方面的问题：

第一，投后管理专业人员不足。政府引导基金相比于纯市场化运作的基金在投后管理方面存在一定的特殊性，引导基金不仅要关注被投资对象自身的发展，还要满足地方政府的政策性诉求，所以对政府引导基金投后管理的相关人员要求较高，既要有丰富的管理经验，同时还要有一定的政府背景的工作经验。而在政府引导基金管理机构的专业人员都不足的状况下，投后管理专业人员更加稀缺，这就会导致无法精准把握被投资对象的需求，也就很难为其提供有针对性的增值服务。

第二，缺乏资源整合和信息共享机制。我国政府引导基金经历了 14 年的发展，从横向上看，已经覆盖天使投资、创业投资、产业投资各个阶段；从纵向上看，已经从国家、省级、市级深入到了区县级，形成了网络化发展趋势。但我国的政府引导基金大多是单打独斗，对于参股设立的基金或其投资的企业能提供的资源有限，无法有效整合资源为被投资对象提供更有针对性的增值服务，无法形成强有力的“拳头”效应。而且，现在各级政府对引导基金的管理出口不同，部门之间信息不共享，资源与服务无法有效对接。

五、退出管理

（一）退出方式

政府引导基金主要担负社会服务职能，多数不以营利为导向，其资金使用主要遵循两个原则：一是保障政府出资安全，二是实现让利于民。因此，在退出方面和市场化母基金有很大不同。

目前，政府引导基金主要有两种退出方式：第一种是在参股基金到期清算之前通过股权转让实现退出，在这种方式下，引导基金在子基金中的股权（份额），其他股东可随时购买。其购买价格会根据入股时间有所不同，比如，科技部科技型中小企业创投引导基金规定，自引导基金投入后 3 年内购买的，转让价格为引导基金原始投资额；超过 3 年的，转让价格为引导基金原始投资额与按照转让时中国人民银行公布的同期贷款基准利率计算的收益之和。拟以转让方式退出的引导基金多有一个时间期限，比如 3 年或者 5 年，在此期限内，如果有子基金内部股东提出收购，引导基金有义务出让其份额，而且转让价格需按照事先约定执行，比如，按原始出资额或者按央行同期贷款基准利率的固定收益。如果无法在约定时间转让所持份额，则引导基金会采用第二种退出方式，也就是参股基金到期后清算退出——也有部分引导基金完全采用这种退出方式，而不会选择转让份额。此类退出模式下，有的引导基金会按照市场化原则获取应得收益，并实现滚动发展；另有部分引导基金会将收益以奖励形式返还基金股东或管理机构，如安徽省创投引导基金会将收益的 20% 分配给基金管理团队，80% 在基金各股东之间按出资比例进行分配。对于跟进投资的退出，引导基金一般会要求与共同投资机构享有同等收益，之后再按照一定比例支付管理费及收益分成，比如河北省中小企业引导基金、黑龙江省创业投资政府引导基金，会按投资收益的 50% 向合作机构支付管理费和效益奖励。为保障资金安全，引导基金要求在参股创投基金发生清算时，按照法律程序清偿债权人的债权后，剩余财产首先清偿引导基金；在跟进投资中，要求共同投资的创业基金不得先于引导基金退出其投资企业。

（二）收益分配

政府引导基金具有“非营利性”的特征，因此对投资收益的利用，根据参股创投企业投资项目运作情况，引导基金在参股创投企业中的投资收益，可安排一定比例奖励给其他股东，或者作为参股创投企业投资管理团队的业绩报酬，以引导、鼓励其他股东继续支持中小企业创业投资发展。创投机构与政府引导基金的利益诉求分配机制大致分为 3 种：

一是对完全要求本金安全的政府引导基金，在基金清盘或分红时，优先给予本金支付或利息支付。

二是若政府愿承担部分风险，能参与投资分红，同时 VC 能在 4 ~ 6 年内按最早的出资额或出资原值加上利息，回购政府在合资基金的股份。

三是若政府愿与创投机构共同承担风险及收益，通常投资机构会留下半数的投资收益。例如，天津滨海新区创业风险投资引导基金规定政府出资部分的收益可按一定比例奖励基金受托管理机构；安徽省创业投资引导基金则将投资于省内企业所得红利奖励给管理公司；《苏州工业园区创业投资引导基金管理暂行办法》中规定，引导基金参股创投企业，可在退出时将形成收益的 50% 让渡给其他投资人。

但在政府引导基金的市场化运作过程中，创投机构与政府双方存在利益诉求的分歧，政府财政出资以资本安全为先，而创投机构要追求更高的投资回报。LP 与 GP 利益不一致，会导致“利益共享，但风险不共担”的局面出现，严重影响基金的运作效率，同时也会对基金收益及风险控制等各方面造成不利影响。

第十章　政府引导基金发展中的问题

一、政府引导基金存在政策性与市场化的协调问题

《政府投资基金暂行管理办法》强调政府投资基金应按照“政府引导、市场运作、科学决策、防范风险”的原则进行运作，其中，政策性与市场化二者之间的平衡关系成为现阶段政府引导基金面临的一大问题。

政府引导基金的目的在于推动创业企业和中小企业发展，实现产业结构转型和升级，以刺激当地经济和就业环境的改善。从利益诉求来看，政府出资人是非营利性的，追求安全性，其他市场出资人追求利益最大化，二者在参股设立基金的利益诉求、收益导向上存在矛盾。

当前政府引导基金的两种管理模式各有利弊，自行管理模式有利于保证引导基金的政策性、非营利性，但专业性不足，不利于市场化运作；而委托管理模式能充分发挥专业优势，符合市场化规律，但很难完全切合政府意图与当地发展规划。

引导基金权益和诉求是通过具体办事人员落实的，因此在具体落地执行的时候可能会掺杂个人对政策的解读以及个人的利益和想法。例如，某个人的管理风格可能是完全按市场化的方式运营，换另一个人的管理风格可能就是要严管项目，层层把关。所以政府引导市场运作，每个人的理解是不一样的，市场化运营的前提是政府引导，这条线切在哪儿，每个人都不一样。

二、限制条件偏多，政府引导基金结存现象严重

政府引导基金参股的创业投资基金都有一些条件约束，如地方政府要求与其合作投资的创业投资企业的管理团队在不同地方均设立管理公司，投资范围仅限于本

地等，出现“择地不择优”的现象，不利于吸引和培养优秀的投资管理机构。尤其是三、四级城市，或县级地所设立的政府引导基金，可能因为在当地找不到足够多的好项目，导致一些优秀的创投企业不敢与政府引导基金合作。长此以往，引导基金资金出现沉淀、闲置现象，资金利用效率低下，政府引导资金的引导作用受到严重制约。

国家审计署于2015年6月28日发布的《国务院关于2014年度中央预算执行和其他财政收支的审计工作报告》显示，截至2014年年底，政府性基金预算收入总量5 039.59亿元，当年支出4 319.49亿元，结转下年720.1亿元；另外，14个省2009年以来筹集的创业投资基金中有397.56亿元（占84%）结存未用，其中4个省从未支用。也就是说，虽然近年来成立了大量大规模的引导基金，但实际投资到实体企业的资金规模仅占总规模的一小部分，大部分资金都躺在账面上“睡觉”。为此，国务院先后印发《关于推进地方盘活财政存量资金有关事项的通知》（财预〔2015〕15号）、《关于收回财政存量资金预算会计处理有关问题的通知》（财预〔2015〕81号）等多份文件，希望督促各地政府活用引导基金资金，但收效甚微。一些地方政府为保障收益，投资相对谨慎，或要求做优先级LP，虽然使政府资金安全性得到保障，但很难充分发挥政府资金的引导作用。

为了更好地平衡政府引导基金存在的政策性与市场化的协调问题，政府引导基金在发展过程中出现了更多的创新。

扩展阅读

中关村协同创新基金

中关村协同母基金于2016年3月成立，规模20亿元（一期）。母基金由中关村发展集团联合京津冀、江苏、浙江、山东、河南、广西、辽宁、内蒙古10个省/直辖市的15家地方政府和金融机构共同发起设立。

母基金的设计遵循几项原则：一是基金性质非国有化，母基金LP 50%以上为非国有性质；二是投资决策非行政化，地方政府可以推荐项目，但不能强制要求投资等；三是经营管理市场化，按照市场化的方式来组织人员开展经营，地方政府不能指派人员，不参与日常经营。在上述原则的指导下，协同母基金采取母子基金双层架构运作，即"1+1+N"模式，"1"支母基金，下设"1"支协同科创子基金，"N"支面向各合作区域的"协同发展子基金"，母子基金总规模100亿元。该模式有两点非常创新：一是中关村协同母基金是由企业发起设立的引导基金；二是管理运营采取市场化方式运作，利用市场化的方法实现政府引导功能。

中关村系统协同的模式有两点非常创新：①集合了分散在各区域的政府资金，特别是三四线城市的资金，实现了跨区域的整合利用，一定程度上缓解了三四线城市资金结存的问题；②通过引导基金与招商引资做了非常好的平衡，相当于市场与政府引导基金的结合。从社会属性责任上肯定算是政府引导基金，但是从具体的操作套路上还是比较市场化的，利用市场化的方法实现了政府引导功能。

很多政府成立引导基金后投不出去，他不容易招到好的机构，好的GP不缺募资能力，一般不会要政府的钱，约束太多，能够要政府的钱的GP在能力上可能不行，也没有办法帮助政府找到好的项目。地方政府想要升级产业，想要转型，实际上是想通过引导，通过市场化专业机构，去支持和发现好的项目，而不是找一个二流三流的团队，也投不了好项目，无法发挥引导基金的作用；通过优秀的GP找到并支持优质的项目，而不是通过二流三流的团队去花钱，这是对社会资源的浪费。政府的理念还是要突破，地方搞引导基金应该像跟GP交朋友一样，接触一大批GP，而GP作为市场化主体，会有好多项目源，地方招商局盯住这些GP，相当于把这些项目都跟上了，没有必要强制要求。招商部门每年搞一些活动也好，或者直接去拜访想投的项目，把自身的条件搞硬实，当地有什么条件，一对接落下来绝对能落实一些项目。当地政府真的是为企业服务，政府氛围比较好的话，优惠政策搞好，一定会找到好的项目。这应该是地方政府应该做的方向。

三、政府引导基金的社会募资压力较大，子基金存在落地风险

政府引导基金在每一个基金当中的出资比例一般来讲占 20% ~30%，并且存在区域投资限制、国有股转持等问题，剩下还有 70% ~80% 的规模要靠 GP 到社会上募资。深圳市规定出资比例不超过 30%，最低要放大 3.3 倍，若政府引导基金是 5 万亿元规模的话，社会资本至少 15 万亿元以上，社会资本难以满足。随着宏观经济的下行，社会资本出资主体存在承诺出资不到位、后续出资不到位、要求缩股或者减资等情况。申请机构中不少是新成立机构，团队投资经验不足，募资能力较弱，子基金存在落地风险。

四、政府引导基金管理团队不稳定，决策体系、风控体系、激励机制不到位

政府引导基金爆发式增长导致管理机构的专业人才数量供应不足。一方面，随着政府引导基金的爆发式增长，一般基金管理机构的专业人才数量有限，这些专业人才更倾向于在北京、上海、深圳等一系列成长性好、发展潜力大的地区落地，一些二三线城市以及城市下属区县很难招募到优秀的专业管理人员。另一方面，部分政府引导基金采取的是自行管理的工作模式，管理成员多来自政府各职能部门，缺乏专业的基金管理经验。另外，由于引导基金管理人对投资团队的激励约束机制不到位，导致管理团队更迭频繁，优秀的团队成员流失严重。

五、政府引导基金退出形势不容乐观

截至 2016 年年底，政府引导基金的总规模为 2.4 万亿，假定其在每只子基金的出资比例为 20%，则其放大后的基金总规模超过 12 万亿，按照平均投资额 5 000 万元，这些资金对应的项目数 24 万个。按每年 IPO 数量 400 个计算，这些项目全部 IPO 退出需要 600 年，所以迫切需要探索非 IPO 的退出路径。IPO 常态化虽然改善了退出环境，但对庞大的投资数量，依然是杯水车薪。

大规模的政府引导基金在投资以后，未来如何退出，对创投机构来讲是一个必须

考虑的问题。发展 PE 或者 VC 这种二级市场的基金,为到期的基金退出选择新的渠道是一个趋势。

六、政策是否能够稳定和常态化

目前,各地引导基金的资金来源主要是政府财政,政府意志(或官员意志)对政府引导基金的发展有很大影响,比如资金来源、市场主体地位以及引导基金依附的地方优惠政策等,均有可能因政策导向变化而面临挑战。

第 四 篇

附　　录

附录 1　ILPA《私募股权投资原则》(第二版)

为了促进有限合伙人(LP)与普通合伙人(GP)之间关于私募基金合伙人关系的讨论,机构有限合伙人协会(以下称为“ILPA”)于 2009 年 9 月发布了《私募股权投资原则》[以下称为《原则》(第一版)]。

为了完善私募股权投资行业,保护行业各方的长期利益,《原则》(第一版)概括了处理有限合伙人与普通合伙人之间关系的重要原则。在过去的一年中,ILPA 了解到许多关于增进有限合伙人与普通合伙人相互沟通的成功案例。从制订之初的目标来看,《原则》(第一版)开了个好头。

2010 年一整年,ILPA 致力于向有限合伙人及普通合伙人征求对《原则》(第一版)的意见与建议,不断完善《原则》(第一版)的内容。ILPA 最佳实践委员会(ILPA Best Practices Committee)起草了《原则》(第二版)。除了延续第一版中的基本原则,新版本更注重对核心问题的关注,增强了有关原则的明确性和实用性。

我们始终认为,以下三个指导原则构成了私募股权投资合伙人关系最核心的内容:

一是利益一致原则;

二是基金治理原则;

三是透明度原则。

在下面的内容中,我们将结合介绍修订后的私募股权示范条款和有限合伙人咨询委员会(LPAC)的最佳运作模式,对上述三个主导原则进行阐述。

介绍私募股权示范条款和有限合伙人咨询委员会的最佳运作模式,旨在让普通合伙人及有限合伙人了解在合伙协议订立和基金运作管理中所产生的争议。ILPA

并不争取任何有限合伙人或普通合伙人承诺受任何具体条款的约束。鉴于每个基金应独立、全面地考量其合伙关系，该《原则》不应被作为审核清单使用。我们认为，单独一套原则条款并不能适用于整个 PE 市场环境，更重要的是，建立特定合伙关系时，有限合伙人及普通合伙人应相互协作，并形成一组相同的预期。我们相信，通过对推荐条款和示范模式的逐一细致的分析，能使基金获得更好的投资回报，并促进私募股权投资业的持续发展。

基于《原则》的理念，我们鼓励所有的有限合伙人在考虑和采纳本《原则》时保持透明度。支助过本《原则》的机构名单已经在 ILPA 网站上（ilpa. org）予以公布。

下文的内容包括：利益一致原则、基金治理原则和透明度原则三个部分，以及 LPAC 的最佳运作模式（附件 A）、业绩提成回拨的最佳运作模式（附件 B）以及财务报告（附件 C）三个附件。

每一部分首先就三个主导原则的适用情况进行一般性的讨论，然后进一步就主导原则中的具体或重点问题进行展开。展开内容应从属于主导原则。附件内容则是对相关的复杂的具体问题的进一步“深度挖掘”。LPAC 的最佳运作模式（附件 A）是对《原则》（第一版）中附件 A 的重新修订，其中大量体现了来自普通合伙人的意见。业绩提成回拨的最佳运作模式（附件 B）是全新制订的，考虑到所涉及问题的复杂性，其中很可能还无法囊括我们所希望提出的全部建议。附件 C 介绍了普通合伙人报告制度的最佳模式，“标准化报告模板”也在制定完善中。今后，ILPA 还将根据行业运作模式的不断发展陆续就类似主题发布相关附件。如有相关建议，请提交 ILPA。

一、利益一致原则

如果满足了有限合伙人的回报要求之后，普通合伙人获得一定比例的收益，并且普通合伙人的财富增长主要是源自业绩提成和投资基金份额的回报收益，那么，有限合伙人和普通合伙人之间的利益一致目标就得以实现。

如果普通合伙人的财富增长是基于冗余的管理、交易费用、其他费用或收入来源而获得，将会降低利益一致性。我们始终认为，使普通合伙人自有出资并承担风险是保证利益一致性的最好激励方式。相较于减免管理费的方式,让普通合伙人主要通过现金出资进而取得基金收益的方式能更有效地提高与有限合伙人的利益一致。

我们始终认为“全部出资加先支付优先收益”分配方式是最好的基金报酬模式。在采用“单个项目结算”分配方式的情况下,为保障在普通合伙人获得超过约定水平的业绩提成的情况下,可采用或并用业绩收益提存账户和可靠的回拨机制。有限合伙人能够及时获得足额回补。我们认为,可以通过上述多种方式的结合使用或采用其他新的方法来实现利益一致。但应当先从整体上对这些方式进行逐一分析,进而对不同方式对利益一致性可能产生的影响进行评估。

1. 业绩提成/分配方式

(1)分配方式。

①标准的“返还全部出资加先支付优先收益”的分配方式应视为最佳的实践模式。

②改进“单个项目结算”模式。

- 对持续出现部分减值及核销的投资项目,返还所有已经收回的投资成本。返还已发生的全部费用(不同于按照实现退出投资占总投资的比例返还)。
- 根据分配方式的目的,所有未退出的投资必须按成本或公允市场价格中的较低者作为评估标准。
- 应要求提存账户留存充足的准备金(不少于已经支付的业绩提成的30%),且提取额外准备金,以支付可能发生的回拨债务。

③优先收益应当从实际出资之日起算,计至取得收益之日。

(2)业绩提成的计算。

①业绩提成按照税后(例如,对基金征收的境外税收及其他税种不计入合伙人分配的计算基数)净收益(而不是毛收益)计算,能提高利益一致性。

②对当期收入或资产重组项目,在收回全部投资后才能提取业绩提成。

(3)回拨(Clawback)。

①应建立回拨机制,以保证符合要求时足额、及时回补。

②回拨期限应当超过基金存续期，包括清算条款及任何有限合伙人收益补偿条款所约定的期限。

③鉴于回拨问题相当复杂，附件 B 可作为一个参考样本。

2. 管理费和支出

（1）管理费结构。

①管理费应以合理的运营支出和合理薪酬为基础，不合理的管理费会导致利益不一致。

②成立基金时，普通合伙人应向潜在的有限合伙人提供管理费示例，作为分析和设置管理费的指导。

③在投资期结束后成立后续基金或者基金存续期延长时，应考虑到相关费用支出的减少而相应调整管理费。

（2）管理费。

①管理费应包括普通合伙人因管理所有的日常经营活动所产生的费用，至少应包括营运开支、员工工资、差旅费、寻找项目的开支，与有限合伙人沟通以及其他管理事项所产生的费用。

②应向潜在的有限合伙人完整披露包括普通合伙人与其私募中介机构之间的经济安排文件等其他尽职调查材料。通常情况下，全部私募中介费用依法由普通合伙人承担。

3. 基金存续期

（1）基金展期应当经过有限合伙人咨询委员会全体成员或全体有限合伙人的多数表决权通过，且只能延期一年。

（2）基金存续期满后有限合伙人不同意展期的，普通合伙人必须在一年内完成基金清算。

4. 普通合伙人的费用收入对抵

普通合伙人收取的交易费、监管费、董事费、咨询费及退出费等所有收费应计入基金收益。

5. 普通合伙人的承诺

(1)普通合伙人应向基金出资,以实际取得一定的基金权益,且应当用现金出资而不能以免收管理费替代出资。

(2)应限制普通合伙人直接或间接转让其持有的基金权益,以确保其与有限合伙人利益持续保持一致。

(3)不应允许普通合伙人跟投基金选择的潜在项目,普通合伙人的全部投资权益应通过持有一家集合基金的份额来实现。

6. 多个产品的基金管理公司的标准

(1)关键人的全部工作时间应投入本基金、基于既定的投资策略设立的基金前身、后续基金或平行基金的工作当中。除非本基金的投资期届满,或因本基金被投资、交易、承诺交易或被留存用于其他投资和相关费用,应禁止普通合伙人与本基金存在实质上相同投资目标或投资策略的其他基金发生密切联系,或担任该基金的普通合伙人。

(2)普通合伙人不应通过其他投资平台对适合于本基金的投资项目进行投资,但符合基金募集结束前预先公布的跟投协议中所约定的比例进行的投资除外。

(3)普通合伙人的管理费和业绩提成应主要用于支付给成功运营该基金有关的专业人员以及相关费用支出。

(4)基金或基金投资的公司在向普通合伙人的关联方支付咨询费、集团内部咨询费等费用之前,应当经过有限合伙人咨询委员会审核,并经多数表决权通过。

二、基金治理原则

大多数的私募股权基金采用长期固定的治理结构,普通合伙人拥有独立的投资决策权。有限合伙人在信任特定的专业投资团队并且理解投资策略及范围的基础上接受上述治理结构。

鉴于有限合伙协议预先设置的条款无法适用于所有的情形及结果,当出现无法预见的利益冲突或投资团队、投资环境发生变化时,有限合伙人需要一种适当的机制来应对变化。有限合伙人咨询委员会制度的有效运行能保证有限合伙人在合伙协议约定范围内履行其责任，并在合伙关系存续期间适时向普通合伙人提出建议。有限合伙人咨询委员会的地位问题在附件A中再行讨论。

1. 投资团队

有限合伙人在考虑是否承诺向基金出资时，首先要考查的就是投资团队。在投资团队发生任何实质性变化时，应通过执行关键人条款，允许有限合伙人重新考虑并重新确认其出资决定。

（1）发生关键人条款中约定的事件，或发生团队成员欺诈，实质性违反信义义务，实质性违约，恶意、重大过失等情形，投资期自动中止，在上述事件发生后180日内，如果有限合伙人不能以超过约定比例的绝大多数表决权通过重新任命相关人员，则投资期终止。

（2）发生导致团队核心人员无法满足约定的“工作时间和专注”要求的情形的，应当向全体有限合伙人通报该情况，并至少经过有限合伙人咨询委员会商议。

（3）任何人员变化或发生关键人条款所约定的情形的，应当立即通知有限合伙人。

（4）未经全体有限合伙人或有限合伙人咨询委员会成员多数表决权同意，不得对关键人条款进行修改。

2. 投资策略

基金的投资策略是影响有限合伙人是否向基金做出出资承诺的重要因素。大多数的有限合伙人是在了解基金的一揽子投资组合范围的情况下决定向基金出资，换言之，是根据基金提出的具体策略或估值建议来选择投资哪个基金。因此，基金的投资策略必须确定并保持一致性。

（1）投资目的条款应明确约定基金的投资策略的主要内容。

（2）投资策略应当明确基金投资债券、公开交易证券、集合投资工具的相应权限。

（3）基金应当对投资和行业集中度进行适当的限制，也可以对投资进度进行限制。

(4)普通合伙人应当遵守有限合伙人对投资政策的除外保留,除外保留可约定有限合伙人出资限于投资特定的行业或限于在特定法域内投资。不按比例进行分配将提高其他有限合伙人投资的集中效应,必须考虑这种影响并保持过程和政策的透明。

3. 信义义务

鉴于普通合伙人对基金运营拥有较大的自主决策权,应避免任何条款授权普通合伙人减少或免除其信义义务。

(1)普通合伙人应向有限合伙人咨询委员会报告所有的利益冲突或者不对等的交易。鉴于如何判断实质性是一个主观标准,在所有情况下,最好事先征求 LPAC 的意见。任何普通合伙人均不得自行认定不存在利益冲突。

(2)普通合伙人应适用较高标准的信义义务,不得制定条款允许普通合伙人先行认定其行为不违反信义义务,且不得免除普通合伙人实质性违反合伙协议,违反信义义务以及其他过错行为的责任。

(3)经多数表决权通过,有限合伙人应有权撤换普通合伙人或基于普通合伙人的过错终止基金。

(4)应设置前提条件或其他撤换机制,以保证有限合伙人可以在其利益遭受不可弥补的损失之前采取行动。如存在减轻处理的情节,有限合伙人可以对普通合伙人的过错行为进行综合考评来决定所应采取的措施。

(5)如为了合理补偿普通合伙人而设置了适用于全体合伙人的回拨机制,回拨比例应限制在承诺出资的合理比例(不得超过25%)范围内,回拨期限不应超过分配之日起两年。

为协助监督普通合伙人履行信义义务及对基金承担的其他义务,有限合伙人可以代表基金聘用独立审计机构进行审计,在某些情况下还可以借助第三方的支持。独立审计机构应代表基金进行审计,并向 LPAC 报告任何已知的利益冲突。

(1)审计机构应每年向 LPAC 提交关于估值及其他事项的意见,并在基金年会上接受询问。应向审计机构提供 LPAC 的成员名单。

(2)基金的独立外部审计机构发生的任何变化均应当告知有限合伙人。

（3）审计机构审计基金资产账户时应当特别关注管理费、其他合伙费用，以及业绩提成计算等项目，并就收益分配向普通合伙人及有限合伙人出具独立审验报告。

（4）就涉及基金治理的重大事项或其他普通合伙人与有限合伙人可能发生利益分歧的事项，经达到合理比例的少数LPAC成员同意，可以聘请独立咨询机构提供专业意见，费用由基金承担。

4. 基金变更

鉴于私募股权基金合伙关系存续的长期性，基金设立前不仅应对基金条款和治理结构进行全面约定，也需要保留足够的灵活性以适应环境的变化。在对普通合伙人提供适当保护的同时，有限合伙人应保留中止或终止基金的权利。

（1）对有限合伙协议的任何修改都应当得到有限合伙人多数表决权的同意。部分修改还需要经过有限合伙人绝大多数表决权同意。修订可能对特定有限合伙人的经济利益产生不利影响的，还应当得到这些特定合伙人的同意。

（2）有限合伙人所持有的表决权过2/3通过，可对下列情况行使无过错撤资权：

- 承诺期的中止。
- 承诺期的终止。

（3）有限合伙人所持有的表决权过3/4通过，可对下列情况行使无过错撤资权：

- 撤换普通合伙人。
- 解散基金。

5. 有限合伙人咨询委员会（LPAC）的职责

随着以下新情况的出现，LPAC的地位近年来也发生着变化：（i）要求普通合伙人及基金运营不断提高透明度（受越来越强调有限合伙人的信义义务的影响）；（ii）多产品基金管理公司发展所带来的复杂性；（iii）最近发生的金融危机所造成的压力。在有限合伙制PE的治理结构中，LPAC并没有公司治理中董事会的地位，其正式职责需根据有限合伙协议的约定。其主要职责通常限于下列事项的审查和批准：

- 产生利益冲突的交易，例如，跨基金投资或关联方交易；
- 对投资组合公司的估值方法（有时直接批准估定的价值）；

- 有限合伙协议约定应当由LPAC同意或批准的其他事项。

LPAC应与普通合伙人就合伙运营事项保持密切沟通,包括但不限于:

- 聘请审计机构;
- 符合企业责任原则(包括CSR/ESG/PRI);
- 划拨合伙费用;
- 利益冲突;
- 团队建设;
- 新商业领域拓展。

但是,LPAC并非广大有限合伙人的代理人或代表,LPAC也不能取代有限合伙人和普通合伙人之间的经常性开放式的交流。

此外,LPAC发挥作用有赖于基金内部不同主体间高度的相互信任,并信守承诺。担任LPAC委员或接触敏感信息的有限合伙人必须保守秘密。LPAC成员应当支持普通合伙人按规定惩戒违反保密义务的有限合伙人。

担任LPAC委员的有限合伙人应当承诺为履职投入必要的时间和精力,应当出席所有LPAC会议,并为履职做好充分准备。LPAC成员在投票过程中可以考虑自身的权益,并豁免其相应责任。

此外,普通合伙人有理由认为特定有限合伙人与其他有限合伙人存在利益冲突的,应当披露特定有限合伙人的身份。下列情况下,普通合伙人有权决定有限合伙人之间是否存在利害冲突,包括但不限于(i)有限合伙人参与与基金有关联的投资,例如,以独立管理账户跟随基金投资或跟投基金投资的某个项目;(ii)有限合伙人持有普通合伙人或普通合伙人的关联实体的权益,或被普通合伙人或其关联实体持有权益;(iii)有限合伙人享受特惠条款。

三、透明度原则

普通合伙人应当提供与基金投资有关的财务、风险管理、运营、所投资的公司、交易等详细信息,保证有限合伙人能有效地履行信义义务,并根据建议的修改事项进行表决。有限合伙人知悉并确认更高的透明度要求应承担相应的保密义务。

1. 管理费及其他费用

（1）普通合伙人应当定期分别披露普通合伙人在管理费项目列支的全部费用（如交易费用、财务费用、监管费用、管理费用、赎回费用等），并在每一期审计财务报告中体现各分类信息，并随附每一期的出资请求书和分配通知书。

（2）由普通合伙人的关联方向基金或基金投资的公司收取的费用也应当在每一期的审计财务报告中分类进行披露。

2. 出资请求书和分配通知书

（1）出资请求书和分配通知书应载明符合 ILPA 标准报告格式要求的内容；

（2）普通合伙人每季度还应当提供下一期出资请求和分配的预估金。

3. 有关普通合伙人的事项的披露

如普通合伙人发生以下情况的，应当立即向有限合伙人披露：

（1）接受任何司法或有权机关询问的；

（2）基金存续期间发生重大意外事件或债务的；

（3）违反有限合伙协议或其他基金文件的任何条款。

与实际或受益所有权、普通合伙人的表决控制权、基金文件的签约主体发生转让或变更有关的其他活动，应当向有限合伙人书面进行披露，包括但不限于：

（1）设立上市机构；

（2）向他人出售管理公司的股权；

（3）公开发行管理公司股份；

（4）设立其他投资机构。

4. 风险管理

普通合伙人的年度报告中应包括基金及基金所投资的公司的重大风险及风险管理的信息，包括：

（1）基金的集中投资风险；

（2）基金的外汇风险；

(3)基金及投资的公司的杠杆信贷风险;

(4)基金及投资的公司的退出风险(如退出环境发生变化);

(5)投资的公司的战略风险(如改变或违背投资战略);

(6)投资的公司的商誉风险;

(7)基金及投资的公司的非财务风险,包括环境的、社会的和公司治理的风险;

(8)可要求提供重大事件的即时报告。

5. 财务信息

(1)年报。基金应当每年(在年度结束 90 日内)按照 ILPA 标准报告的要求向投资者提供基金及投资的公司的有关信息。

(2)季报。基金应当每季度(在季度结束 45 日内)按照 ILPA 标准报告的要求向投资者提供基金及投资的公司的有关信息。

6. 关于有限合伙人的信息

(1)有限合伙人名录,包括联系信息,但不应包括特别要求不列入名录的有限合伙人的信息。

(2)基金募集完毕的文件,包括最终版的合伙协议和补充函。

(3)有限合伙人必须对所接受的敏感信息保密。合伙协议应明确约定允许有限合伙人内部讨论基金及相关活动事宜。有限合伙人应当支持普通合伙人按规定惩戒违反保密义务的有限合伙人。

四、附件 A:有限合伙人咨询委员会

介绍最佳的实践模式,目的在于提供关于 LPAC 的职责、在合伙人关系中的地位以及 LPAC 议事规则的范本。我们承认不同基金中的合伙关系不尽相同,亦不存在四海皆准的标准。我们认为,有限合伙人与普通合伙人应在有限合伙协议中明确约定 LPAC 的职责,并在设立 LPAC 时协商确定其议事规则。LPAC 的地位并不体现为直接监管和审计,而是作为普通合伙人的决策咨询机构,并为有限合伙人发表意见提供适当的机会。

委员会的共同目标包括：

（1）在不过分增加普通合伙人的负担的情况下，促进咨询委员会履行职责（按照有限合伙协议或其他协议的约定）。

（2）在保证相互信任和信息安全的情况下，建立开放性论坛讨论合伙人所关注的问题。

（3）为有限合伙人履行其职责提供充分的信息。

我们注意到，咨询委员会的地位可能在基金存续期间因环境、基金的具体情况，以及其他原因而变化。因此，更应当关注的是LPAC的内容而非形式，关注效率而非形式主义。修改后的议事规则强调了以下两点：

（1）LPAC是一个整体运作的委员会，而不仅是若干成员的聚合体。对于重大事项，普通合伙人应当争取通过咨询委员会集中有限合伙人的意见，并与咨询委员会进行讨论，而不应与有限合伙人直接进行双边讨论。

（2）应定期安排非公开会议，使有限合伙人有适当的机会发表自己的不同观点。

1. LPAC的设立

设立LPAC的过程中，普通合伙人通常应当遵守下列程序：

（1）普通合伙人同意邀请有限合伙人作为LPAC成员的，应向该有限合伙人发送正式的邀请函，邀请函应包括以下内容：

- 会议日程安排的信息；
- 费用报销程序；
- 合伙协议约定的LPAC的职责的概要；
- 免责声明。

（2）在LPAC设立之后，普通合伙人应编写LPAC成员名录和联系信息，并发送给全体有限合伙人。

（3）其中的任何信息发生变化后，应及时更新。

（4）LPAC应由几名有限合伙人的投票代表组成，规模较大的基金的代表人数可达十几名，分别代表不同的投资人群体。

(5)LPAC 初始设立后,LPAC 成员的更替由普通合伙人决定,增加或减少 LPAC 成员人数应当同时经过 LPAC 和普通合伙人的多数表决权同意。

(6)LPAC 常委会议程和召开时间应当尽早确定,并通知全体有限合伙人。

(7)应明确投票门槛和投票规则,至少要求过半数的 LPAC 成员参加投票方为有效。

(8)LPAC 成员不领取薪酬,但基金可以报销 LPAC 成员的合理费用。

2. 关于最佳 LPAC 会议模式的建议

LPAC 的最佳运作方式由该基金的普通合伙人和 LPAC 成员来决定,以下建议内容旨在建立一种实现上述目标的合作途径:

(1)会议召集。

- 每年至少召开两次 LPAC 会议,成员本人应出席会议,也可以选择通过拨入电话方式与会。

- 鼓励普通合伙人就时效性较强的重要事件(例如利益冲突)召集 LPAC 进行经常性磋商。LPAC 成员应以灵活方式积极参与磋商,经 LPAC 同意,就特定事项可以通过书面表决的方式进行。

- 初步征求普通合伙人意见后,三个或三个以上的成员基于合理判断和审慎决策有权提议召开 LPAC 会议。

(2)议程。

- 任何 LPAC 成员可以向 LPAC 会议递交议案,但应按要求的合理方式通知普通合伙人。

- 须提交 LPAC 同意或审批的事项,普通合伙人尽可能在会议召开前至少 10 日向每一个 LPAC 成员发送有关议题的相关信息。

- LPAC 会议期间,应预留时间供出席的有限合伙人进行不公开商议。有限合伙人可以选出一名或几名成员来主持讨论并将商议结果报告给普通合伙人。

- LPAC 有权私下接触基金的审计机构并就估值问题进行商议。来自审计事务所的代表应列席每年末召开的 LPAC 会议或年会。

（3）投票表决。

• LPAC 的表决会议只允许该基金的 LPAC 的成员出席。方便起见，关联基金的 LPAC 会议可以一并召开，并在会上就共同的事项进行讨论。

• 基金应当保证 LPAC 成员不会因履行职责而承担责任。

• 在任何情况下，在投票前每位 LPAC 成员都应当考虑自己是否存在潜在的利益冲突。在会议讨论时也应当向其他成员披露存在的利益冲突。

（4）会议记录。

• 普通合伙人应当做好 LPAC 会议的会议记录。会议记录应在会议结束后 30 日内发送给全体成员，并在下次会议召开时提交审核。有限合伙人要求查阅经核准的会议记录的，应当在合理期限内提供。

• 普通合伙人应对全部会议表决或电话会议投票的情况进行记录，并保留一份手写、传真或电子邮件形式的同意函。在 LPAC 成员要求查阅详细的投票记录时，普通合伙人应立即提供。

五、附件 B：关于业绩回拨的最佳模式

虽然所幸极少实际发生，但发生业绩回拨确实代表了一种对普通合伙人和有限合伙人相互关系的最严峻的挑战。在设立基金之初，应当约定适当程序和救济途径来力求避免回拨的发生，一旦发生回拨，通常意味着普通合伙人和有限合伙人之间的利益一致性处在较低水平。

关于回拨制度应考虑下列内容。

1. 争取避免发生回拨

• 返还全部出资的分配方式（“欧洲模式”）能够最大限度降低超额业绩分配，是一种最佳模式。

• 按项目进度结算提取业绩报酬的，采用资产净值范围测试（通常不低于 125%）以确保估值已充分考虑到边际误差；在约定的回拨间隔期间发生了约定事由（例如，关键人、达不到资产净值范围），应适用临时回拨。

2. 普通合伙人的回拨担保

鉴于有限合伙人是与作为一个整体的全体普通合伙人而非多个普通合伙人个体订立合伙协议,ILPA 强烈建议应约定普通合伙人相互承担无限连带责任。在没有规定无限连带责任的情况下,由下列担保人对普通合伙人的全额回拨提供担保是一个可行的替代方案,担保人包括:

- 有实力的普通合伙人的母公司担保;
- 普通合伙人个人担保;
- 几个普通合伙人共同担保。

但是,回拨义务通常直接追回已经分配的业绩提成。开立提存账户(通常要求账户余额至少为业绩提成金额的 30%)也是一种有效的回拨担保方式。

有限合伙人应享有充分的回拨执行权利,包括直接向普通合伙人执行回拨款项的权利。每年都应向全体有限合伙人披露普通合伙人已经发生或潜在发生的回拨义务,并按计划在财务审计报告中另行披露后续处理情况。

3. 税收负担的公平处理

普通合伙人接受业绩提成等基金分配需缴纳资本利得税。因为限制了普通合伙人采取亏损补报措施来抵消之前的计税收入,在普通合伙人无业绩提成(或必须返还超付提成)的情况下,会产生税款的损失。一直以来,有限合伙人代普通合伙人承担了这部分损失。第一版的《原则》规定所有业绩回拨在金额上不扣减已交税款金额。在与许多普通合伙人就此问题进行讨论后,我们认为,要求普通合伙人来承担这部分税负并不可行。

但是,近期发生案例并没有考虑到普通合伙人能够通过亏损预报措施,或用损失来抵消应税收入,抑或以一个有利于节税的法域为住所地等避税方式达到节税目的。在发生回拨情况下,普通合伙人不应当从有限合伙人愿意承担税负的善意中获利。因此,不应适用指定地区的假设最高的边际税率,应当以普通合伙人各自的实际税负情况为基础,并综合考虑以下问题来确定税率:

- 预报损失和补报损失;

- 基金的收入和根据缴纳的州税计算的扣除额的性质；
- 回拨缴款或相关资本账户变动引起的任何扣除额或损失；
- 有限合伙协议签订日和回拨发生日期间的任何税收变化。

预付给普通合伙人的税款超过实际税负的部分应当立即返还。

4. 完善回拨计算公式

本质上，回拨金额应当是超付的业绩提成金额和全部已付的业绩提成金额中较小的金额，并应扣除实际纳税金额。但是计算公式经常出现的下列错误会对基金的现金流造成实质性影响：

- 不应简单地将税款金额从回拨总金额中减除；
- 回拨计算公式应考虑到（有限合伙人取得的）优先收益。

六、附件 C：财务报告

1. 年报

基金应当在年度结束 90 日内向投资者提供下列信息：

- 财务审计报告（包括审计机构出具的无意见书和其他审计工作报告）；
- 基金经理提供的内部收益率（IRR）计算方式（详细说明内部收益率的计算方法）；
- 已分配业绩提成的一览表；
- 基金经理向基金、投资的公司以及他人收取的基金管理费及其他费用的明细；
- 基金开支明细；
- 审计机构出具的基金划拨、分配、开支符合基金治理文件要求的确认书；
- 所有出资通知书和分配通知书的概要；
- 基金的杠杆信贷清单，包括认购融资的已付金额或未付余额或其他基金信贷措施；
- 管理层向 LPAC 所做的关于基金活动的报告，并抄送全体投资人；

- 私募中介机构、投资经理或关联人向受托人或当选的投资者委员会的工作人员的政治捐款。

2. 季报

基金应在每季度结束后 45 天内向投资者提供以下信息:

- 包含本年度截至本季度末的数据的未经审计的季度损益表;
- 与上一季度变化一览表;
- 基金的杠杆信贷清单,包括认购融资的已付金额或未付余额或其他基金信贷措施;
- 关于投资和支出重大变化的信息;
- 管理层对本季度发生变化的说明;
- 如估值同比去年季度发生变化,对变化原因进行说明;
- 普通合伙人的支出清单。

3. 投资组合公司报告

基金应当每季度提供每家所投资的公司的下列信息:

- 对该公司的初始投资金额(包括债务和担保);
- 对该公司的后续交易金额;
- 基金经理对该公司的近期主要事件的评议;
- 应披露的关于该公司的部分财务信息(季度和年度),包括:公司估值(以及估值方法的说明),收入(债务周期和期限),息税折旧摊销前利润,损益,现金状况,烧钱率。

4. 出资通知书和分配通知书

ILPA 的标准化报告模板可以在 ILPA 官网(ilpa. org)下载。

"标准化报告模板"将不断完善,后续还将发布年报、季报以及辅助财务清单模板。

关于 ILPA

ILPA 是一家由成员领导的非营利机构，致力于为全球私募股权产业的有限合伙人投资者服务。ILPA 的使命是提供一个论坛以促进交流，加强有关资产等级的教育，并推进私募股权产业的研究与标准化的进行。

自 20 世纪 90 年代早期成立以来，ILPA 发展迅速，目前已包含了来自全球的 240 家成员组织。尽管只有有限合伙人享有会员资格，但是不同性质的成员组织使得 ILPA 成为一家能代表广泛利益的多元化机构。

ILPA 的成员身份因一个共同的目标而统一起来，即增强其附属机构在专业领域的实力，并最终使其取得优异的表现。ILPA 的成员组织共同管理着约 1 兆亿美元的私募股权资产。

附录2　联合发布机构介绍

中国股权投资基金协会简介

中国股权投资基金协会(简称:中国 PE 协会,英文:China Association of Private Equity,缩写:CAPE)是由股权投资行业人士联合发起成立的非营利性社会团体法人机构。

中国 PE 协会接受国家行业主管部门的工作指导和业务支持,秉承"标准化、国际化、市场化"的原则,服务于在全国注册的各类基金及管理机构、中介机构等,致力于建设行业自律监管机制,维护会员的合法权益,提高会员的从业素质,加强会员与境内外股权投资基金管理界的合作与交流,促进我国股权投资基金产业的健康发展。

协会主要成员

荣誉会长	项怀诚	前财政部部长
会　　长	邵秉仁	前国家经济体制改革委员会副主任
常务副会长	衣锡群	京城企业协会会长
副会长	方风雷	厚朴投资董事长、高盛高华证券董事长
副会长	熊　焰	国富资本董事长
副会长	刘　昼	达晨创投创始合伙人、董事长
副会长	白国红	华融渝富股权投资基金管理有限公司董事、党委书记
副会长	何小锋	北京大学经济学院金融系教授、博导
副会长	赵令欢	弘毅投资董事长、总裁,联想控股有限公司常务副总裁

副　会　长　　吴尚志　鼎晖投资董事长

副　会　长　　刘乐飞　中信产业投资基金管理有限公司首席执行官

副　会　长　　刘澄伟　苏州元禾控股有限公司总裁

副　会　长　　钱晓枫　中银投资浙商产业基金管理有限公司总裁

副　会　长　　宋　斌　云月投资执行合伙人

副　会　长　　李　昊　北京江铜有邻资产管理有限公司董事长

首席经济学家　许小年　中欧国际工商学院经济学与金融学教授

协会主要工作

建立自律监管机制,促进 PE 行业健康发展与监管环境的改善;

为基金注册提供系列服务;

组织相关活动,搭建行业交流平台,全面开展境外合作;

建立行业信息库、传媒平台、教育与培训系统。

协会联系方式

北京市海淀区彩和坊路 11 号华一控股大厦 13 层

邮编:100080

电话:86 - 10 - 88087229

传真:86 - 10 - 88086229

E-mail:cape@ chinacape. org

网址:www. chinacape. org

CAPE微信公众号

北京股权投资基金协会简介

北京股权投资基金协会(简称:北京PE协会,英文:Beijing Private Equity Association,缩写为BPEA)是在北京市政府的大力推动下,由北京市金融工作局为指导单位,股权投资行业人士自愿联合发起成立的非营利性社会团体法人机构。协会成立于2008年6月20日。

协会致力于

促进行业环境建设,建立自律监管机制;

维护会员合法权益,研究行业发展动向;

培养相关专业人员,组织内外交流合作。

协会服务

1.《中国PE与VC专刊》

协会自创办之初发行的内部周刊,于每周五以电子版形式发送。

2. BPEA培训活动

(1)BPEA月度培训。针对PE/VC法律、税务、行业动态培训,每月中下旬举办。

(2)BPEA管理系列培训。实操型PE培训课程,涉及PE募集、投资、管理、退出、法律和税务6个环节,每期4天,每半年举办一次。

(3)专题培训活动。依据行业热点难点展开培训,已组织退出系列培训(共4期)、一带一路系列培训(共5期)等。

3. BPEA其他活动

(1)“投投适道”:项目对接会,每月中下旬举办。

(2)行业交流酒会:BPEA季度活动。

(3)PE走进高新区系列活动:带领投资机构走进地方高新区,不定期活动。

(4)各专业投资委员会活动：已成立文化、特殊资产、跨境投融资、新三板、LP等专业投资委员会，各专业投资委员会每月举行一次交流活动。

4. 基金服务

为基金机构提供注册、备案、法律文件拟定、政策优惠落实等服务

5. 全球PE北京论坛

BPEA年度活动，每年12月初举办。

联系方式

北京市海淀区彩和坊路11号华一控股大厦13层(100080)

传真:010－88086229

E-mail:bpea@bpea.net.cn

网址:www.bpea.net.cn

官方微信账号:bpea－bpea

会员部:

联系人:邹小姐

联系方式: +86－10－88087229

E-mail:qqzou@bpea.net.cn

合作与发展部:

联系人:杨小姐

联系方式: +86－10－88087035

E-mail:yyang@bpea.net.cn

BPEA微信公众号

投中研究院简介

研究院愿景

打造一级市场领域最专业的第三方研究、咨询机构。

产品定位

通过专业的数据统计、深度垂直产业研究，以及权威股权投资榜单发布，实现专业知识及技能传递。

产品价值

通过深度的专业研究视角，更好地服务行业内参与者，以期更好地建设股权投资领域生态圈。

产品优势

基于"投中信息"多年来对股权投资领域垂直研究所沉淀的情报与数据，进行横向与纵向研究，研究成果为股权投资产业链的上游出资人和下游投资项目提供专业出资顾问与咨询服务，涵盖商业尽职调查、政府引导基金制度建设以及投后绩效评估等。

产品综述

投中研究业务包括基础研究、定制咨询、LP 与 GP 出资顾问。

1. 基础研究涵盖每年的股权投资年度榜单以及研究报告两大类，其中，研究报告涉及股权投资市场统计分析报告、深度专题研究报告、年度资本市场盘点、热点事件快评等；

2. 定制咨询涵盖区域股权投资调研分析报告、大型企业战略监测以及股权投资机构薪酬绩效等；

3. LP 与 GP 出资顾问业务包括险资、大型企业、市场化母基金、政府引导基金对股权投资基金或股权投资项目的出资顾问，涵盖商业尽职调查以及政府引导基金制度建设、投后绩效评估等。

联系方式

地址：北京市东城区东直门南大街 11 号中汇广场 A 座 7 层

电话：+86－10－59786658

邮编：100007

E-mail：contact@ chinaventure. com. cn

中股智库简介

中股智库是一个专注于产融结合的信息交流与合作平台，致力于创新产融结合方式，让金融更大程度地深入渗透到实体经济之中，让金融与实体经济更加紧密地融合在一起，形成一种互相支持、互相支撑、互利共赢的有机整体。

中股智库汇聚了包括 PE/VC、上市公司、产业专家、券商等的丰富的一二级市场资源，同时与中国股权投资基金协会和北京股权投资基金协会战略合作，结合其资本资源优势，将打造行业内最具影响力的路演平台和资本峰会，发掘最具潜力的优秀创投企业，通过产业基金、战略指导、专家咨询、媒体宣传等系统性支持，全方位帮助优质初创企业，与企业共同成长。

附录 3　合作机构介绍

中华有限合伙人联合会简介

中华有限合伙人联合会(LPACN)始创于 2008 年 9 月,由活跃在中国的全球主要有限合伙人策划和发起,旨在为国内外私募股权机构投资者提供一个最可靠的非营利互动平台。

LPACN 聚集了在中国非常活跃且有巨大影响力的国际及本土有限合伙人机构,会员管理资本合计数万亿美元。

LPACN 致力于维护有限合伙人在中国的共同利益,通过开展研究、举办论坛和交流项目,促进创业投资及私募股权投资行业间的沟通与合作,推动创业投资及私募股权投资行业的健康和可持续发展。

附录 4　特别支持母基金介绍

北咨基金简介

为适应政府投资方式转变的需求，以基金方式支持经营性项目发展，北京市工程咨询公司于 2010 年 11 月成立了全资子公司北京北咨投资基金管理有限公司（简称"北咨基金公司"），担任北京市政府设立引导基金及产业投资基金的出资代表及日常管理机构。

北咨基金公司业务范围涵盖政府参股设立基金的前期调研、方案设计、机构征集、尽职调查、条款谈判、资金拨付、运营评价、投后监管、退出清算等全过程。目前，北咨基金公司已代表北京市政府出资 45 亿元，参股设立基金 30 支，设立基金总规模超过 300 亿元，具体包括：国家新兴产业创投引导基金、北京市新兴产业创投基金、北京服务新首钢股权投资基金、北京市小城镇发展基金、北京市旅游发展基金和北京市农产品流通产业发展基金。

获奖情况

1. 清科集团"2014 年中国政府引导基金 20 强"。

2. 中国有限合伙人联盟（CLPA）"2014—2015 年度政府引导基金管理团队 15 强"。

3. 中国有限合伙人联盟（CLPA）"2015—2016 年度政府基金管理团队创业投资类 15 强"。

北航长鹰母基金简介

北京航空航天大学（以下简称“北航”）是工信部直属高校，是首批入选“211 工程”、“985 工程”、A 类“双一流”建设高校的高等学府。北航近 12 年获得 11 项国家级科技奖励一等奖，拥有 23 位两院院士，12 个国家级重点实验室与工程研究中心。

为了更好地服务国家、立足军民融合战略和中国制造 2025 战略，积极响应习近平总书记“把论文写在祖国大地上”的号召，深化北航“产学研”协同创新，在地方政府、各金融机构以及多家上市公司的大力支持下，由北京北航资产经营有限公司牵头，于 2017 年 9 月发起成立北航长鹰资本管理（北京）有限公司（以下简称“长鹰资本”），注册资本人民币 1 亿元。

长鹰资本致力于促进北航科技成果产业化，激发北航科技创新活力，打造具有北航特色的航空航天、特种材料、3Cs（计算机、通信、控制、传感器）、智能交通、先进制造等科技产业集群。

基金简介

长鹰军民融合与先进制造投资基金（暂定名，以下简称“长鹰基金”）是北航长鹰资本在军民融合战略和中国制造 2025 战略背景下发起设立的产业投资基金。

长鹰基金拟管理规模为人民币 100 亿元。基金将采取母基金（FOF）、直投基金（并购基金、创投基金）相互配合、互为补充的运作模式，充分发挥母基金与直投基金自身的优势，实现基金投资风险收益最大化。

长鹰母基金的优势

1. 依托北航、海淀区政府、金融机构优势资源

在北航与海淀区政府的支持下，以科技产业为主体，充分发挥政府和金融机构的战略优势，强强联手助力基金发展。北航作为国内顶级的军工高校，在国防科研领域

深耕多年，拥有一流的国防科研实力，积累了前沿的军民两用技术，培养了大量的专业人才，与十二大军工集团构建了广泛深厚的合作关系，为国防建设事业贡献了非常重要的力量。在军民融合领域，北航与海淀区资源互补，协同发展，打造军民融合的标杆示范。同时，银行等金融机构为基金和所投企业提供全方位服务，更加有利于基金投资与风险管理。

2. 优化基金资产配置，多维度分散风险

长鹰母基金将从“行业分散”和“区域协同”两个维度，与地方政府、业内优秀的基金管理人深度合作，科学合理地布局产业，努力实现基金投资风险最优化。

区域 FOF：长鹰母基金基于各地方政府的传统产业优势及产业未来规划，积极同北京市海淀区（电子信息产业等高新技术产业）、浙江省台州市（传统制造业）、河南省洛阳市（军工）、四川省成都市（军工与电子信息产业）、福建省福州市（大数据）等地方政府开展合作。地方政府引入北航项目，提升区域创新实力，优化产业机构，有利于形成区域特色经济，符合地方政府的发展需求。同时，地方政府也为北航科技成果落地提供财税、人力资源、土地等多方面的政策支持，为基金所投企业落地提供优厚的便利条件。

长鹰母基金与地方政府的产业引导基金或国有资产管理平台合作，建立“资本 + 产业 + 政策”的深度合作关系。长鹰母基金与地方政府共同投资运作，关注既符合长鹰母基金投资领域，又契合地方政府产业发展需求的优质项目，以资本为纽带实现北航产业与区域产业的良性互动和高度协同。

市场化 FOF：长鹰母基金立足产业、立足北航，努力实现具有北航产业特色的 FOF 管理模式，即采用科学先进的评估评价体系，重点选取风险管理强、挖掘企业准确并善于为所投企业带来价值增值的股权投资基金作为子基金进行投资，这些股权投资基金必须聚焦于军工、军民融合和先进制造等领域。同时，依托北航深厚的科研资源，整合北航在科研、产业、政策和校友等方面的核心资源与强大实力，对被投的子基金进行主动管理和资源注入。

除此之外，长鹰母基金将与子基金建立项目合作关系：长鹰直投基金可参与跟投子基金的部分优质项目,从而进一步提高投资效率。

长鹰母基金将通过对军民融合以及先进制造等领域的投资,放大顶尖科技成果的社会价值与经济价值;长鹰母基金紧密围绕北航、地方政府与行业顶级投资机构,通过行业渗透、业务联动,构建“北航 + 行业投资机构 + 地方政府扶持”的“一体两翼”合作体系,助力地方政府开展高校科技成果产业化,实现产业优化升级,开创科研团队与资本机构、高校与地方政府优势互补、合作共赢的局面。

北京高精尖产业发展基金简介

基本情况

北京高精尖产业发展基金(以下简称“高精尖基金”)是按照北京市政府对《关于设立北京高精尖产业发展基金有关事项的请示》(京财经一〔2015〕95 号)、《关于筹备高精尖产业发展基金有关事项的请示》(京财经一〔2015〕905 号)等文件的批示精神,由北京市经济信息化委联合北京市财政局,于 2015 年 8 月正式设立。

高精尖基金为北京市第一支产业引导基金,按照“政策性、引导性、开放性、市场化”原则设立,专项用于支持符合首都城市战略定位的高精尖产业发展,重点优化北京市高精尖产业资源配置,着力提高前沿、关键、核心技术领域以及高端制造环节,吸收引进境内外先进技术,加快人才、技术、资本等创新要素聚集,是落实《〈中国制造 2025〉北京行动纲要》和《北京加强全国科技创新中心建设总体方案(2017—2020 年)》的重要举措。

高精尖基金计划到 2020 年实现总规模 200 亿元,其中,母基金出资 50 亿元。重点投资于节能环保、集成电路、智能制造、新一代健康诊疗、新材料、智慧城市、人工智能、航空航天、新能源智能汽车、自主可控信息系统、云计算与大数据、新一代移动互联网、军民融合、新能源等领域。其母基金存续期原则上为 12 年,其中,筹资期为 3 至 4 年,退出期为 2 年;子基金存续期不超过 8 年,其中,投资期不超过 4 年,运营期不超过 4 年。

目前，高精尖基金主要采用母子基金和项目型基金模式。其中，母子基金即“1 + N”模式，母基金由市级财政出资设立，以参股或合伙方式与社会资本共同设立子基金。根据高精尖产业发展的特点，选择股权投资、并购投资等基金类型。股权投资基金择优选择社会投资管理机构共同设立股权投资基金，投资于高精尖产业中处于成长期并具有产业基础的企业，促进企业快速发展、做优做强。并购投资基金，择优选择社会投资管理机构共同设立并购投资基金，以转移被并购企业股权为特征，优化行业资源配置，推进符合高精尖产业的企业并购整合。项目型基金以符合高精尖领域的独立重点项目为投资标的，通过基金投资促成项目落地，带动相关产业发展。

成果及荣誉

目前，高精尖基金已经完成三批征集工作，确认合作子基金 17 支，合作认缴规模 187 亿元。吸引了华胜天成、钢研大慧、赛升药业、易华录、梅泰诺、星网宇达等高精尖领域优秀上市公司及龙头企业，启迪科服、华控、信中利、复星、九鼎等知名投资机构，亦庄国投、海淀引导基金、首钢基金等国有投资平台参与。

高精尖基金在引导社会资本投资、完善产业布局和重点领域突破、引导创新要素集聚、打造投融资服务体系等方面取得了进一步成效，初步获得了社会认可。继在 2016 中国私募基金峰会获得“中国政府引导基金 TOP20”第 14 名后，2017 年又入选了“2017 中国产业投资引导基金 TOP20”榜单和投中 2017 年中国新锐有限合伙人 TOP10 榜单，并在“2016—2017 政府投资基金管理团队 50 强”榜单中名列 13；同时，在 2017 年北京市财政开展的北京市政府投资基金绩效评价中排名第一。

管理机构

高精尖基金受托管理机构为北京工业发展投资管理有限公司（以下简称“北工投资”）。北工投资是一家专门服务于北京市产业转型升级和科技创新，运用市场化手段配置创新资源的国有投资公司，是北京市 5 家市级统筹资金的受托投资管理机构之一。

北京国融工发投资管理有限公司作为北工投资的全资子公司，实际承担着北京高精尖基金和及北京工艺美术基金、潍坊高新区产业发展基金的管理运营工作；承担了20亿元财政资金的代持管理工作，管理国家重大专项30余项；管理运营北京市中小企业公共服务平台，服务40余万家中小微企业，为政府、企事业客户提供投资、咨询、评估、投融资服务业务20 000余项，服务知名企业3 000余家。

增值服务

为推进高精尖产融结合，母基金名义出资人和受托管理机构联合开展了高精尖系列研讨会、对接会和路演活动。通过为管理机构搭建平台的方式，积极利用政府所掌握的项目资源，根据子基金投资领域进行精准推介。同时邀请政府产业引导基金、高精尖产业领域的专家，定期为从事高精尖基金母基金及子基金管理的相关工作人员提供培训，内容涉及政府投资基金法律政策解读、私募基金设立备案及监管的最新政策解读、资本市场形势解读和政府引导基金风险管理、行业分析及投研体系建设等。

子基金管理机构以现场会谈、不定期电话等多种形式，及时了解被投资企业对增值服务的需求，并利用自身资本优势和服务优势为被投企业提供增值服务，服务内容主要涉及公司治理结构优化、发展战略构建、再融资、市场推广以及销售资源对接等多个方面。

高精尖基金通过优化财政资源配置，构建市区两级联动配合模式，支持北京市高精尖产业加快发展。高精尖基金目前共有7支子基金，吸引了海淀区、亦庄、平谷、房山、石景山、顺义区属资金联动协同，区属资金合计8.7亿元。

北京金融街资本运营中心简介

北京金融街资本运营中心（以下简称“运营中心”）成立于2012年3月，为北京市西城区国资委直属的唯一国有资本运营平台，承担着西城区授权经营、资产重组、投资引领、协同发展，服务战略五大平台功能，截至 2016 年年末，公司注册资本 217 亿元，总资产 2 095 亿元，净资产 680 亿元，主体信用评级为 AAA。

运营中心重点投资布局高新科技、金融服务、现代教育、城市更新及农业生态等领域，构筑产业合作、产融结合及内外协同三个生态圈，通过资本运营与协同发展双轮驱动，打造全国一流、市场化程度高、专业能力强的国有资本运营平台。运营中心以“在创业、新发展”为使命，不断提升资本运营管理能力，承担了五大平台功能作用：

- 股权管理：运营中心作为西城区国资委与区属国企沟通的桥梁，在区国资委的授权范围内，对旗下参控股企业进行授权经营和股权管理，实现国有资产的保值增值。

- 资产重组：运营中心通过投资并购、资产划转、股权置换等方式实现国有资产重组整合，提升国有资本配置效率，提升国有资产的证券化率，促进国有资本的合理流动，优化国有资产的产业布局。

- 投资引领：运营中心将在打造五大产业板块中发挥投资引领作用，通过增量资本引导和创新资本运作模式，增强对高新科技企业投资力度，打造金融控股平台，积极布局现代教育产业，发展城市更新产业，引入农业生态新动能。

- 协同发展：运营中心将积极构建多维度的融合发展平台，通过共享资源、项目、信息等，带动所属企业与优秀央企、市企和区属企业的协同，实现共同发展。

- 服务战略：运营中心将紧紧围绕区域发展战略，服从服务于疏解非首都核心功能及现代社会发展的需要，依托区域优势资源，在产业结构升级、产业布局优化等领域发挥股权投资、资本运作、资产管理的功能和作用。

运营中心实行规范管理、分级负责、协同管控，遵循事前预防与事中控制相结合的原则，构建全员参与、全面覆盖、全程监管的全面风控体系，夯实风险管控防线。运营中心目前已形成房地产、金融服务、科技文化、商业贸易及餐饮酒店五大行业核心竞争力，当前重点投资布局高新科技、金融服务、现代教育、城市更新及农业生态五大产业，截至 2016 年 12 月 31 日，运营中心及下属各企业共计 231 家。

昌发展简介

昌发展公司介绍

北京昌平科技园发展有限公司(以下简称“昌发展公司”)成立于2015年5月,是北京市昌平区政府全资设立的产业生态投资运营平台。昌发展公司致力于开发、运营产业园区资产,整合创新孵化和科技服务体系,开展股权投资并集成综合金融服务,实现空间、服务、资金三项产业发展要素的系统联动,集“资本、人才、技术、信息、文化、空间”于一体的一站式产业生态平台。

母基金介绍

围绕双创社区建设和昌平特色优势产业,昌发展构建促进产业转型升级和企业做大做强的母基金体系,发起设立昌发展母基金。为发挥政府平台的示范引导作用,昌发展计划三年安排出资超过15亿元,与社会资本、上市公司等合作设立昌发展母基金,实现合作基金规模超过100亿元的目标。昌发展母基金将开展母基金投资、子基金投资、项目直投跟投的多样化投资策略,实现自有资金的有效放大、母子基金的有机结合。

目前已经成立了规模为9亿元的北京昌平中小微企业双创发展基金有限公司,规模为6亿元的北京昌平中小企业成长投资基金。围绕昌平特色产业,形成聚焦于生物医药、能源科技、智能制造、新一代信息技术等重点产业领域,涵盖VC/PE基金、并购基金、新三板基金、海外基金等偏重中后期投资阶段的基金体系,重在推动区内具有一定的成熟度且具备跨越式发展潜力的优质企业加速成长。

城发应元母基金简介

城发应元母基金是广州市城发投资基金管理有限公司(简称“城发基金”)积极响应国家“大众创业、万众创新”的号召,投身于创业投资、产业投资的又一战略性举措,是对政府引导基金的市场化补充。城发应元母基金发起设立于 2016 年 6 月,首期规模 5 亿元,目标总规模百亿级,致力于与国内外一流投资机构共同设立子基金,投资于高成长性的企业标的,助推广州的产业转型升级。

城发应元母基金合作模式如下图所示。

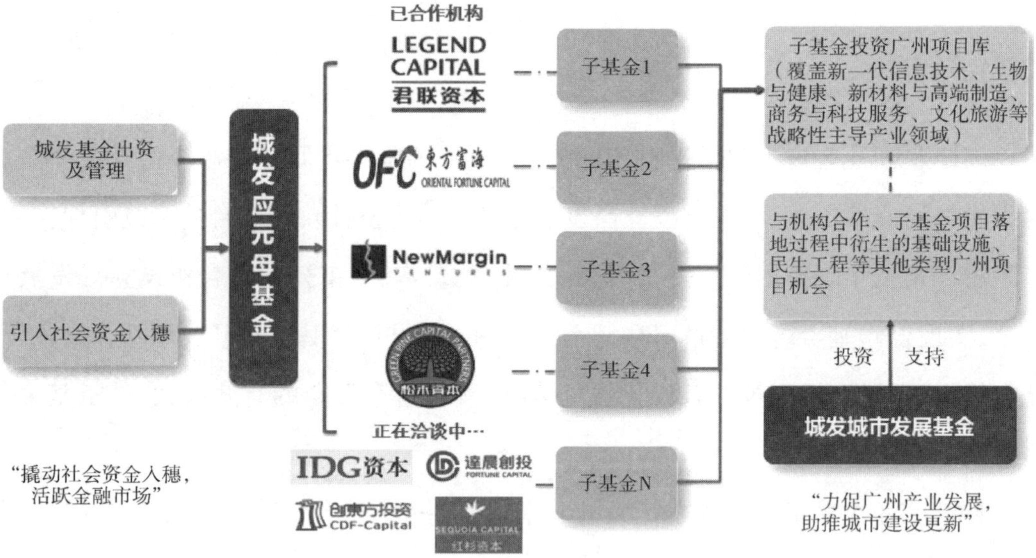

城发应元母基金的核心优势在于:

(1)依托国企背景平台,管理运作规范,资金实力雄厚。发起人城发基金作为全资国有企业,接受上级单位广州市国资委及母公司广州基金的监督管理,运作规范,公司治理健全。公司拥有 400 亿元的资产管理规模,资金实力雄厚,是国内第一家获得 AAA 评级的资产管理公司。此外,本次母基金城发基金也将作为基石投资人进行出资,投入力度大,值得信赖。

（2）主动产业配置，精选基金标的，力求为投资人创造丰厚的投资收益。结合对国家政策的了解以及对行业的分析判断，城发应元母基金优选了TMT、大健康、新材料、高端装备制造、文体娱乐五大重点投资领域，对中国未来十年拥有广阔市场前景、极可能出现爆发式增长的产业领域展开提前布局。除了产业的主动配置外，城发应元母基金在合作机构的选择上也设定了严格的准入门槛：合作机构需满足近3年在知名股权投资机构排名中入围TOP20、以往投资综合回报率超过20%的要求。在此基础上，城发基金再对合作机构发起的基金进行精选，通过层层筛选，最终达到优化组合配置、最大化投资收益的目的。

（3）母基金运作方式，多维度分散风险。城发应元母基金主要投资于子基金，相较于一般项目直投基金，城发应元母基金实现了更加合理的组合配置。

（4）专业化管理团队，基金运作和项目投资经验丰富。团队成员成功参与14家基金的投资运作，基金规模合计49.07亿元，覆盖生物与健康、TMT、新材料与高端装备制造、商务与科技服务等领域。此外，管理团队还主导了16个股权投资项目的投资，投资规模合计20.73亿元，覆盖初创期、成长期、成熟期等各个发展阶段。

截至目前，城发应元母基金已与东方富海、松禾资本、上海永宣合作组建子基金，三家子基金规模合计16.68亿元，应元母基金投资规模2.2亿元。由松禾资本、东方富海管理的子基金已于2016年启动投资运作，现已投项目20个，其中5个项目正在排队报会。此外，城发应元母基金正在开展协议谈判或者深入接洽的机构还包括君联资本、同创伟业、IDG资本、红杉、达晨创投、高瓴资本、创东方等。

国投创合简介

国投创合（北京）基金管理有限公司成立于2015年，是国家开发投资公司的专业化母基金及引导基金管理平台，也是国投创合国家新兴产业创业投资引导基金的管理人。国家开发投资公司成立于1995年5月5日，是国务院批准设立的国家投资控股公司和中央直接管理的国有重要骨干企业之一。

国投创合公司的前身为国投高科技投资有限公司，整个团队专注股权投资 20 余年，拥有近十年的母基金和政府引导基金的管理经验。20 多年来，国投创合管理团队主导完成的股权投资项目累计达 150 余个，推动了近 20 家企业上市，同时还投资了一批行业龙头企业。

公司管理团队自 2007 年起受托管理国家发展改革委、财政部的产业技术研究与开发资金，试行创业风险投资专项和新兴产业创投计划参股创业投资基金专项，两个专项基金总规模 60 亿元，投资了 20 余个直投项目，108 支创业投资子基金，目前间接投资初创期、早中期创新型企业超过千家。

公司 2016 年新管理的国投创合国家新兴产业创业投资引导基金是 2015 年 8 月国务院批复的国家新兴产业创业投资引导基金实体之一，总规模近 180 亿元，目前已投资数十支创业投资子基金。

国投创合在支持国家实体经济、创新创业方面做出了较大贡献，为国内投资创投子基金支数最多的母基金机构。

硅谷银行金融集团简介

30 多年以来，硅谷银行(SVB)致力于服务创新企业及其投资人，助其快速推进、大胆创想。硅谷银行位于美国加利福尼亚州，隶属于硅谷银行金融集团(纳斯达克代码:SIVB)。硅谷银行的业务包括商业银行、国际金融服务及私人银行服务，用以应对全球创新者的独特需求。

SVB 资本是硅谷银行金融集团旗下的投资管理机构。自 2000 年开始，SVB 资本介入母基金、直投基金的管理业务，目前管理着 8 支美元母基金、4 支美元直投基金，管理规模约为 30 亿美元。

SVB 资本于 2004 年进入中国市场。目前，SVB 资本在中国受托管理两期政府引导基金以及两支人民币直投基金，专注投资于科技创新领域的基金和企业。

浦发硅谷银行

浦发硅谷银行(SSVB)是中国第一家中美合资银行,由美国硅谷银行与上海浦东发展银行合资建立,也是一家只为中国科创而集聚共享的新锐银行。作为中国首家科技银行,浦发硅谷银行致力于为创新领域不同发展阶段的客户提供全新的银行体验,并构建具有中国特色的“科技创新生态系统”,从而成为中国创新经济中的最优选银行。

前海母基金简介

前海股权投资基金(有限合伙)(简称“前海母基金”),管理资产规模285亿元人民币,是目前国内规模最大的商业化募集母基金及领先的股权投资母基金。前海母基金于2016年1月成立,肩负着国务院关于建设前海国家级新区战略部署的重要使命,对我国股权投资行业发展具有里程碑意义。

前海母基金汇聚了国内最有实力和品牌影响力的优质出资人,其中包括各级政府、保险金融机构、知名企业及上市公司,以及拥有卓越成就的商界精英等。

前海母基金管理执行团队由中国股权投资行业领军人物靳海涛先生领导,机构合伙人为深圳市创新投资集团有限公司,联合合伙人包括马蔚华先生、沈南鹏先生、熊晓鸽先生、厉伟先生及倪正东先生等金融行业领袖。

前海母基金开展的业务类型包括投资PE/VC子基金、直接投资、短期投资、PE二级市场投资、创新型股权和项目混合型基金投资等;同时通过自身经验和资源,为出资人、子基金、被投企业提供多方面服务,促进合作共赢,实现多重增值。

前海母基金荣获清科2016年中国私募股权投资机构LP20强、中国股权投资基金协会2016年中国母基金十强、“清科中国私募股权投资市场有限合伙人20强”、“中国证券报第一届中国股权投资金牛奖——最受欢迎股权投资机构LP”、“证券时报最具竞争力母基金机构”。

盛景嘉成简介

自2014年成立至今，盛景嘉成母基金投资规模累计达110亿人民币，与盛景平台超过900位企业家投资人一道，先后投资覆盖了中国、美国、以色列一线顶尖基金——君联资本、高瓴资本、红杉资本、真格基金、金沙江创投、经纬中国、涌铧投资、分享投资，及KPCB、Accel、IVP、Vista、F50、Menlo；JVP、Viola等，是全球创新事业的顶层出资人。

盛景嘉成始终秉持"追求安全前提下的中长期复利回报"，并将其奉为投资哲学。如巴菲特所说，"投资的第一条准则是不要赔钱；第二条准则是永远不要忘记第一条"，始终安全增值是实现长期复利的必由之路，安全重于收益，安全重于快速回报。母基金模式是金融领域的重大创新，通过盛景嘉成母基金的投资，投资人可以与全球1%的优秀基金管理人一道，投资覆盖一线优秀创新项目。通过母基金模式的双层专业管理、双层分散风险，实现更安全、更出色的投资收益。

盛景嘉成母基金坚持"四全""四分散"的投资配置策略。所谓"四全"，是指：

"全明星"——精选1% A+级别一线基金管理人，优中选优，只与最顶尖的投资机构合作；

"全球化"——站稳中国创投市场，同时在全球创新高地美国硅谷和以色列与顶尖GP合作，做全球范围内的投资布局；

"全价值链"——从天使期、VC早期、中后期、成长期，一直到Pre－IPO、上市公司定增并购，VC/PE的每一个环节嘉成都会参与，同时享受早期投资的高回报与后期投资的高确定性；

"全覆盖"——通过以上三点，实现对全球范围内最优秀VC/PE的全覆盖。

所谓"四分散"，是指：

行业分散——在代表未来5～10年大趋势的新经济领域做分散布局，投资覆盖人工智能、医疗健康、新能源新材料、企业级服务、智能制造等领域，分散风险；

阶段分散——从天使到并购,分散风险;

地域分散——从中国到美国、以色列,分散风险;

管理人分散——每一支母基金投资多家顶尖基金管理人,在顶尖优选基础上继续分散风险。

伴随中国资本市场IPO常态化大趋势,截至2017年年中,盛景嘉成投资覆盖的美年健康(002044)、分众传媒(002027)、拓斯达(300607)、维业装饰(300621)、大丰实业(603081)、秦安机电(603758)、星云电子(300648)、我乐家居(603326)、华大基因(300676)、贝瑞和康(000710)、创业黑马(300688)、赛意科技(300687)、金域医学(603882)等明星项目先后成功上市,为投资人带来了连连惊喜。同时,盛景嘉成投资覆盖的ofo、映客、360、京东金融、完美世界、长城华冠、分众传媒、优客工场、艺妙神州、饿了么等一众明星项目正在全球市场上彰显着自己的独特魅力,以超出预期的速度快速成长。

作为全球创新事业的顶层出资人,盛景嘉成母基金通过三年的持续努力,将自己的核心价值极致化,期待与更多致力于投资兴国的中国企业家一道,支持下一代科技与人文精神的进步,将自己的力量投入建设未来世界的美好愿景中!

盛世投资简介

盛世投资是国内最大的股权母基金管理机构、最大的政府引导基金管理机构及最广泛的创新创投资源聚合平台,业务板块包含科技产业投资平台盛世智达、创新创业创投服务平台盛世方舟、文化产业投资平台盛世华韵、城市基础设施投资平台盛世基业和医疗健康产业投资平台盛世济元等。

目前,盛世投资管理规模超过700亿,已投资国内100多只优秀的早期、VC、PE基金,共覆盖1 900多个项目。公司总部位于北京,在上海、深圳、杭州、南京、重庆、武汉、长沙、宁波、海口、南宁等地设有子公司,以高素质的专业投资管理团队,为各级政府和机构客户提供及时、定制化、本地化的优质服务。

盛世投资已与 20 多个地方政府合作受托管理政府引导基金，拥有丰富的政府引导基金管理经验。此外，盛世投资还为国家发展改革委、财政部、工信部、科技部及各地政府提供引导基金咨询服务。

盛世投资作为母基金的最大优势是可以站在基金上游整合整个产业链。盛世投资采用“1＋N”的大平台发展战略，“1”指的是始终围绕母基金平台，“N”指的是围绕产业布局的多个平台。盛世投资的“N”个平台均是围绕产业来延展。结合政府引导基金，盛世投资可以更好地围绕当地产业基础布局，一方面结合当地优势产业帮助他们转型升级，另一方面也会为地方政府培育新的经济增长点，主要是战略新兴产业。

盛世投资专注于政府引导基金的市场化运作，开展早期母基金、二手份额接转母基金、首次募集基金投资、产业母基金等特色投资业务。科技产业投资平台盛世智达，以战略性新兴产业为投资方向，以母基金结合直投的方式，依托京津冀地区产业资源，以增值服务为核心竞争力，促进金融资本与产业资产相融合，为机构及企业提供“资金＋资源”、“咨询＋管理”支撑服务。文化产业投资平台盛世华韵致力于文化产业精耕细作，深谙文化母基金和文化直投基金运作。创新创业创投平台盛世方舟专注于中早期母基金、直投基金、产业基金和创新综合体等业务，是业内唯一持续在中早期领域深耕的母基金管理机构。医疗健康产业投资平台盛世济元通过市场化的医疗母基金、医疗并购基金等，纵深布局医疗健康领域。城市基础设施投资平台盛世基业，以 PPP 模式为基础，以特色小镇整体开发为抓手，打造集产业、生态、旅游、文化、居住“五位一体”的城市综合开发运营模式。

盛世投资管理团队拥有丰富的国资平台工作背景以及海内外资本市场运作经验、长期共事经验，以及国内十年以上私募股权投融资经验，是市场仅见的拥有投资于本土私募股权基金运作丰富经验的母基金专业管理团队。盛世投资合伙人受国家发展改革委邀请作为特邀专家连续多年参与国家级母基金的基金投资评审。

基于自主开发的强大数据库，盛世投资对业内 4 000 余家投资机构进行跟踪及数据的实时更新，并建立了自己的投资机构研究及统计体系，与在国内外活跃的 300 家基金展开深度业务合作，对这些基金的投资方向、领域、投资回报率、风控机制、管理团队背景及优势了如指掌，并对市场主流投资管理团队保持密切关注和深入调研。盛世投资已成功完成对新天域资本、联想投资、松禾资本、同创伟业、九鼎投资、青云创投、德同资本、启明创投、达晨创投、天图创投、长江国泓、达泰资本、钟鼎创投等100多支基金的投资，成为国内最广泛的创新创投资源聚集平台。

盛世投资在中国证券投资基金业协会已备案FOFs中规模排名第一，连续多年被评为中国"最佳政府引导基金"、"最佳人民币母基金"、"最佳商业性母基金"和"最具投资价值母基金"等。

创新拼搏是盛世人的基因。盛世投资创新性地与国有平台混改，加快各地方国资平台改革改制步伐，协助地方政府融资平台公司转型升级为创业投资企业，打造具有全国影响力的国资平台市场化转型典范；与当地龙头企业、上市公司深入合作，以点带面，实现区域经济的综合可持续发展，带动产业转型升级和培育新兴产业。

伴随"一带一路"战略步伐，盛世投资加速国际版图的布局，设立海外资产管理公司，助力中国产业全球化发展。盛世投资致力于打造中国未来的创投生态圈和中国未来的新经济产融投平台，致力于成为中国未来的顶尖资产管理公司，代表中国企业站上世界舞台。

上汽母基金简介

上汽投资介绍

上海汽车集团股权投资管理有限公司（简称"上汽投资"或"公司"）于2011年5月6日注册成立，是上汽集团的全资子公司。上汽集团是中国最大的汽车上市公司，2017年，上汽集团以2016年度合并报表1 138.6亿美元的销售位列第41位。截至2017年6月，上汽投资注册资本40亿元，管理规模约300亿元。公司作为上汽集团国内专业投资管理平台，主要从事母基金、PE/VC直接投资、创新投资以及资产管理业务。

上汽母基金介绍

为了增加资产配置方式，并更好地服务集团“电动化、网联化、智能化、共享化”的新四化发展战略，上汽投资借助集团资金与资源优势，于 2017 年 9 月正式成立规模 60 亿元的母基金——上汽中原股权投资合伙企业（有限合伙），并担任基金管理人。上汽母基金的管理团队来自市场第一线的成熟母基金机构，采用独创的九宫格基金评估体系，筛选出业绩优秀、未来预期较好、与投资人利益高度一致的子基金进行投资组合，通过业绩的二次优化和风险的二次分散，使母基金投资回报高于所投基金的平均收益率，并通过适当比例的跟投，实现在中低风险下的中高回报。

上汽母基金将围绕国家产业发展战略，结合宏观经济形势，行业上重点在高端制造、医疗健康、消费升级、环保新材料及金融科技等领域进行布局，阶段上重点在 PE 阶段布局，并适当兼顾 VC 阶段的优质基金，通过与其深度合作，获取新兴产业链上下游优质资源和跟投机会。

上海科创投简介

上海科技创业投资（集团）有限公司（以下简称“科创投集团”）是 2014 年 8 月，经上海市政府批准，由上海科技投资公司（成立于 1992 年）与上海创业投资有限公司（成立于 1999 年）经战略重组而成。重组后的科创投集团注册资本 16.9 亿元，管理资产超过 400 亿元，拥有基金管理平台、项目出资平台、科技金融平台和风险投资平台四大功能平台。

科创投集团是上海乃至全国历史最长、规模最大、功能最全的国有创业投资机构之一，也是上海建设具有全球影响力科技创新中心的重要实施主体之一。

创业风险投资平台：积极投资、布局早中期战略性产业项目，对近 200 家创新创业企业的直接投资超 13 亿元人民币，其中在主板、创业板、海外等公开市场上市企业达60家。

引导基金管理平台:发挥财政资金的杠杆效应,引导社会基金支持上海重点发展的产业领域,管理上海市创业投资引导基金财政专项资金60多亿元。参股基金近60个,参股基金总规模超过380亿元,参股基金投资项目超700个。

政府项目出资平台:负责管理上海市"科教兴市重大科技攻关"项目30亿元专项资金,承担了其中35个涉及国家战略新兴产业的重大项目的投资、管理工作,此外,还受托管理总额超过10亿元的政府专项。

科技金融服务平台:致力于为创新创业企业打造全功能形式、全生命周期的科技金融服务平台,管理市财政设立的"三个10亿元"融资担保专项资金,投资参股商业性融资担保机构,累计参股9家担保公司,投资额近9亿元。集团以自有资金投资了2家小贷公司、1家商业保理公司、1家P2P平台,并以自有资金设立了国家863软件孵化器(上海)基地、国家留学生嘉定创业园。

作为上海最大的国有创投专业机构,科创集团正着力成为政府功能性资金的出资载体、科技型中小企业的培育平台、国资市场化运作的专业机构,成为国内领军型科技金融集团。

通盛时富简介

上海通盛时富股权投资管理有限公司(TSF资本)是中国领先的产业、创业投资基金管理公司,在新常态背景下,凭借其敏锐的产业嗅觉、雄厚的股东平台、强大的资源整合能力,不断完善我们的投资生态体系。

TSF资本搭建了"政府(大型央企)+投资基金+并购基金+实业落地"的产融结合体系,为企业提供一揽子产业发展支持,也为政府提供全方位产业运营和城市运营解决方案;深耕"大数据""新能源""大健康""节能环保""文化娱乐"五大产业板块,以基金运营管理为纽带,带动实业投资、产业集群和经济发展,通过技术成果的产业化,实现企业增值、区域增值、股东增值。

TSF 资本目前管理 37 支基金，管理资产规模约 60 亿元。在产业投资基金、创业投资基金、并购基金等领域有着丰富的经验与优秀的业绩。另外，在本土和国际上同样有着成功的实业创业经验和丰富的投资经验，借助各股东在地方政府产业融资的能力和实力以及各种社会行业和市场资源，使 TSF 资本的管理团队具有专业、专注和专长的竞争优势。

小村资本简介

小村资本成立于 2007 年，亦是中国最早的家族资产管理办公室、最早以市场化运作的母基金管理机构，首批获得私募基金管理人牌照，为中国基金业协会会员代表单位。

小村资本已成为集孵化器、早期创业投资、创投母基金、中后期私募股权投资、上市公司战略投资、产业基金管理、投行服务及产业孵化业务在内的生态级投资平台。小村资本注册资本 1.55 亿元，累计资产管理规模 156 亿元人民币，团队规模超 80 人。

小村资本成功投资昆仑万维（300418）、步长制药（603858）、隆鑫通用（603766）、科迪乳业（002770）等上市公司，并成为中际装备（300308）、大湖股份（600257）、山东华鹏（603021）、科迪乳业（002770）等多家上市公司战略合作伙伴。

在创投领域，小村资本先后成功投资驴妈妈（景域文化 835188）、IN（九言科技 836484）、Fit、竺灿文化、果麦文化、海狸先生、蓝狮子、拳星时代（华虎传媒）等新兴产业。

小村创投母基金通过投资经纬创投、金沙江创投、峰瑞创投、云启创投等基金，构建了庞大的优质新兴产业项目资源，连接创新产业和传统产业。

宜信财富母基金简介

宜信公司创建于 2006 年，总部位于北京。宜信公司是一家从事普惠金融和财富管理业务的金融科技企业，在支付、网贷、众筹、机器人投顾、智能保险、区块链等前沿领域积极布局，通过业务孵化和产业投资参与全球金融科技创新。成立11年以来，宜信公司始终坚持以理念创新、模式创新和技术创新服务中国高成长性人群、大众富裕阶层和高净值人士，真正的让金融更美好。

宜信财富是宜信旗下独立财富管理业务品牌，为近十万名中国高净值和大众富裕阶层提供专业的全球资产配置服务，涉及领域包括国内外固定收益、私募股权、资本市场、对冲基金、房地产、保险保障、投资移民、游学教育等全方位产品与服务，覆盖人民币、美元、欧元等多个币种。

宜信财富在中国内地40多个城市设有分支机构，并在中国香港、新加坡、以色列、欧洲、北美等地设有办公室。宜信财富及相关公司拥有中国证监会、中国保监会颁发的公募基金、私募基金、保险相关多项牌照和经营资质，并拥有香港证监会授予的证券咨询与资产管理牌照、新加坡金融管理局授予的新加坡注册基金管理公司（RFMC）牌照及资本市场服务（CMS）牌照、美国证券交易委员会（SEC）授予的RIA财富管理业务牌照，为宜信财富客户提供专业支持。

宜信财富私募股权投资母基金是中国市场化母基金的先行者和引领者。自2013年成立以来，在私募股权投资母基金领域深耕细作，基于宜信财富始终倡导的科学资产配置理念，致力于寻找并持有优质资产，通过优秀企业的高速增长获得时间的复利回报。在四年多的时间里，宜信财富私募股权投资母基金凭借严谨的尽调筛选与风控体系，以及专业的投资管理能力获得市场广泛认可。截至目前，宜信财富私募股权投资母基金管理资产规模逾百亿，与超过200家国内外领先的基金管理人保持紧密沟通，间接投资了大量优质项目公司，覆盖TMT、医疗健康、消费升级、节能环保、高端制造等在内的多个领域，现已成为国内市场化运营的规模最大的私募股权投资母基金之一。

2017年，宜信财富私募股权投资母基金先后荣获：融资中国“2016年度中国最佳FOFs10强”、清科集团“2016年中国私募股权投资市场有限合伙人20强”、投中“2017年度中国最佳创业投资领域有限合伙人TOP10”、投中“2017年度中国最佳人民币 FOF TOP10”等多项大奖。在首届“中国股权投资金牛奖”评选中，宜信财富私募股权投资母基金荣获“最受欢迎股权投资机构 LP”奖项。此外，还被中国风险投资院评选为“2017 中国市场化母基金 TOP20”；被投资家网和中国科技金融促进会风险投资专业委员会评选为“2016—2017 中国最活跃有限合伙人 TOP20”。这是市场及行业对宜信财富私募股权投资母基金的专业投资管理能力、风控体系及良好业内口碑的肯定。

亦庄国投简介

北京亦庄国际投资发展有限公司（以下简称“亦庄国投”）创立于2009 年2 月，其组建是北京经济技术开发区大力推进产融结合的一项重要举措，公司肩负着开发区金融创新的重大使命，是开发区进行产业投资、落地重大项目的核心平台，是实现开发区产业发展战略和推动金融创新的旗舰企业，是各大金融机构落户亦庄实现创新发展的战略合作伙伴。

“十三五”期间，顺应首都、开发区发展战略转变，开发区发展模式从绿地投资逐步向产业生态构建转移，亦庄国投创新投融资机制，优化投资布局，积极构建资本引导放大、重大项目落地服务平台，服务开发区产业转型升级和科技创新。立足服务首都经济发展新常态、服务高精尖产业构建、服务京津冀协同发展、服务改革发展趋势，围绕开发区转型升级、创新发展中心工作，践行国际化、市场化、创新化经营理念，争做落实首都战略定位、引领重点产业升级、实施创新驱动发展的排头兵。面向建设北京科技创新中心，布局高端产业新版图；面向服务大众创业、万众创新，构筑金融服务新体系；面向构建“高精尖”经济结构，打造产业聚集新载体；面向推动京津冀协同发展，谱写区域合作新篇章。

亦庄国投始终坚持以实体经济产业发展需求为导向，以金融服务创新为手段，充分结合政府资源与市场力量，积极打造“产业 + 资本 + 平台”三位一体的投资生态建设模式，不断构建多元化产业投资平台、全方位金融服务平台和创智型产业集聚基地。截至目前,亦庄国投下设产业投资、金融服务与产业基地三大业务板块。

产业投资包括直接投资与基金投资。亦庄国投聚焦主导产业,重点突围,以点带面,促进转型升级。积极推进耐世特汽车、ISSI等海外并购,投资中芯国际二期、京东方、北汽股份等项目,有力促进集成电路、装备制造、航天科技等高端产业集聚。

2013年,亦庄国投发起设立北京亦庄国际新兴产业基金(以下简称"战新基金"),作为支持开发区战略新兴产业发展的母基金平台,由亦庄国投子公司亦庄产投作为基金管理机构进行管理。亦庄国投母基金在市场中具有品牌号召力,有资源聚集能力和多年母基金运作的资源和经验。亦庄国投母基金自成立以来迅速成长,投资领域涵盖集成电路、生物医药、高端装备、文化等方向,基金投资阶段覆盖早、中、后期多阶段。截至2017年9月,亦庄国投母基金共参与设立基金超50支,总认缴金额超260亿元,实缴规模近120亿元,基金总规模超2 200亿元,实现产业引入与新兴产业培育的目的。

金融服务是亦庄国投重要的业务板块,包括融资服务、融资担保、融资租赁、小额贷款等。对区内有一定体量的大型企业,提供资金支持厂房建设;对区内中小企业,通过各种方式提供融资服务,有效为开发区内企业提供多样的资金支持。

产业基地包括移动硅谷创新中心、亦庄创投汇、标准厂房三个部分,通过建设特色园区,开展创业孵化,构建产业聚集及创新载体,为项目落地提供物理空间,为开发区培育企业,为形成产业集群创造良好条件。

元禾辰坤简介

苏州元禾控股股份有限公司(以下简称"元禾控股"),是一家管理472亿元基金规模的投资控股企业,业务覆盖股权投资、债权融资和投融资服务三大板块,包括中国第一支国家级股权投资母基金、中国规模最大的天使投资平台、中国唯一的千人计划创投中心、江苏省首家"贷款+投资期权"的科技小额贷款公司等。

在十多年的成长历程中,元禾控股以"引领股权投资发展,践行科技金融创新,创造持续领先价值”为使命与愿景，搭建了股权投资和债权融资相结合的一体化投融资业务体系，辅以东沙湖股权投资中心专业的投融资服务支撑体系，通过三大业务板块在资本运作、风险控制、营运配置等方面的协同运作，在探索金融创新、促进科技创新、引导基金集聚、助推产业升级等方面取得了不俗的成绩。

元禾控股自 2001 年成立起就专注于股权投资领域，旗下汇集多家管理团队专注于不同的投资阶段和领域。截至 2017 年 9 月底，直投平台及管理的基金投资项目 531 个，金额 157 亿元；通过主导管理的 VC 母基金投资子基金 66 支，子基金总规模约 382 亿元，投资企业超 830 个；通过上述股权投资平台，已累计培育上市企业 59 家。

2010 年，元禾控股与国开金融公司共同发起设立国内规模最大的人民币母基金国创母基金，其中 VC 母基金板块国创元禾创业投资基金由元禾管理，主要投资专注于以早期和成长期为主的创业投资基金。

2011 年，在东沙湖股权投资中心的基础上设立国家“千人计划”创投中心，截至 2017 年 9 月底，东沙湖中心已入驻股权投资管理团队 88 支，设立基金 32 支，管理基金规模超过 1 200 亿元；入驻债权融资服务机构 7 家，为 4 200 多家企业提供债权资金支持。

元禾控股将秉承过去积极进取、开拓创新的企业文化，为有资本需求的企业提供全方位的帮助，成为企业家首选的资本服务品牌，致力于打造国际一流的投资控股企业。

中关村协同创新基金简介

中关村协同创新基金是整合归集地方政府、金融机构等社会资本，采取母子基金双层架构运作，即“1 + 1 + N”模式，“1”支母基金，下设“1”支协同创新子基金，“N”支面向各合作区域的“协同发展子基金”。基金总规模 100 亿元，是国内首支以京津冀为重点、合作区域最多的协同创新投资基金。

为了积极落实习近平总书记关于中关村“要在全国实施创新驱动发展战略中发

挥示范引领作用”的总要求，积极推进京津冀协同发展、“一路一带”的国家战略，积极响应北京市委市政府关于区域协同发展战略的重要指示，根据市委市政府对“一司一金”的整体批复精神，在中关村管委会的指导下，中关村发展集团整合集成中关村创新资源和创新要素，设立“一司一金”以支持区域协同发展。

“一司”是指中关村协同发展公司，是中关村发展集团联合中国交通建设股份有限公司和招商局地产两家央企合作设立，重点服务合作区域产业环境建设。

“一金”是指“中关村协同创新投资基金”（简称“协同基金”），是由中关村联合地方政府共同发起设立，通过整合资源，用市场化机制运营管理，以“亚投行”模式促进区域协同发展。

母基金已于2016年3月成立，规模20亿元（一期）。母基金由中关村发展集团联合河北保定、河北承德、河北秦皇岛，天津宝坻、天津静海、辽宁葫芦岛、河南南阳、江苏徐州、江苏常州金坛、江苏常州溧阳、浙江衢州、广西南宁、内蒙古乌兰察布、山东德州和山东新泰15家地方政府和金融机构共同发起设立。

母基金通过政府资金引导、吸收社会资本参与的方式，放大政府资金使用效能，并依托中关村发展集团在科技、金融领域产融结合的丰富经验和强大的产业组织服务能力，实现市场化管理和运作，促进区域协同，打造创新生态，助推产业升级，实现共赢发展。

子基金采取“1 + N”模式设立，总规模80亿元。子基金由母基金作为基石LP，同时联合中关村和合作区域的社会资本共同设立。

“1”支协同创新子基金，规模30亿元，着眼于战略新兴产业的投资、并购重组、新三板等项目，重点投资高科技产业项目，拓展创新成果落地空间，促进合作区域科技创新和科技企业跨区域布局。

“N”支面向各合作区域的“协同发展子基金”，规模50亿元，重点投向科技园区、科技金融、科技产业。子基金将发挥桥梁纽带作用，帮助合作区域优化科技金融生态环境，促进产业结构转型和升级。

中关村并购母基金简介

中关村并购母基金（中关村资本 Z – Park Fund，以下简称“母基金”）成立于 2016 年 10 月，是目前国内规模最大的并购母基金。作为注册在中关村核心区的投资机构，母基金专注服务中关村上市企业，提供全面、专业的并购服务。母基金以发展中国高精尖科技产业为己任，与所有投资伙伴的利益保持高度一致。

基金概述

中关村并购母基金首期募集规模达 119 亿元人民币，存续期七年，投资标的为 5 亿元人民币以上项目或公司，且投资金额在母基金可投金额 20% 以下。母基金设立投资决策委员会、战略咨询委员会等决策机构，拥有完善的风险控制流程，保证基金的稳健投资和项目的安全退出。母基金将通过投资基金、优质项目、上市公司的定增、并购等方式支持近千亿的市场规模。

母基金具有专业的管理团队，其成员来自知名投资机构、大型律师事务所及相关国家部委，具有长期积累的市场经验与业界影响，深厚的金融资源与产业背景，兼具国际视野。同时，母基金坚持市场化运营的原则，拥有自己的研究机构，可为企业提供财务、税收、审计、法律等全方位优质的专业服务。

投资优势

中关村并购母基金有着明确的并购方向和清晰的退出机制，以支持中关村核心区域领军企业的境内外发展为首要目标，吸引了一批优质的合作伙伴成为其合伙人。

1. 市场定位清晰，投资目标明确

中关村并购母基金将重点放到 TMT、消费升级及大健康领域，投资标的集中在互联网和移动互联网、云计算、定位导航与空间信息服务、集成电路设计、生物医药、新能源、新材料、节能环保、文化和科技融合等方面。

2. 并购目标领先,行业背景深厚

海淀区国有投资平台、中关村发展集团、清华控股有限公司为中关村并购母基金战略投资者。

中关村核心区域经过多年的发展,拥有良好的产业基础、众多创新创业的领军人才,上市公司已近200家,区内国家级高新技术企业超过6 100家,形成了以战略新兴产业为主导的高科技产业集聚区。

3. 搭建银企桥梁,融资手段多样

目前,国内并购市场缺口率高,金融机构介入少。中关村并购母基金通过与金融机构开展合作,将金融机构与上市公司紧密地结合在一起,弥补两者之间的空隙,成为两者合作的重要通道。

4. 投资标的众多,退出机制明确

中关村并购母基金与战略合伙人形成正向合作,拥有庞大的项目池,帮助上市公司不断完善产业布局,优化企业结构。并且母基金通过二级市场建立合理的退出机制、渠道,保障了上市公司及基金其他合作伙伴的利益。

5. 区域优势互补,实现各方共赢

中关村并购母基金积极与各地方合作,搭建当地产业与中关村上市公司全要素合作的桥梁,促进当地产业升级与提质增效。母基金将助力被投资企业快速扩大市场,提升企业管理水平。同时母基金还将为当地就业增加、税收贡献提高做出努力。

合伙人介绍

中关村并购母基金的合伙人在各个行业都具有一定的影响力,对母基金有着不可替代的作用。

战略投资者(LP):海淀区产业并购引导基金、北京市海淀区国有资产投资经营有限公司、清华控股有限公司、中关村发展集团。

上市公司(LP):神州优车、用友网络、华胜天成、三聚环保、利亚德、立思辰、神州高铁、神州数码、旋极信息、拉卡拉、佳沃集团、恒泰艾普。

金融机构（LP）：浦发银行、北京银行、邮储银行、南京银行、甘肃金控。

浦发银行：中国上市公司 100 强、中国企业 500 强。

邮储银行：2016 年全球最大的 IPO。

南京银行：中关村地区发展最快的商业银行。

用友网络：中国最大的 ERP、CRM 等企业管理方案提供商。

三聚环保：全球一流的能源净化专家。

未来发展目标

中关村并购母基金以整合高精尖产业为己任，为中国加快经济建设而努力，未来将与各位合作伙伴一起为打造千亿市值的上市公司而奋斗。

紫荆资本简介

紫荆资本是一家运营创业投资母基金（VC Fund of Funds）的专业投资管理机构，于 2012 年在原清华控股投资部的基础上更名并组建。紫荆资本是以清华控股母基金为主的紫荆系创业投资母基金的投资、管理和运营平台，拥有丰富的母基金投资管理经验及行业资源。

紫荆资本的核心业务是管理封闭式主动管理型创业投资母基金，致力于运用对行业和产业的深刻理解，发挥清华大学和清华产业的资源优势，前瞻性地发掘战略新兴产业领域内有爆发性的增长点，重点布局有特色特别是专注于行业的子基金，并利用管理团队十余年一线直接投资的成功经验发掘出更多的投资机会。

行业地位

专注于行业型早中期 VC 基金投资的母基金；

唯一承接国家科技型创新基金入资的母基金；

中国母基金联盟创始发起人/秘书长单位；

连续获评清科集团中国母基金年度 TOP10；

连续获评投中集团中国母基金年度 TOP10。

附录 5 特别支持机构介绍

广州市城发投资基金管理有限公司简介

广州市城发投资基金管理有限公司（简称“城发基金”）创立于 2014 年 3 月 19 日，是广州市积极响应十八大号召，为激活社会资本、拓宽融资渠道、优化城市投融资格局而在广州产业投资基金管理有限公司（简称“广州基金”）旗下设立的全资国有企业，公司以财政手段和金融手段相配合，引入大额稳定的社会资金投资城市发展建设和政策性业务，走出了金融服务城市建设的新路子，正在成长为区域内融资能力和综合资金成本方面最具优势的企业。

公司成立三年来，始终坚持以作为政府创新性投融资平台为目标，通过市场化方式募集资金入穗，以灵活、高效的投资模式推动广州市城市基础设施及重点产业快速发展，以专业化、市场化的资源整合模式实现投资收益，以规范化的管理理念、富有竞争力的现代化公司治理机制实现国有资产的保值增值，努力打造成为以广州为中心的创新性城市发展投融资平台和一流资产管理专家。截至 2017 年 9 月 30 日，城发基金已累计吸引超过 280 亿人民币外部资金入穗，实现在广州市基础设施等主业投资逾 300 亿元，带动的项目投资总规模逾 700 亿元；所管理的国寿、新华两支基金累计在城市基础设施投资、城市发展、国企混改主业板块落实投资总额约 319 亿元，且未形成政府债务；委托代管的引导基金、直投基金、创投基金、孵化器基金有序运营。

附录6　特别支持中介机构介绍

毕马威会计师事务所简介

毕马威在1992成为首家获准在中国大陆合资开业的国际会计师事务所,它在香港提供专业服务亦已超过60年,同时,于2012年率先完成特殊普通合伙转制。率先打入中国市场的先机以及对质量的不懈追求,使毕马威积累了丰富的行业经验,中国多家声誉卓著的企业长期聘请毕马威提供专业服务,也反映了毕马威在市场中的领导地位。毕马威在中国16个城市设有办事机构,分布在北京、北京中关村、成都、重庆、佛山、福州、广州、杭州、南京、青岛、上海、沈阳、深圳、天津、厦门、香港特别行政区和澳门特别行政区,合伙人及员工约10 000名。毕马威中国以统一的经营方式来管理中国的业务,以确保能够高效和迅速地调动各方面的资源,为客户提供高质量的服务。

毕马威是中国、亚太区和全球金融服务业的大型服务提供者,在金融服务业的目标明确,而且受到世界各地大型金融服务机构的高度评价。毕马威在全球拥有超过2 430名合伙人和34 600名专业人员专责金融服务业的工作。金融服务是毕马威全球行业专责团队中最大规模的一支队伍。

毕马威在中国为国内外金融业客户提供审计、诊断审阅、尽职调查、不良资产审阅、风险管理和税务等服务,几乎涉足金融业的各个环节部分,对最佳行业惯例有透彻的了解和认识,积累了丰富的经验,这一切均有助于客户提升他们的竞争能力。毕马威的新角度、新思维包括:毕马威研讨会系列、出版物、银行业研究报告及网页和审计委员会协会。

在基金行业领域，毕马威拥有一支由众多专家组成的基金团队。该团队的成员大多在国内外从事基金业审计、监管咨询和基金咨询工作多年，积累了丰富的经验。毕马威常年为多家金融机构客户提供服务，近年成功完成多个基金投资项目的尽职调查。

内容编写参与团队成员

吴福昌，财务咨询，投资咨询服务，交易咨询（金融业）——主管合伙人

周海滨，财务咨询，投资咨询服务，交易咨询（金融业）——总监

张鸿龄，财务咨询，投资咨询服务，交易咨询（金融业）——经理

方达律师事务所简介

方达律师事务所（下文简称“方达”）创建于1993年，是在商业领域被认可的处于领先地位的中国律师事务所。方达在中国最重要的五个经济中心北京、上海、深圳、广州及中国香港均设有办公室，方达强大的律师团队具备全面的专业知识，包括公司、合规、并购、资本市场、劳动和争议解决等方面，各业务部门及各地办公室之间紧密配合、无缝对接，从而能够高效配置资源以满足客户的各种需求。通过这种方式，方达从多维视角借丰富经验为每一位客户解决问题。

方达的私人股本（或称PE）业务是中国PE界最杰出、最有活力与最值得信赖的法律服务提供者，是国内仅有的几家能够真正向私人股本和财务投资人客户及其被投资公司提供从基金设立、基金投资直到基金退出每一阶段的“一站式”法律服务的律师事务所之一。方达的私人股本业务团队是中国最卓越的业务团队之一，致力于成为客户应对该领域中最具挑战性的交易和最复杂的法律问题的首选律师事务所。

并且，方达是境内私募基金设立业务的市场领导者，尤其在以人民币计价的基金（“人民币基金”）细分市场中的领导地位，获得了广泛认可。方达基金设立团队已参与了目前市场上知名度最高的基金中的大多数的设立和募集，创立了一系列目前已

被广泛采用的PE基金和VC基金结构。

该等基金结构同时充分反映和结合了中国基金监管方面的最新发展。例如,中国证券监督管理委员会及其他监管机构(如中国保险监督管理委员会和商务部等)针对股权投资企业的相关法规及地方政府出台的QFLP等股权投资试点办法。同时,方达也积极参与行业自律组织(如中国证券投资基金业协会)自律规则的制定,并提供专业咨询意见。方达的基金设立团队不仅因提供高效的法律服务而广受好评,更因其擅长从商业和实务角度对基金设立和运营中遇到的各种问题提供切实可行的解决方案而备受称赞。

作为人民币PE/VC基金架构设计、法律文件起草和谈判方面的先行者,方达在代表市场顶尖的基金发起人和最受尊重的机构投资者两个方面均积累了广泛经验,曾在人民币PE/VC基金市场的诸多具有里程碑意义的交易中提供法律服务。作为“基金设立业务最早的市场参与者之一”,方达被《钱伯斯》(亚太区)评价为“在该领域有卓越精深的专业能力”。团队律师“拥有开阔的国际视野和扎实的本土知识,并结合这两方面的经验为客户提供专业的意见”。方达被《钱伯斯》(亚太区)认为是“很好地融合了国际最佳实践和本地实际经验的优秀律师事务所”。

内容编写参与团队成员

郭强律师

方达律师事务所合伙人。

郭律师的执业领域主要包括私人股权(基金募集设立及下游投资)、资产管理、兼并收购以及资本市场(代表发行人、售股股东或承销商进行新股首发或私募交易)。郭律师于2007年作为合伙人加入方达。此前曾在两家华尔街律师事务所的纽约总部、香港及上海代表处执业经年。郭律师于中国政法大学获得法学学士及国际法硕士学位,于美国纽约大学获得法学博士(J. D.)学位。郭律师同时拥有在中国和美国纽约州执业律师资格。

郭律师领导方达资产管理及投资基金业务。他为客户提供涉及各类替代投资工具(包括私募股权投资基金、联合投资基金、母基金、企业创投基金及单独管理账户)的结构设计、架构重组、设立及运营等方面的法律服务,覆盖众多投资领域及策略(包括创业投资、并购、基础设施及地产、影视、酒店、夹层及信贷及私募股权二级市场机会)。郭律师是很多开创性或目前已广为采用的人民币基金结构的设计者。

郭律师在代表境内外基金管理人和投资人设立PE基金方面具有丰富经验。最近的基金设立交易包括代表黑石、凯雷、里昂/国盛集团、高盛、金浦产业投资基金管理公司、弘毅投资、中信资本、IDG资本、摩根士丹利、德太集团及北京国有资本经营管理中心设立其各自PE基金实体,以及代表中国人寿、金石投资等代表性机构投资人对若干支PE基金的投资。

在下游投资方面,郭律师曾代表国际和国内基金客户及战略投资人在包括金融服务、电信/媒体/娱乐/科技、消费品、商业、制造业、汽车、汽车配件及销售、航空、生物科技及教育等在内的广泛行业中进行股权投资和兼并收购。

郭律师被《国际金融法律评论专家指引》评为私人股权业务杰出律师,在私人股权业务和投资基金业务两个方面被Practical Law Company同时评为杰出律师,作为私募基金业务中国地区唯一的中国律师收入《法律名人堂——国际商务律师》(2011)。同时,“由于其在基金和私人股权业务方面的造诣而广受客户赞誉”而被《钱伯斯》评为私人股权业务杰出人物。

陈瑱律师

方达律师事务所合伙人。

陈律师的主要执业领域包括私募股权、投资管理。

陈律师于2009年加入方达。加入方达前,曾在美国瑞生律师事务所纽约办公室执业。陈律师毕业于美国Northwestern大学、清华大学和北京大学法学院,分别获得法学博士(J. D.)、国际法学硕士和法学学士学位。陈律师同时拥有中国和美国纽约州执业律师资格。

陈律师在PE/VC基金方面的代表案例包括摩根士丹利(Morgan Stanley)、KKR、德州太平洋集团（TPG）、凯雷集团（Carlyle）、中信证券、中金、博裕资本、弘毅投资、创新工场、IDG、硅谷银行（SVB）、新华人寿、中国人寿、太平洋保险、泰康人寿、日本国际协力银行（JBIC）、日本瑞穗实业银行等。

参考文献

[1]姒亭佑. 家族办公室及母基金投资策略与投资管理[R]. 同方金控讲坛第二期,2017.9.

[2]廖俊霞. 宜信财富私募股权母基金的投资哲学[R]. 宜信 10 周年庆典,2016.7.

[3]殷哲谈 2017 年资产配置的艺术[OL],2017.3. http://www.ximalaya.com/43098074/sound/26834928/.

[4]杜丽虹. 另类投资篇:另类投资的价值洼地,二级投资母基金(Secondary Funds)[OL],2016.9. https://www.read138.com/archives/947/p1jsanpi71h4v2c0/.

[5]马巾坷. 投近百家 GP－5.0 时代的歌斐资产想要再精细一点[OL]. 投资中国网,2017.5.

[6]朱筱珊. 歌斐资产这样玩转母基金:选择 GP、是否跟投皆有谱[N/OL]. 证券时报网,2016.8.

[7]王彪文:IR 将合理下调,GP 靠技术驱动,LP 呈中国特色[R]. 第十一届中国投资年会·年度峰会,2017.4.

[8]李铮. 歌斐资产殷哲:和自己赛跑"1＋3"投资主线[OL]. 投资中国网,2016.5.

[9]盛景嘉成. 顶级母基金如何基于投资节奏挑选硅谷 VC[OL],2016.6. http://blog.sina.com.cn/s/blog_161f5025e0102wkht.html.

[10]孟兆辉. 申请政府引导基金必须要知道的三个关注点[OL],2016.11. http://www.jiemian.com/article/949765.html.

[11]李红双,粥沫儿. 7 年管理规模超 700 亿,靠这两点拿下 23 支政府引导基金,

这家母基金又开始“二次创业”[J].投资界,2017(6).

[12]私募君.“领导者”靳海涛:规模没有100亿不算母基金 前海母基金一年半增值27%[OL],2017.6. http://www.sohu.com/a/150216797_618347.

[13]陈文正.国家股权时代,韭菜在哪?怎么培育?[R].第11届中国投资年会有限合伙人峰会,2017.9.

[14]元禾辰坤:母基金市场化探索先行者[OL],2017.3. http://toutiao.manqian.cn/wz_eeAmRwMtij.html.

[15]多层次资本市场联盟.政府引导基金发展趋势[OL],2017.9. http://www.360doc.com/content/17/0926/07/29955225_690213823.shtml

[16]战略新兴板研究.政府引导基金发展现状及趋势(附案例)[OL],2017.8. https://mp.weixin.qq.com/s?src=11&timestamp=1511229999&ver=527&signature=z7OKiM7oHbu*kd7pSC

[17]陈十游.战略新兴产业有哪些投资机会?[R].2017中国创投夏季峰会暨首届创业融资交流展,2017.7.

[18]田牧.元禾辰坤:十年VC淘金 母基金如何大浪淘沙找到好GP[OL].投资中国网,2016.6.

[19]王吉鹏.看好黑马团队 新老更替是事物的本身规律[R].2016年中国投资年会,2016.4.

[20]江晓川.靳海涛详解前海母基金模式:直投紧密配合母基金[OL].腾讯财经,2016.8.

[21]陈文正.行业空前繁荣之下母基金不乏机遇也要应对挑战[R].第11届中国投资年会有限合伙人峰会,2017.9.

[22]王珑娟.政府引导基金奔向5万亿,GP你拿什么获得LP的认可?[J].投资界,2017(6).

[23]寇建平.发现FOFs:私募大时代和母基金的突围[OL].融中财经,2017.9.

[24]李晓.LP女神教你如何选GP[J].FOF Weekly,2017.9.

[25]赵娜. 政府引导基金势起:“新晋者”的市场化挑战[OL]. 新浪财经,2017.6.

[26]李晓. 那些你投的基金没告诉你的事[OL],2017.6. https://mp.weixin.qq.com/s? src = 11&timestamp = 1511230038&ver = 527&signature = uY * gBhk5Llq7EXEr * eaEYEZDMyaQYLVFBFUW13FfI6tqcOO84MJSNv9rkf7KL0g96TQ9KC3vBePgWIEs5glGAf * iQordPCsDaPELdglhYrWiUcs4x95cwxMMBQaf3fKE&new = 1

[27]中投研究. 大型机构投资者应如何选择私募策略[OL],2017.5. https://mp.weixin.qq.com/s? src = 3&timestamp = 1511230067&ver = 1&signature = To * dX090yVjq5iiEN1MclPX2VmhEd4Vk - tiekTc4XVWPZFWEFBzmHUG6gJBtsVrymqWhWMUmMQ * 2eBIxLtLlqN1lg6aWVj4MWX * ojvZiWIrQRy - aOXke8DkQQyKDdJrBfIcGxt7Y112yk8OaIaVQbbWGAyszomM * CMivWmm3 - Mg =

[28]谢闻栗. 产业基金从创业之初就必须拥有产业创新和产业整合的愿景[OL]. 投资中国网,2017.9.

[29]路跃兵,杨幸鑫. 私募股权 LP:配置策略、投资实践与管理之道[M]. 北京:中信出版社,2017.

[30]广州市城发投资基金管理有限公司. 中国私募股权投资母基金业务操作手册[G],2016.11.

[31]相欣,刘亚澜. VC 2.0 时代:合伙人另起炉灶 更早介入投资[OL]. 腾讯科技,2014.11.

[32]2016 年政府引导基金专题研究报告[R]. 投中研究院,2017.3.

[33]2016 年私募股权投资基金 LP 研究报告[R]. 投中研究院,2016.7.

致　　谢

《中国母基金实践指引白皮书》由中国股权投资基金协会、北京股权投资基金协会、投中研究院、中股智库联合发起编写,其间得到了多家母基金机构、中介服务机构的支持。

今天,书稿终成,掩卷思量,饮水思源,在对各地母基金机构进行访谈的过程中,各位领导和专家纷纷表达对《中国母基金实践指引白皮书》撰写工作的理解和鼎力支持,无私地详细介绍各母基金的特色和运营经验,分享真知灼见,提供了大量的材料和内容。在此谨对在百忙之中接受访谈的各位母基金机构领导和专家表达衷心谢意,特别感谢:

(按基金拼音序)

孟兆辉	总经理	北咨基金
金　健	董事	北航长鹰母基金
公明明	创始合伙人	北航长鹰母基金
徐　昕	创始合伙人	北航长鹰母基金
孙志刚	总经理	北京高精尖产业发展基金
张小娟	投资总监	北京高精尖产业发展基金
郑　笑	副总经理	北京金融街资本运营中心
姒亭佑	总经理	步长家族办公室
王　颖	总经理	昌发展
谢思瑾	金融部总经理	昌发展
戴文倩	业务拓展部副总监	城发应元母基金

郭穗君	业务拓展部经理	城发应元母基金
魏雅丽	业务拓展部经理	城发应元母基金
张　粮	首席运营官	国投创合
李　旭	运营管理部总监	国投创合
吴　昊	董事总经理	硅谷银行金融集团
李思平	主管合伙人	前海母基金
罗为为	董事总经理	前海母基金
刘昊飞	创始合伙人	盛景嘉成
张　洋	总裁	盛世投资
郑一鸣	高级副总裁	盛世投资
费　飞	董事总经理	上汽母基金
周明帅	投资经理	上汽母基金
张进科	引导基金部副总经理	上海科创投
周立永	引导基金部高级投资经理	上海科创投
赵　爽	引导基金部投资经理	上海科创投
朱　阳	董事长	通盛时富
刘湛清	管理合伙人	通盛时富
丁　南	高级投资经理	通盛时富
郑赞表	合伙人	小村资本
刑　艳	行政总监	小村资本
廖俊霞	私募股权母基金合伙人	宜信财富母基金
唐雪峰	总经理	亦庄国投
张　鹏	策略研究部部长	亦庄国投
董芳莉	投后管理部副部长	亦庄国投
武小莉	策略研究部副部长	亦庄国投
马梦琦	策略研究部研究员	亦庄国投

李怀杰	合伙人	元禾辰坤
孙次锁	总经理	中关村协同创新基金
刘　勇	基金总监	中关村协同创新基金
李昌伟	战略合作部总监	中关村协同创新基金
徐　涛	董事总经理	中关村并购母基金
钱　进	董事总经理	紫荆资本
任文泽	业务总监	紫荆资本

在此过程中,中华有限合伙人联合会(LPACN)负责人张白羽详细介绍了在国内推广私募基金投资原则的历程,并与机构有限合伙人协会(ILPA)协调相关内容合作出版;广州市城发投资基金管理有限公司将其过去对母基金的研究报告提供出来,为本书的撰写提供了重要的基础,感谢城发投资基金管理有限公司业务拓展部副总监戴文倩,业务拓展部经理郭穗君、魏雅丽的特别支持;安信立融执行合伙人马国超、恒生私募北方区总监王晓雯、经理刘环宇详细介绍了母基金信息化管理实践经验,并提供了翔实的资料。可以说,没有大家的帮助和启发,本书不可能付梓,谨在此表示诚挚的谢意!

同时,《中国母基金实践指引白皮书》编辑出版过程中,因时间安排紧迫,首都经济贸易大学出版社不得不短时间内加大工作安排密度,压缩出版周期,在此一并表示感谢。

《中国母基金实践指引白皮书》编委会
2017年10月

附:

《中国母基金实践指引》编委会工作小组成员:

滕征辉　　中国股权投资基金协会副秘书长

李　明　　中国股权投资基金协会会长助理

郭　薇　　北京股权投基金协会秘书长

李剑秋　　北京股权投资基金协会副秘书长

高晶晶　　北京股权投资基金协会研究部部长

国立波　　投中研究院院长

隋易霖　　投中研究院院长助理

李健民　　中股智库总裁

蒲　洁　　中股智库副总裁

孙　伟　　中股智库研究员

韩羽芳　　中股智库研究员